最新版

Coffee Perfect Bible

珈琲 完全バイブル

丸山健太郎［監修］

ナツメ社

コーヒー最新トレンド&トピックス

飲み物としてのコーヒーが誕生したのは、15世紀前後だと考えられています。
それから数百年、コーヒーの文化と技術は徐々に発展していきました。
豆を焙煎して粉にし、抽出するという大きな流れは変わりませんが、
淹れ方や楽しみ方は多種多様に変化しています。
特にこの十数年の進化・多様化は、加速度的といえるでしょう。
今、コーヒーを取り巻く世界ではどんなことが起きているのか、
どんな広がりを見せているのか、最新のトレンドや注目の話題を紹介します。

トップバリスタの技を完全コピー?

コーヒー界もIoT化が進む

スマートフォンと連動するコーヒーのIoT家電

粉と水を入れてスイッチを押せば自動でコーヒーができる、電気式コーヒーメーカー。便利な反面、淹れ方が画一的で味はいまひとつ、というイメージを持つ人も多いのではないでしょうか。しかし近年、そのイメージが覆される製品が次々と誕生しています。

コーヒーメーカーで最も一般的なのはドリップ式のものですが、湯温、蒸らし時間、抽出速度が一定なので、ハンドドリップの長所である自由度がありません。この淹れ方（レシピ）を、インターネットを通して自由に変えられるのが、IoT家電やスマート家電と呼ばれるタイプのコーヒーメーカーです。

2018年12月に台湾で誕生した「iDrip（アイドリップ）」は、こうしたIoTコーヒーメーカーのひとつ。特徴的なのが、世界のトップバリスタが監修した専用のドリップバッグを使うことです。世界各国で活躍するバリスタが選んだ豆を、そのバリスタが指定した焙煎度、分量、メッシュ（挽き目）にしてバッグにし、湯温、湯量、注湯スピードなどまで、バリスタの抽出方法を完全再現。世界のトップバリスタたちが淹れるコーヒーを飲み比べてみたい、そんな贅沢を実現するマシンです。

また、湯温、湯量、注湯スピードなどをカスタマイズし、マイレシピとして保存・再現することができるコーヒーメーカーもあります。自分好みの味わいを追求するのはもちろん、スマートフォンアプリと連動させれば、自分のレシピを公開したり、別の人のレシピをダウンロードしたりすることも可能です。

コーヒー愛好家のなかには、焙煎も自分で行いたいという人もいます。こうしたニーズに応えた、焙煎機のIoT家電もあります。プロの焙煎士が作成した焙煎のプロファイルをダウンロードするだけで、熱風温度、風量といった複雑な制御が自動で行われます。さらに、自由にプロファイル作成ができる、上級者向けのタイプもあります。

技術の発達に加え、コーヒーの好みの多様化が、繊細な制御を可能にするコーヒーメーカーの登場を促しているのでしょう。

バリスタの抽出技術を再現する「iDrip」。スマートフォンと連動させれば、コーヒーやバリスタに関する情報も見られる

繊細な注湯コントロールで トップバリスタの技術を再現

iDrip （アイドリップ）

台湾のiDrip社が開発したスマートハンドドリップコーヒーメーカー。世界のトップバリスタ監修のドリップバッグをセットすると、バッグに付いているバーコードをスキャナーが読み取り、対応するバリスタの手法を判断。湯温や湯量のほか、同社が開発した独自の注水ノズルが、湯の注ぎ方やスピードといったバリスタの繊細なテクニックを再現する。ノズル上部にある歯車がエレガントに動く様子も楽しい。スマートフォンアプリと連動させると、豆のフレーバーやバリスタの情報を見ることができる。

WBrCやWBC（→P155）の優勝者など、世界のトップバリスタが監修するドリップバッグ。本書にも登場する、鈴木樹バリスタのバッグもある

スマートフォンアプリで さまざまな味わいを楽しめる

V60オートプアオーバー Smart7 BT

（スマートセブンビーティー）

V60ドリッパーで知られるHARIO（ハリオ）のスマートコーヒーメーカー。湯温、湯量、スピードを自由に設定し、好みのコーヒーが淹れられる。気に入ったレシピを記録すれば、マイレシピとしていつでも再現可能。スマートフォンと連動させれば、有名バリスタのレシピをダウンロードしたり、マイレシピをアップロードして世界中の人々と共有したりすることも可能だ。

抽出の設定は上部のタッチパネルで行う。湯温と総湯量のほか、蒸らし湯量・時間・インターバル、抽出湯量・時間・注湯回数など、細かい設定ができる

世界中の生豆を焙煎士の技術で極上のホームロースト

The Roast （ザ・ロースト）

パナソニック社が提供する、小型焙煎機と生豆の定期頒布がセットになったサービス。「The Roast Basic」では、世界中の生豆と豆の個性に合わせた焙煎プロファイルがセットになっており、豆のパッケージに付いたQRコードをスマートフォンアプリで読み取ることで、プロの焙煎が再現可能。自由に焙煎プロファイルが作成できる、上級者向けの「The Roast Expert」もある。

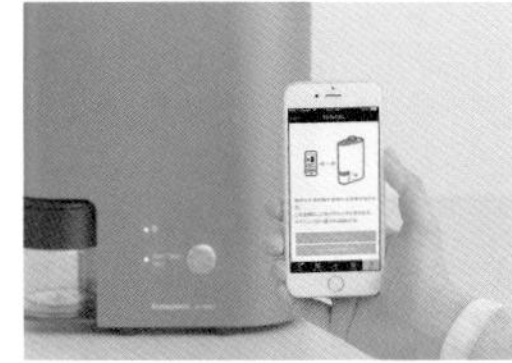

スマートフォンにアプリをダウンロードすることから始まる。焙煎できる量は1回50g。コンパクトでチャフ（薄皮）が飛び散らないので、手入れも簡単

New Style Café

Photo / Takumi Ota

Photo / Akihiro Yoshida

Photo / Takumi Ota

上／整然と並んだガチャガチャマシンがゲストを出迎える　中／カプセルを開けると、豆の種類が書かれたカードとともに1杯分のコーヒー豆が入っている　下／六本木ヒルズで発表の際、豆の選定やマシンの調整は丸山珈琲が行った

コーヒーメーカーとセルフサービスの新しい形　遊び心あふれるカフェデザイン

GACHA GACHA COFFEE

（ガチャガチャコーヒー）

佐藤オオキ氏率いるデザインオフィス「nendo（ネンド）」のデザインによる新業態のカフェ。名前の通り、「ガチャガチャ（カプセルトイ）」に入ったコーヒー豆を買い、グラインダーで豆を自分で挽き、ドリップカウンターで「リッチ」か「エクスプレス」を選んで自分で淹れる。アナログな要素と遊び心を組み合わせたセルフ方式の楽しいカフェスペースだ。2019年10月、六本木ヒルズ展望台内にて発表され、国内外から注目を集めた。

〝秘伝の技〟はもう古い?

バリスタによる情報のオープン化

インターネットの普及で情報の公開が手軽に

コーヒーの淹れ方を学びたいと思ったら、ひと昔前ならば専門の本を探したり、喫茶店に足を運んで教えてもらったりというのが一般的でした。しかし現在は、パソコンやスマートフォンなどで検索すれば、簡単に情報が手に入ります。コーヒー器具メーカーの公式サイトだけでなく、プロのバリスタも自身のレシピやテクニックを惜しげもなく公開しています。

プロ・アマを問わず、こうした情報が数多く発信されているのは、インターネットが浸透し、動画が簡単にアップできるようになったことが第一の理由でしょう。また、コーヒーを愛する人たちの〝美味しいコーヒーを共有したい〟という気持ちが強いからかもしれません。

そしてもうひとつの要因として挙げられるのは、コーヒーは情報の共有ととても相性がよいということです。

レシピをしっかり守れば誰でも美味しく淹れられる

以前から、本やテレビなどで料理などを紹介するコンテンツはたくさんありました。そのなかでもコーヒーは、再現がしやすいという特徴があります。同じ豆を使うことを前提とすれば、メッシュ、粉の量、お湯の温度と量、抽出時間などをきっちりと合わせることで、ほぼ同じような味わいに淹れることができます。こうした再現性の高さは、情報を受け取る側とも、発信する側とも、相性がよい要素。3ページで紹介したIoTコーヒーメーカーの登場も、この再現しやすさに基づいているといえるでしょう。

また、情報の開示と再現性というキーワードと足並みを揃えるように、「湯を重さで量る」ということが近年のトレンドとなっています。お湯の最終的な総量だけではなく、1湯目の量、2湯目の量もきちんと量り、注湯のタイミングも秒単位で計れば、再現性はぐんと高まるというわけです。

そこで登場したのが、時間と重さが同時にはかれるコーヒー用のスケールです。もはや、バリスタの必須アイテムといっても過言ではないでしょう。

それでは、こうした情報を集めて練習すれば、だれでもプロのバリスタになれるのかといえば、そう単純なものでもありません。ある程度以上になるには、やはりそれなりのトレーニングは必要です。しかし、個人で楽しむ分には、ネットで公開されるプロのレシピやテクニックは非常に役立ちます。さまざまな情報を参考に、自分のベストな一杯を追求してみるのはいかがでしょうか。

レシピから動作まで情報が充実のネット動画

動画サイトには、コーヒー愛好家やバリスタがさまざまな動画をアップしている。また、コーヒー競技会などの様子を見られるチャンネルもあるので、プロのバリスタを目指す人にとっても非常に参考になるだろう。その反面、情報が多すぎて迷ってしまうこともある。自分が目指すものにとって何が有意義で何が不必要か、取捨選択することも大切だ。

左画像：YouTube丸山珈琲公式チャンネルより

バリスタの必須アイテム時間と量がはかれるスケール

公開されているレシピを再現するには、粉量、湯温、湯量、時間といった数字をしっかり合わせることが大切。近年は、時間と重量が同時にはかれるコーヒー専用スケールが数多く販売されている。なかには、湯を注ぐと同時に自動でタイマーがスタートしたり、スマートフォンと連動して重量と時間が記録・再現できたりするものもある。

スケールに、サーバーとドリッパー、ペーパーに粉をセットしたあとに、重量の数字をゼロにし、湯を注ぎ始めると同時にタイマーをスタート。経過時間と重量を見ながら注いでいく

❶ ❷

❸

❶HARIOの「V60ドリップスケール」。デジタル文字が大きく、見やすい　❷アメリカacaia社製の「アカイア・パール」。スマートフォンと連動することで、抽出状態のグラフ化、レシピの保存や再現、公開などもできる　❸acaia社製「アカイア・ルナー」は、パールより小型で防水性がある。エスプレッソ抽出用として使われることが多い

美味しいコーヒーがどんどん手軽に！

コーヒーバッグやリキッドが好調

各社が次々に参入 手間ひまかけないコーヒー

開けてコップに注ぐだけですぐに飲める、紙パックや瓶入りのリキッドコーヒー。以前は大手メーカーの商品が主流でしたが、近年、スペシャルティコーヒー（→P152）などを扱う店や会社なども次々と参入。そして、確実に美味しい商品が生まれています。

その背景に工業的な技術の向上があることは当然ですが、もうひとつの大きな要因は、素材の質を上げたこと。「パックコーヒーは美味しくない」という先入観を一度取りはらい、品質のよい豆を使ってていねいに作れば、きちんと美味しいものができます。もちろん、その分、価格は高くなりますが、それも含めて受け入れられているということでしょう。また、大手メーカーのほうもスペシャルティコーヒー側へと参入し始めており、ここ数年、この分野の動きがよくなっています。

手軽で持ち運びにも便利 コーヒーバッグが人気

リキッドタイプに加え、最近よく目にするようになったのがコーヒーバッグです。見た目は1杯分用のドリップバッグと似ていますが、これはティーバッグのようにお湯に浸すだけでコーヒーが完成。ドリップバッグよりもさらに手軽で、旅行やアウトドア、プレゼントに最適と、人気が高まっています。

「5年前には、コーヒーバッグを商品にするとは考えられなかった」という、丸山珈琲代表の丸山健太郎氏。やはり固定概念を取りはらい、よい豆で作ってみたら美味しかったので、商品化に踏み切ったのだとか。

コーヒーは、毎日の生活に溶け込んでいるもの。時間と手間をかけてこだわりの一杯を淹れるときもあれば、手軽に楽しみたいときもあります。生活サイクルに合わせてさまざまな選択ができることは、コーヒー文化を底上げすることになるのかもしれません。

カップに入れてお湯を注ぎ、軽く揺らすだけ。手軽さが人気の「コーヒーバッグ」

「リキッドアイスコーヒー」は、ブレンドのほか、シングルオリジンもある

牛乳を注ぐだけでカフェラテができる「カフェラテベース」。アフォガートにも使える

コーヒーの楽しみがますます広がる

多様化する生産処理

注目を集める生産処理 アナエロビック・プロセス

生産処理とは、コーヒーチェリーと呼ばれる果実から、種を取り出してコーヒーの生豆にすること。その方法は、「ナチュラル」「ウォッシュト」「パルプトナチュラル」の大きく3つに分けられます（→Ｐ１１７）。コーヒーの味わいは生産処理によっても変化するため、生産者はさまざまな生産処理を考案するようになりました。

そのひとつが、パルプトナチュラルの応用といえる「ハニープロセス」。果肉を取り除いたあと、パーチメント（内果皮）の表面に付いたミュシレージ（粘液質）をある程度残したまま乾燥させる方法です。このミュシレージを残す割合を変えることで、味わいに変化を出すことができます。

近年、にわかに注目を集めているのが「アナエロビック（嫌気性発酵）」です。これは、生産処理の際に空気（酸素）を遮断した容器で発酵させる工程を入れる方法。この発酵により、ある特定の酸が増えてフルーティなフレーバーが現れるとされています。コーヒーは高地で育つほどきれいな酸が出やすいため、農園が低地にある生産者や国が注目しているのです。ただ、どの段階で発酵を行うのかといったような定義もまだなく、検証も不十分であることも指摘されています。

生産処理の多様化には、ワールド バリスタ チャンピオンシップ（→Ｐ１５５）などの競技会が深く関わっています。優勝者が使った豆は世界中から注目され、その生産者と生産処理にも興味が集まります。高評価を得た豆は高値が付くので、生産者はより評価の高い豆を作るべく、さまざまな生産処理を試すようになるのです。

アナエロビックにはまだ問題があります。しかし、生産処理が多様化することは、私たちにとって多彩なコーヒーが増える楽しみにつながるといえます。

さまざまなハニープロセスの途中経過。左から右へ行くほどミュシレージが多く残っている。一番右はナチュラルで、果肉ごと乾燥させたもの

大きな容器でアナエロビックを行っている様子

最新版
珈琲完全バイブル
Contents

Chapter 1 美味しいコーヒーを飲もう！ …… 15

Chapter 2 もっと知りたいコーヒー豆のこと …… 109

Chapter 3 さまざまなコーヒーを楽しむ

Chapter 4 コーヒー上級者を目指そう！ …… 221

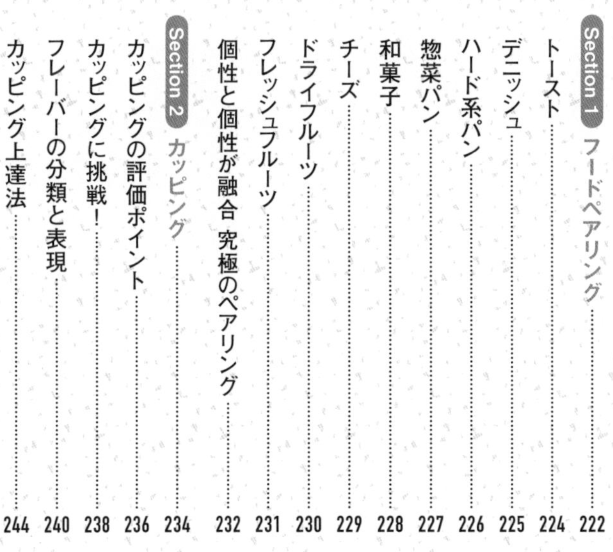

Chapter 5 コーヒー・ア・ラ・カルト …… 267

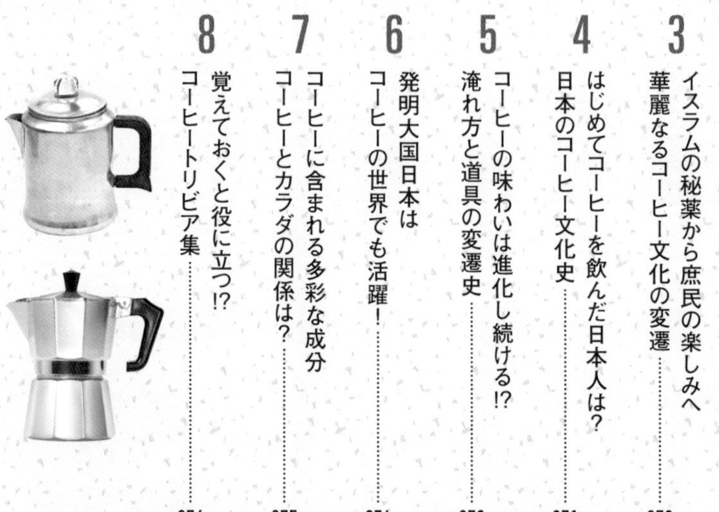

Chapter 1

美味しいコーヒーを飲もう！

家でコーヒーを飲む場合、
コーヒー豆を手に入れるところから始まります。
豆の種類も抽出器具も多種多様。
それぞれどんなものがあるかを見ながら
まずは、美味しいコーヒーを淹れましょう。

植物のコーヒーから
飲み物のコーヒーになるまで

From Seed to Cup

幾人もの手を経て一杯のコーヒーに

家で、オフィスで、カフェで、何気なく飲んでいるコーヒー。口にするときには褐色の液体ですが、そもそもコーヒーとは、どのような原料がどういった工程を経て香り高い飲み物になるのでしょう。

コーヒーに対する考え方として、「フロム・シード・トゥ・カップ（From Seed to Cup）」という言葉があります。これは、生産者から消費者へ届くまでの、すべての工程をトータルに考えるといった理念ですが、文字通り、私たちが飲む「一杯」のコーヒーになるには、ひと粒の「種」からさまざまな工程を経なければなりません。ここではまず、どんな工程があるかを概観してみましょう。流れを知っておけば、豆を選ぶ際やコーヒーを淹れるときに、きっと参考になるはずです。

START

苗床や苗ポットで育成

育てた苗を畑に植え替え、丹精込めて育てる

1 栽培

コーヒー豆がなる「コーヒーノキ」の栽培は、種をまいて苗を育てることから始まる。畑に苗を定植後、約3年で収穫できるようになる。

2 収穫

花が咲いてから6 ～ 8ヵ月後が収穫時期。「コーヒーチェリー」と呼ばれるその実は、サクランボに似ている。

3 生産処理

摘み取ったコーヒーチェリーから生豆にするまでの工程を、「生産処理」または「精製」という。生産処理方法は生産地によって異なる。

ウォッシュト（水洗式）と呼ばれる生産処理の様子

4 選別・出荷

生豆に混入している異物や欠点豆を取り除き、グレーディング（格付け）を行う。その後、麻袋(またい)などに詰めて出荷する。

5 焙煎

生豆を煎ることを「焙煎」、もしくは「ロースト」という。この工程によって、はじめてコーヒーらしい香りが出て、おなじみの色になる。

ロースターは焙煎中、
何度も色や香りをチェックする

6 グラインド

焙煎豆をコーヒーミル（グラインダーともいう）で挽いて粉にする。細かくすることで、豆の成分が抽出されやすくなる。

7 抽出

挽いたコーヒー粉を湯や水と接触させ、成分を取り出す作業。さまざまな抽出方法があるが、大きく浸漬式（しんしし）と透過式（とうかしき）に分けられる。

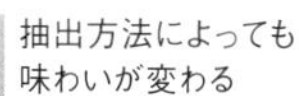
抽出方法によっても
味わいが変わる

Section 1 コーヒー豆を買う

**ひと口に「コーヒー豆」といっても、
さまざまな商品が流通しているので、
何を選べばいいのかわからないという場合も多いのでは？
まずは基本的な豆の分類を理解しましょう。**

コーヒー専門店で詳細情報も入手しよう

粉状に挽いたコーヒー豆を抽出する、いわゆる「レギュラーコーヒー」の豆は、さまざまな場所で購入することができます。

最も手軽なのは、スーパーマーケットやコンビニエンスストアでしょう。大手メーカーのブレンド製品が中心で、なかには棚一面に、数多くの種類を取り揃えているスーパーマーケットもあります。

ブレンドされていない「シングルオリジンコーヒー」を購入したいならば、ビーンズショップ（コーヒー豆専門店）や、豆の販売を行っているコーヒーショップ（カフェ）のほうが手に入りやすいでしょう。種類が豊富なうえ、スタッフに味の特徴や情報、淹れ方などを教えてもらうこともできます。コーヒーを勉強したいときは、こうした専門店での購入がおすすめです。

最近では、ネットショップやコーヒー専門店の通販部門など、インターネット販売も充実しています。焙煎度や味わいの説明のほか、品種や生産処理など細かな情報が掲載されているサイトも多数存在。自宅でじっくりと比較検討したい場合にも重宝します。

豆の状態で購入し直前に挽くのがベスト

市販のコーヒー豆には、豆の状態のものと挽いて粉にしたものがあります。粉のほうが手軽ですが、空気にふれる表面積が広いため、香りが飛びやすく酸化速度も速くなります。コーヒー本来の美味しさを楽しむためには、豆で買って淹れる直前に挽くのがベストです。

ビーンズショップなどでは、その場で好みの大きさに挽いてくれるところも多いので、早めに飲みきれる量を挽いてもらうのもよいでしょう。

コーヒー豆を買う際のポイント

- 好みの豆を見つけたいときは、専門店で購入する
- 銘柄名から産地やクオリティを読み取る
- 焙煎度による味わいの傾向を知る
- 豆で購入し、淹れる直前に挽くのがベスト
- 挽いた粉を買う場合は、器具に合った挽き具合を選ぶ

粉で買う

コーヒー専門店やビーンズショップなら、店頭で器具に合った大きさに挽いてくれるところも多い。できるだけ早めに飲みきれる量を購入し、酸化速度が遅くなるよう冷凍庫で保存するとよい。

豆で買う

コーヒーは豆で買って淹れる直前に挽きたい。また、右上の写真のような密閉性の低いパッケージの場合は、右のような遮光性のある密閉容器に移し替えるようにしよう。

コーヒー専門店には、コーヒーに関する情報があふれている。スタッフにも積極的に声をかけて話を聞こう。

名前から情報を読み取る

銘柄名からクオリティを推測しよう

コーヒー豆を選ぶ際、最初の目安となるのは銘柄名。しかし、「グアテマラSHB」「ボリビア・ラス・アラシータス・ジャバ・ナチュラル」などと、さまざまなパターンの名称があるため、豆選びが困難になっているのではないでしょうか。銘柄名の付け方に決まりはないので、ひとくくりにして考えることはできませんが、ポイントをおさえておけば、クオリティや味わいの傾向がわかります。

個々の名前を見る前に、一般に出回っているコーヒー区分について概観してみましょう。下の図はスペシャルティコーヒー協会（SCA →P154）が定める区分ですが、日本でもほぼ同様の解釈をしています。

「スペシャルティコーヒー」の詳細については後述しますが（→P152）、端的にいえば〝生産地が明確で、ユニークな個性を持つ、飲んで美味しい豆〟ということ。「プレミアムコーヒー」とは、〝生産地や農園が限定されている、ストーリー性のある豆〟。「コマーシャルコーヒー」は〝産地規格で格付けされた一般的なコーヒー〟で、「ローグレードコーヒー」は〝安価な商品などに使用される豆〟になります。このコーヒー区分を踏まえておくと、コーヒーの名前からある程度のクオリティがわかってくるのです。

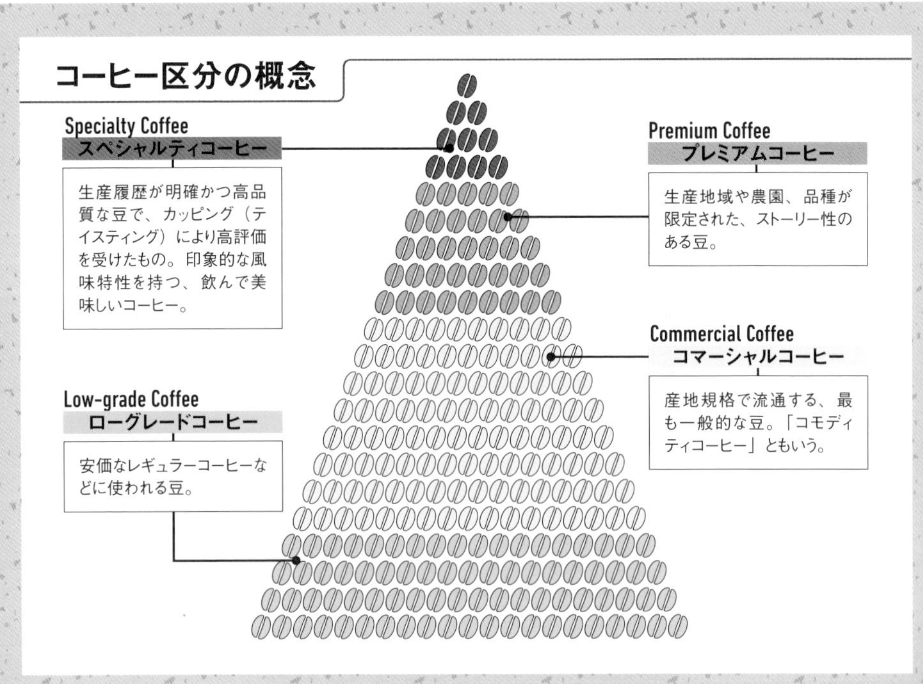

生産国の格付けによるコマーシャルコーヒー

最も流通量が多いのがコマーシャルコーヒーですが、これは生産国が選別・グレーディング（格付け）して、出荷したもの。グレードの規定は国によってさまざまですが、おもに以下の3つの方法が採用されています。

1つめは「産地の標高」によるグレード。一般に、栽培地の標高が高いほど、品質が優れているとされています。この方式を採用しているのはメキシコやグアテマラ。たとえばグアテマラなら、標高1300m以上でとれたものは「ストリクトリー・ハード・ビーン（SHB）」というグレードが付けられます。

2つめは「スクリーン」によるグレードで、これは豆のサイズをさします。コーヒー豆は大きいほど高品質とされ、これを採用しているコロンビアでは、最も大きいものは「スプレモ」と呼ばれます。3つめは「欠点数」によるもので、異物や欠点豆（→P262）の混入率で判断します。

こうした判断基準を1種類、または複数種組み合わせて、豆を格付けします（次ページ参照）。つまり「グアテマラSHB」は、グアテマラ産の最上グレードの豆、ということになります。

農園名・品種名まで付く個性的なコーヒー

一方、プレミアムコーヒーやスペシャルティコーヒーは、産地が明確化されているので、農園や特定地域の名前が入ることが多くあります。では、冒頭で例に挙げた「ボリビア・ラス・アラシータス・ジャバ・ナチュラル」を見てみましょう。ボリビア＝国名、ラス・アラシータス＝農園名、ジャバ＝品種、ナチュラル＝生産処理方法と、実に細かな情報が含まれているわけです。

生産国によるおもなグレーディング方法

① 産地の標高

昼夜の寒暖差が大きい高地で栽培されたコーヒーほど風味豊かになるとされているため、産地の標高が高いほどグレードが上がる。

② スクリーン（豆のサイズ）

「スクリーン」とは、豆の大きさを測ること。コーヒー豆は粒が大きいほど高品質とされ、スクリーンの数値が高いほど大粒であることを示す。

③ 欠点数

コーヒーの味を損なう「欠点豆」や小石などの異物が、どれだけ混入しているかを数値化したもの。数だけでなく混入物の種類でも点数が変わる。

④ カップ（味覚）

ブラジルなどでは、カップ（コーヒー液）にしたときの香味も評価対象。異臭や刺激があるとマイナスになる。

① 栽培地の標高によるグレードの例

生産国	グレード表記	おおよその標高
グアテマラ	ストリクトリー・ハード・ビーン（SHB）	1300m以上
	ハード・ビーン（HB）	1200 ～ 1300m
	セミ・ハード・ビーン（SH）	1050 ～ 1200m
	エクストラ・プライム・ウォッシュト（EPW）	900 ～ 1050m
	プライム・ウォッシュト（PW）	750 ～ 900m
	エクストラ・グッド・ウォッシュト（EGW）	600 ～ 750m
	グッド・ウォッシュト（GW）	600m以下
メキシコ	ハイ・グロウン（HG）	900 ～ 1200m
	プライム・ウォッシュト（PW）	600 ～ 900m
エルサルバドル	ストリクトリー・ハイ・グロウン（SHG）	1200m以上
	ハイ・グロウン（HG）	900 ～ 1200m
	セントラル・スタンダード（CS）	450 ～ 900m

② スクリーンによるグレードの例

生産国	グレード表記	スクリーンサイズ※／粒の大きさ
コロンビア	スプレモ	S17（約6.75㎜）以上
	エクセルソ	S14 ～ 16（約5.5 ～ 6.5㎜）
ケニア	AA	大粒の豆（7.2㎜以上）
	AB	A（約6.8㎜）とB（約6.2㎜）の混合
	C	Bより小さい豆
	E	エレファント、最大の豆
	TT	他のグレードから吹き飛ばされた軽量豆
	T	最小・最細の豆、欠点豆も含む

※スクリーン数は64分の1インチ刻み。たとえばS17は、64分の17インチ（約6.75㎜）の大きさの穴のふるいを通らない大きさということ。

②＋③スクリーンと欠点数によるグレードの例

生産国	グレード表記	スクリーンサイズ	欠点数
ジャマイカ（ブルーマウンテンの場合）	No.1	S17～18（約6.75～7㎜）	3%
	No.2	S16～17（約6.5～6.75㎜）	3%
	No.3	S15～16（約6～6.5㎜）	3%
	セレクト	S16～17（約6.5～6.75㎜）	5%

②＋③＋④スクリーン、欠点数、カップ評価による例

■生産国：ブラジル

表記	欠点数
No.2	4点
No.3	8点
No.4	26点
No.5	46点
No.6	86点
No.7	160点
No.8	360点

＋

スクリーンサイズ
＃20（約8㎜）
＃19（約7.5㎜）
＃18（約7㎜）
＃17（約6.75㎜）
＃16（約6.5㎜）
＃15（約6㎜）
＃14（約5.5㎜）
＃13（約5㎜）

＋

表記	カップ（味）
ストリクトリー・ソフト	上位ほど異味異臭がなくやわらかな舌ざわりで、下位ほど薬品臭や刺激があることを示す。
ソフト	
ソフティッシュ	
ハード	
リヤード	
リオ	
リオゾーナ	

●上記の3項目をそれぞれ評価。たとえば「ブラジル No.2 ＃18 ソフト」といった表記になる。

●欠点数は、大きな異物は5点、皮は1点などと、混入物の種類や程度によって異なる。また、あえてNo.1は設けていないため、No.2が最高となる。

焙煎度を知る

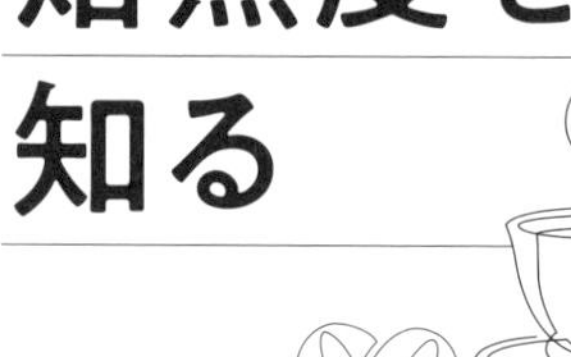

豆の焙煎度は苦味と酸味を左右する

　コーヒー豆を購入する際、銘柄のほかに気にしたいのが「焙煎度」。焙煎とは生の豆を煎ることで、「ロースト」ともいいます。生のコーヒー豆は緑がかったベージュ色ですが（そのため、グリーンビーンズとも呼ばれる）、この焙煎の工程を経て、はじめておなじみのコーヒー色と芳ばしい風味が生まれます。同じ豆で比べた場合、一般的に焙煎が浅いほど酸味が強く、逆に深いほど苦味が強くなるため、焙煎が進むにつれコーヒーの味わいも少しずつ変化します。つまり、豆の焙煎度は風味の印象を知る目安になるのです。

焙煎度の種類と風味の傾向を覚えよう

　焙煎度とは、どれだけ加熱したかの程度を表す言葉で、日本では「浅煎り」「中煎り」「中深煎り」「深煎り」といった呼び方をします。さらにそれらを細分化した、「ライト」「シナモン」「ミディアム」「ハイ」「シティ」「フルシティ」「フレンチ」「イタリアン」という、8段階の分類も広く使われています。

　一般的な焙煎度の分類と特徴などは下の通りですが、店によって分類が異なったり、同じ呼び方でも多少煎り具合が違ったりすることがあります。はじめての店で購入する場合は、スタッフに自分の好みを伝え、焙煎

焙煎度の分類と特徴

中煎り		浅煎り	
ハイロースト	ミディアムロースト	シナモンロースト	ライトロースト
酸味と苦味のバランスがとれていて甘味もある、日本で好まれるスタンダードな焙煎度のひとつ。深めの茶色。	このあたりから、比較的よく目にするような栗色と香りになってくる。酸味が中心だが苦味もある、ライトな口あたり。	香りが立ち始めるが、苦味はあまり感じない。良質な酸味を持つ豆ならば、しっかりと特徴を感じられる焙煎度。	最も浅い焙煎度合い。酸味が強く、苦味はほとんど感じられない。豆の個性を見るためのテストなどに使われることが多い。

苦味　弱

酸味　強

豆は焙煎することで化学変化を起こし、コーヒーらしい色と風味に。プロのロースターは、豆ごとの個性を見極め、適切な焙煎度を選ぶ。

度について相談してみるのもよい方法です。

　また、欧米などでは、「イタリアンロースト」よりも、「フレンチロースト」のほうが深い焙煎度を表すことがあります。外国で購入するときなどのために、覚えておくとよいでしょう。

豆の種類によって適正な焙煎度は異なる

焙煎度が8段階あるといっても、1種類のコーヒー豆が8つの焙煎度で販売されているわけではありません。浅煎りで特徴が際立つもの、深煎りで魅力を発揮するものというふうに、豆には個性があります。プロのロースターは、それぞれの個性を踏まえ、適正な焙煎度を選択。あるものは浅煎りのみ、あるものは中煎りと深煎りをなどと、店ごとにこだわりを持って商品にしています。

生豆　焙煎豆

生豆と焙煎豆を並べると、色と形状の変化がよくわかる。

深煎り		中深煎り	
イタリアンロースト	**フレンチロースト**	**フルシティロースト**	**シティロースト**
最も深い焙煎度。苦味が強く、焦げた香味も加わる。欧米では、「イタリアン」より「フレンチ」のほうが深い焙煎度をさすこともある。	黒っぽい茶色で、表面に油分がにじんでツヤが出てくる段階。苦味とコクが強調され、クリームやミルクとの相性がよい。	このあたりも、日本で好まれる焙煎度。エスプレッソ用は深煎りが中心だったが、近年はシティ〜フルシティも多くなっている。	ハイローストと同様、日本で多く好まれる焙煎度。濃い茶褐色で、酸味は抑えぎみになり、コクが感じられるようになる。

強　苦味

弱　酸味

Section 2
コーヒー豆を挽く

コーヒー豆が用意できたら
次のステップは粉に挽くことです。
コーヒーミルで豆を挽く音や香りは、
コーヒータイムの気分を盛り上げます。

手軽で手頃な手挽き式とプロペラ式

前述したように、コーヒー豆は粉に挽くと表面積が増えるため、香りが飛びやすく、酸化・劣化も速くなります。豆の個性や美味しさを存分に味わうには、淹れる直前に必要な分量だけ挽くようにしましょう。

コーヒーミルというと、ハンドルを回して挽く、「手挽きミル」を思い浮かべる人が多いのではないでしょうか。このタイプは、コニカル式と呼ばれる円錐形の刃に、豆を少しずつ引き込みながら砕いていく構造。ネジを調整することにより、粒の大きさを変えることができます。たくさんの量を挽く場合に時間がかかるのが少々手間ですが、近年は以前と比べてハンドルが軽く回しやすいものが増えてきました。

値段が手頃で手入れもしやすいのが、「プロペラ式電動ミル」。プロペラ状の刃が回転し、豆を細かく砕いていきます。手軽な反面、粒の大きさが揃わないことと、微粉（P31）が多く出てしまうことが難点です。

細かい設定も可能な本格派タイプ

一般的な家庭用ミルではエスプレッソなどに使う「極細挽き」ができないことが多いのですが、「コニカル式電動ミル」は、粗挽きから極細挽きまで調節が可能。挽きたての豆でエスプレッソを楽しみたい場合は、このタイプがおすすめです。

平面的な2枚の刃で豆を粉砕する「グラインド式電動ミル」は、喫茶店などでも使う業務用の小型タイプ。より本格的に取り組みたい方にぴったりです。

タイプが同じでも、メーカーや製品によって性能やスペックはまちまち。購入の際は店の人と相談しながら、しっかり検討するとよいでしょう。

家庭用コーヒーミルの種類

「コニカル」とは、"円錐形の"という意味。

手挽きミル

コニカル刃が一般的。調節ネジで粒の大きさが変えられるが、極細挽きができないものも多い。手挽きながら均一に挽けるコマンダンテ（写真）はプロも愛用者が多い。

プロペラ状の刃が回転して豆を粉砕。

プロペラ式電動ミル

均一に挽くため、途中で軽く振りながら使用する。粒の大きさは時間の長さで調整。「ブレードグラインダー」とも呼ばれる。

刃の構造は手挽きミルと同様。

撮影協力：（株）ミツバ

コニカル式電動ミル

少々高価だが、エスプレッソ用の極細挽きまでグラインド可能。粒の大きさも簡単に変えられ、力がいらないのが魅力。

固定された刃と、回転する刃の間で豆を粉砕。

グラインド式電動ミル

喫茶店でも使用されている業務用の家庭版。細挽きから粗挽きまで細かい設定ができ、製品によっては極細挽きも可能。

メッシュの大きさと特徴

ライト

中挽き

グラニュー糖よりやや大きめ。各ドリップ式など、多くの器具に向く。粗挽きと中挽きの中間の「中粗挽き」もよく使われる。

適した器具

フレンチプレス
ペーパードリップ
ネルドリップ
金属フィルター
サイフォン
水出し

粗挽き

粒の大きさはザラメ糖ほど。パーコレーターや、ペーパードリップ、ネルドリップなどであっさり仕上げたいときに。

適した器具

パーコレーター
ペーパードリップ
ネルドリップ

抽出器具によって適正なメッシュを選択

挽いた粉の粒の大きさのことを、「メッシュ」ともいいます。「粗挽き」「中挽き」「細挽き」「極細挽き」などがありますが、店によってはさらに細かく分かれていたり、呼び方が異なる場合があるので、店頭で挽いてもらう際は、焙煎度と同様、スタッフに聞いてみるとよいでしょう。

メッシュの大きさは、コーヒーを淹れる抽出器具によって選ぶのが基本。メッシュが細かくなればなるほどコーヒーの成分が溶け出しやすくなりますが、適した器具でないと過剰に抽出されてしまい、苦味ばかりの重い味わいになります。逆に、極細挽きに合う器具で粗挽きを使用すると、風味の薄いコーヒーになってしまいます。ただし、豆の種類や焙煎度も味を左右するので、はじめは上記を参考にしてメッシュを選び、飲んでみ

味わいの傾向

ヘビー

極細挽き（エスプレッソ挽き）

パウダー状のメッシュ。エスプレッソマシンや、煮出して作るトルコ式コーヒーなどに。家庭用のミルでは挽けないことも。

適した器具

エスプレッソマシン
イブリック
（トルコ式コーヒー用の器具）

細挽き

グラニュー糖ほどの粒。表面積が大きく成分が抽出されやすいので、マキネッタや濃厚な味わいを求めるときに。

適した器具

マキネッタ
ペーパードリップ
サイフォン
水出し

て濃いほうが好みだと思ったら少しだけ細かく、あっさりにしたい場合は気持ち粗めにするなど、微調整するとよいでしょう。

コーヒーの質を濁らせる微粉に注意

豆を挽く際に最も気を遣いたいのは、メッシュの大きさを均一にすることです。粒が揃っていないと、あるものは抽出が過剰に、あるものは抽出不足にと、風味がバラバラになってしまいます。

もうひとつ注意したいのが、豆を挽くときに出る「微粉」。どんなミルでも微粉は発生しますが、大量に含まれると渋味やえぐ味が出やすくなります。粒を揃えて微粉を少なくするためには、刃が鈍くならないようにこまめに掃除をするなど、道具の手入れが大切です。

また、微粉を取り除いて粒度（粒の大きさ）を揃える、専用の道具（→P95）もあります。

Section 3
コーヒーを淹れる

**コーヒーの抽出器具にはさまざまな種類があり
淹れ方も多種多様。
まずは器具ごとの基本的な淹れ方をマスターして
美味しいコーヒーを淹れましょう。**

カップへの最後の工程「抽出」にこだわる

　生産者が丹精込めて育て、生産処理したコーヒー豆を、個性が生きるような焙煎度でローストし、適正な細かさにグラインドしたら、いよいよコーヒーを「淹れる」段階。最後まで気を抜かず、コーヒーの魅力をしっかりと引き出し、至福の一杯を楽しみたいものです。

　それには、コーヒー豆がコーヒー液となる「抽出」の意味や、抽出器具の種類とそれぞれの仕組みを知っておくことが大切です。たとえば、ある日素晴らしく美味しいコーヒーができたとしても、ただ何となく淹れていただけでは、再現することが難しくなります。抽出方法・条件と香味の関係をつかみ、なぜそうなるかを考えながら淹れるようにすれば、安定した味わいが楽しめるようになるでしょう。

　このセクションでは、こうした抽出条件と香味の関係、抽出器具の種類と基本的な使い方を紹介します。

基本をおさえたらさらに自分の味を追求

　抽出器具には、さまざまな種類があります。器具ごとに使い方が違うのはもちろんですが、実は抽出に対する理論もアプローチもそれぞれ異なります。器具の開発者はその理論に則って形状や材質を選んでいるので、A社の器具をB社の方法で淹れても、開発者の意図する味わいにたどり着きません。まずは開発者が推奨する方法で淹れることをおすすめします。基本を踏まえたうえでアレンジを加えていけば、より自分好みの味わいに近付いていくはず。それでも目指す味わいにならないのなら、器具を変えてみるのもよいでしょう。こうした試行錯誤も、多種多様な淹れ方があるコーヒーならではの楽しみなのです。

美味しく淹れるポイント

- 新鮮なコーヒー豆を使う
- 淹れる直前に豆を挽く
- 粉もお湯も重さで量るのがベスト
- 抽出条件と香味の関係を知る
- 器具の特徴を覚える
- 器具に合った方法で淹れる

抽出の仕組みと味の関係

抽出条件を変えることで味わいの調整が可能

コーヒーの中にはさまざまな成分が含まれており、これらをお湯に溶け出させることが抽出、つまり「淹れる」ことです。コーヒー成分で注目されるのは、おもに「苦味」と「酸味」。ひと昔前までは、コーヒーの酸味というと嫌な酸っぱさを思い浮かべる人も多いものでした。しかし、高品質なコーヒーが普及し始めた近年では、酸味は個性を表す好ましいものという認識が高まっています。また、苦味にも、心地よい苦味と、渋味の混じる好ましくない苦味があります。コーヒーにはこうした成分が複雑に含まれているため、好ましい成分を出し、不快な成分を出さないようにすることも重要。それが、コーヒー抽出法の多様さと抽出の難しさにつながっているのです。

酸味と苦味のバランスは焙煎度によって変わることは前述しましたが、お湯の温度や抽出時間によっても変化します。下のイメージ図のように、おおむね酸味成分のほうが先に出て、苦味成分はあとから出てきます。そのため、短時間で抽出すると苦味成分が出にくいので、酸味が際立つ傾向に。同様に、低い温度で淹れたほうが、酸を感じやすい味になるのです。

豆の種類や器具など、状況によっても変わるので一概にはいえませんが、抽出条件と味の関係にはおおよそ左ページのような傾向があります。購入した豆が苦すぎたと感じたら、お湯の温度を低めにしたり抽出時間を短めにすることで、苦味を抑えることが可能。同じ器具で強めの味わいにしたい場合は、少しメッシュを細かくしてみることもひとつの手段。このように、抽出条件と味の関係を理解しておくと、好みの味に調整したいときの参考になります。

コーヒー抽出のイメージ図

抽出時間の違い

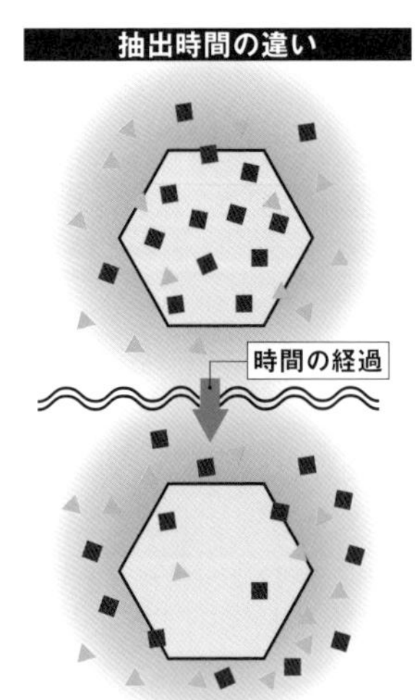

酸味成分が先に、苦味成分はあとから出る傾向がある。

湯温の違い

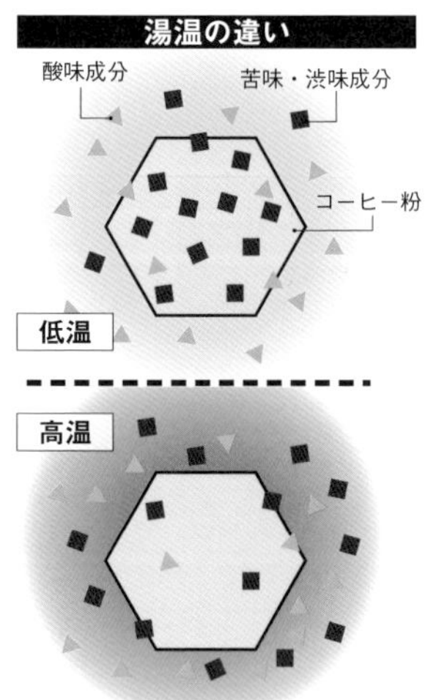

酸味成分は低温でも出やすいが、苦味成分は高温でないと出にくい傾向がある。

各要素と味わいの関係

Acidity　Bitterness

苦味弱・酸味強　**酸味と苦味のバランス**　苦味強・酸味弱

Light roast　Dark roast

浅煎り　**焙煎度**　深煎り

浅煎りは酸味のボリュームが多く、
深煎りは苦味のボリュームが多く感じる傾向がある。

Low　High

低い　**湯の温度**　高い

湯温が低いと酸味のボリュームが多く、高いと苦味のボリュームが多く
感じる傾向がある。ただし、良質な酸やさわやかさは高温で抽出されるため、
低温で抽出された酸はフラットに感じる場合もある。

Short　Long

短い　**抽出時間**　長い

抽出時間が短いと酸味のボリュームが多く、
長いと苦味のボリュームが多く感じる傾向がある。

Light　Heavy

ライト　**香味の強さのバランス**　ヘビー

Rough　Fine

粗い　**メッシュ**　細かい

メッシュが粗いとライトに、細かいとヘビーな香味になる傾向がある。

Little　Plenty

少ない　**粉の量**　多い

粉量が少ないとライトに、多いとヘビーな香味になる傾向がある。

コーヒーの抽出器具と特徴

コーヒー抽出の原理はおもに浸漬と透過

　抽出原理の点から見ると、抽出器具は「浸漬式」と「透過式」に大別できます。浸漬式は、名前の通りお湯にコーヒー粉を浸して成分を抽出する器具。フレンチプレスやサイフォンがこのタイプになります。一方の透過式は、コーヒー粉にお湯を通過させて抽出します。こちらに当たるのは、ペーパードリップ、ネルドリップ、金属フィルターなど。エスプレッソマシンやマキネッタも原理的には透過式ですが、気圧（マシンは9気圧、マキネッタは2気圧程度）をかけて瞬間抽出するので、区別されることも。ただし、サイフォンなどはこす際には透過させますし、ペーパードリップのなかでも、メリタ式などは湯溜まりを作ってからこしていくため、浸漬の要素が多く入ります。実際には、どちらの要素の影響力がより高いか、という区分けといえるでしょう。

　では、浸漬と透過ではどちらのほうが抽出力が高いかというと、意外にも透過のほうが高いとされています。しかしそれは初期段階でのことなので、浸漬式が薄く透過式が濃いなどと、単純に比較することはできません。抽出器具は、どの段階でどのような抽出を、どの程度行っているかがそれぞれ異なります。それによって、さまざまな味わいに仕上がるのです。

浸漬式

- 香りや口あたりをよくするオイルが豊か
- 手順が簡単で味の再現性が高い
- テーブルに映える高いデザイン性

量や時間などをきちんとはかれば、安定した味が再現できる。コーヒーの個性がダイレクトに感じられ、コーヒーオイルもしっかりと抽出される反面、素材によっては重く感じる場合も。

- 高温短時間抽出による際立つ香り
- 温度による味の変化が楽しめる
- 器具の美しさと高い演出効果

沸騰させたまま抽出するため、温度が高く香りが立った仕上がり。高温から温度が下がる過程の味の変化も長く楽しめる。器具の美しさが魅力だが、手入れに手間がかかるという側面もある。

透過式

ペーパードリップ

- 明るくクリアな液質
- 器具が比較的低コスト
- 手入れが簡便

ペーパーフィルターが油脂分やアクを吸着するため、クリアな味わいに。手入れが簡単で、湯の注ぎ方などでさまざまな調整が可能だが、その分、淹れ手の技量に左右される。

ネルドリップ

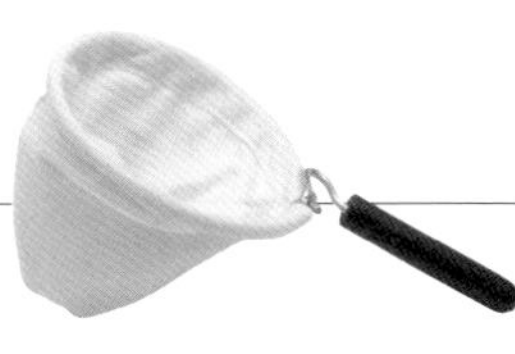

特徴

- まろやかで厚みのある質感
- 角がなく甘さを感じる味わい
- 淹れ方の自由度が高い

ネルを通すことで生まれる、まろやかさや口あたりのよい粘性が特徴。ペーパーに比べて湯の抜け方が速く、技術の巧拙が出やすい。ネルの手入れや保存に手間がかかる。

金属フィルター

- ほどよいオイル感が透過される
- 豆の個性をダイレクトに抽出
- 手軽でゴミが少ない

メッシュが金属であるため、コーヒーオイルがほどよく透過する。豆の個性が表れやすいが、質の悪い豆を使用すると雑味も出やすいといえる。洗剤で洗えるので衛生的。

エスプレッソマシン

- 濃厚なエスプレッソが抽出可能
- 自宅でカプチーノなどが作れる

マシンは高価だが、カフェのようなエスプレッソが抽出可能。スチーム機能が付いているものも多いので、カプチーノなども楽しめる。近年、比較的手頃な価格の手動式エスプレッソメーカーも販売されている（→P96）。

マキネッタ

- 低コストでエスプレッソが楽しめる
- スタイリッシュな器具と抽出法

マシンに比べて廉価。使用する際の温かな雰囲気も魅力。クレマ（泡）はできず、濃いめのコーヒーとエスプレッソの中間といったイメージ。

手軽さとクリアな液質が人気。タイプによる違いも楽しみたい

Paper Drip

ペーパードリップ

用意する道具

❶ ドリッパー

大別すると、台形型と円錐形型がある。多くのドリッパーには1〜3つの穴と、リブと呼ばれる凹凸が付いている。リブがないとペーパーフィルターがドリッパーに密着してしまい、空気が通らないため抽出液が下に落ちにくくなる。ケメックスのみ、サーバーとの一体型。

❷ コーヒーサーバー

ドリッパーの大きさに応じたサイズを選ぶ。

❸ ペーパーフィルター

ドリッパーに対応した形とサイズを使用。メーカー専用のものがおすすめ。

❹ ドリップポット

注ぎ口が細いほうが湯を注ぐ位置をコントロールしやすい。

形の違いは味わいの違い

手入れが簡単でリーズナブルなペーパードリッパー。手軽なイメージが強い器具ですが、実はかなり奥の深いツールです。日本で一般的に使われているドリッパーには、大きく分けて台形型と円錐形型があります。前者は「カリタ」や「メリタ」、後者は「HARIO（ハリオ）」「コーノ」がおもな製品。近年注目の「ORIGAMI（オリガミ）」は、形は円錐形型ですが、ペーパーは円錐形もカリタのウェーブタイプも使用できるので、両タイプを兼ね備えています。「ケメックス」は、ペーパーの形から考えると円錐形型に属するといえるでしょう。

　ドリッパーの形は一見よく似ていますが、穴の数や大きさ、リブ（内側に付いた凹凸）の形状などがみな異なります。その違いは、抽出原理の違いであり、

ペーパードリッパーの種類

コーノ

円錐形に1つ穴で、リブは下方にのみ付いている。このリブがコーノ式独自の淹れ方の要となる。もともとプロ向けに開発されたので、上手に淹れるには練習が必要。

台形型

カリタ（ウェーブ）

3つの穴が一列に並んだ従来品が有名だが、近年は波形のペーパーフィルターを使う、この「ウェーブ」タイプが主流となりつつある。同じ3つ穴だが、三角形に並んでいる。

ORIGAMI

大きな1つ穴で、名前の通り折り紙で作ったようなギザギザの形が特徴。コーヒーの世界大会、ワールド ブリュワーズ カップの優勝者が使ったことで注目を浴びた。

台形型

メリタ

メリタ・ベンツ女史が20世紀初頭に考案したシステムに端を発する、最も古い歴史を持つペーパードリッパー。手順がシンプルなので、朝などの忙しい時間でも使いやすい。

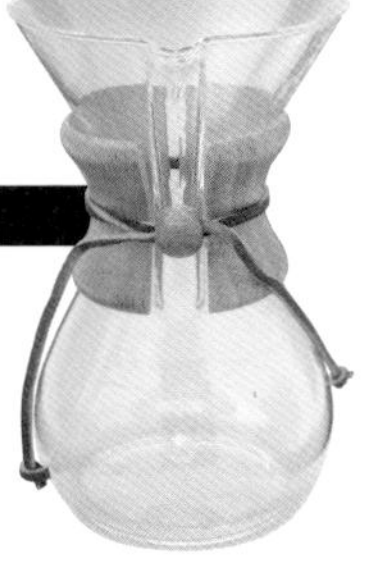

ケメックス

1940年代、ドイツ人科学者が実験室で着想したといわれる、サーバー一体型のドリッパー。ニューヨーク近代美術館などで永久展示品に選定された、美しいフォルムが魅力。

HARIO

大きな1つ穴の円錐形に、「スパイラルリブ」と呼ばれるらせん状のリブが特徴。正式には「V60透過ドリッパー」といい、その名の通り、透過をコンセプトとした製品。

淹れ方の違い。ひと口にペーパードリップといっても、実は抽出に対するアプローチから出来上がるコーヒーの味まで、それぞれに個性があるのです。

器具に合った淹れ方を理解することが大切

手動でお湯を注ぐハンドドリップは、注湯の加減ひとつで仕上がりが変わります。ペーパードリップはドリッパーがあるため、ネルドリップに比べればお湯の落ち方がある程度固定されますが、その分、リブや穴の形状が大きく影響します。ですから、ドリッパーを使う際に大切なのは、「なぜそうなっているのか」を理解すること。形状の理由を知れば、「なぜそうするのか」が自ずと納得できるはず。基本を踏まえたうえでなければ、アレンジもできません。まずは各メーカーの推奨する淹れ方を覚え、味わいの方向性をつかみましょう。

ペーパードリップを美味しく淹れるポイント

1 ドリップポットを使用する

注ぎ口の細いドリップポットは、微妙な注湯ができるうえ、注ぎ口の付け根が本体の下方にあるので、あまり傾けなくても湯が出やすい。ただし、ポットの中の湯が少なすぎると思ったように注湯できないので、ある程度の量を入れておこう。また、ポットは直接火にかけず、やかんなどで湯を沸かしてからポットに移し替える。こうすることで、湯温の調整もしやすくなる。

2 ペーパーフィルターは器具に合わせる

ウェーブタイプなどの特殊な形はもちろんだが、ほかのペーパーフィルターも各メーカー専用の製品を使用するのがおすすめ。紙の厚みや加工もドリッパーに合わせた抽出原理に基づいて製造されているので、形が似ていても微妙な差異があるのだ。

3 器具を温める

ガラスや陶器は湯温を下げやすいので、コーヒーを淹れる前には器具やカップを温めておく。ペーパーフィルターは、粉を入れる前には濡らさないことを推奨する場合と、写真のようにドリッパーとともにお湯でリンス（湯通し）をすることを推奨する場合があるが、最近では後者をすすめることが多い。

4 カップに注ぐ前に攪拌する

ドリップ式でコーヒーを淹れた場合、最初の頃に抽出されたコーヒー液と終わりの頃に抽出されたものでは味も濃さも異なる。そのまま注ぐとカップごとに味が違ってしまうので、抽出が終わったら、スプーンでかき混ぜるなどして、味を均一にしてから注ごう。

カリタ（ウェーブ）の特徴

ウェーブ状のフィルターが壁を作る

ドリッパー自体には空気の通り道であるリブがなく、その代わりを果たしているのがペーパーフィルターに付けられたウェーブ。ドリッパーの底もフィルターの底が浮くようにできているので、穴をふさがず湯の抜けを阻害しない。また、3つの穴が一列に並んだ従来品は、抽出後の粉がすり鉢状の壁になるよう注湯のコントロールが必要だが、ウェーブタイプはウェーブの中にコーヒー粉が入り込み、自然に壁を作って適正な抽出ができる。そのため、初心者でも味のブレが少なく抽出できる。

横から見ると台形だが、底は丸く平らになっており、穴が三角形に並ぶ。

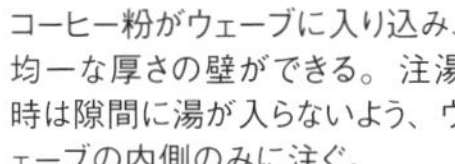

コーヒー粉がウェーブに入り込み、均一な厚さの壁ができる。注湯時は隙間に湯が入らないよう、ウェーブの内側のみに注ぐ。

ドリッパーの底がふくらんでおり、抽出後までフィルターが浮くように設計されている。

メリタの特徴

手数が少なく、味のブレがない

台形型で、底の中央に小さな穴が１つあるのが特徴。ほかのドリッパーとの最大の違いは、２度目の注湯で目的量の湯を注ぎ、最後まで落としきるところ。ハンドドリップでコーヒーを淹れる際、味のブレが出やすいのは注湯方法と時間だが、メリタは適正な抽出がされるように角度や高さが計算されて作られているので、湯の流れやスピードが自然にコントロールされる。そのため、注ぎ方による味のブレが少なく再現性が高い。味の調整はメッシュの大きさや粉の量などで。いつでも安定した味わいを楽しみたい場合に好適だ。

底に小さな穴が1つだけ開いている。写真の製品のほか、穴が少し上にあるものも。

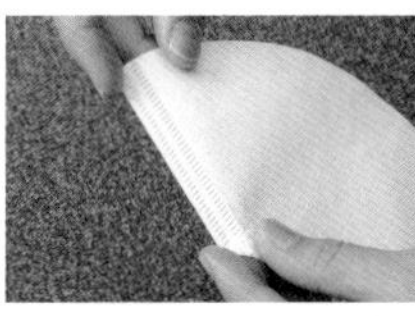

ペーパーフィルターは、横と底のシール部分を折ってから使用。横と底の折る方向は、互い違いでも同じでもOK。

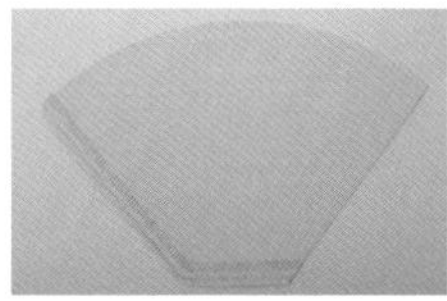

コーヒーのアロマをより通過させやすくしたペーパーフィルターもある（製品名「グルメ」）。「1×4」サイズのみの扱いだが、好みで使い分けるのもよいだろう。

HARIOの特徴

透過にこだわった、らせん状の長いリブ

ペーパーフィルターの先が出る大きな1つ穴と、らせん状の長いリブが特徴。ドリッパーとペーパーフィルターの接する部分が少ないため、ネルドリップのような自由度がある。湯を速く注げばあっさりと、ゆっくり注げばボディが強めの味わいにと、容易に調整が可能。その分、味がブレやすいという側面もあるので、タイマーと抽出量を見比べながら抽出するとよい。48～49ページのプロセスで使用しているドリップスケールは、重さと時間が同時にはかれるので、持っていると重宝する。

ロートのように、底に大きな穴がある。ここからペーパーフィルターの先が出ることも大切な要素。

ペーパーフィルターは、横のシール部分を折り、広げて先を指で軽く潰す。

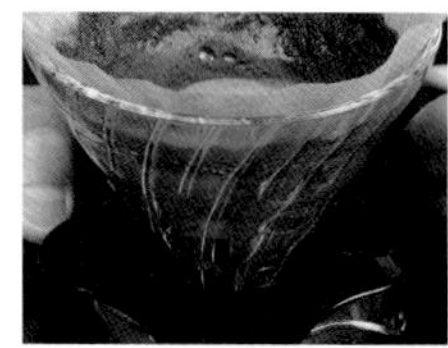

リブをらせん状にすることで、フィルターが縦方向に密着することを防ぐ。リブ自体も長くなるため、より密着度が低くなる。

コーノの特徴

雑味となるアクを浮かせ美味しい成分を抽出

底には湯を溜め込まないよう大きな穴があり、側面は、ペーパーが密着して成分をしみ出させない上部と、成分抽出を促すためにリブがある下部の、二重構造になっている。はじめは穴から湯がいっきに落ちないよう点滴のように注湯し、成分豊かな濃いコーヒーをリブのある下部で抽出。このとき、粉の内部からゆっくりとふくらませて、アクや微粉などを浮かせることが重要。そのあとは、アクを上部に留まらせ、雑味を落とさず濃さを調整する。最後は液面を高くキープしながらも、内部で対流が起きてアクが混ざらないよう静かに注ぐことが大切だ。

2人用と4人用でリブの長さの比率が異なる。これも長年の研究により導き出された結果だ。

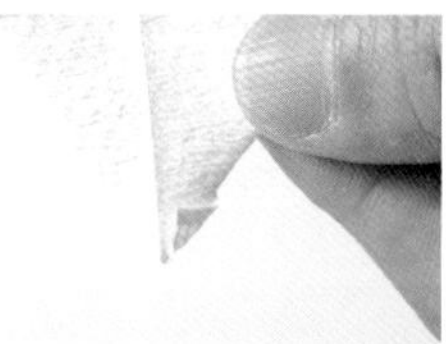

ペーパーフィルターのシール部分を折って開き、はみ出した先の三角部分を折り込む。

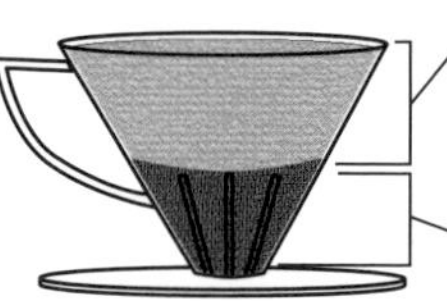

上部に浮かせたアクや雑味が横から出ないよう、ペーパーフィルターを密着させるためにリブがない。

抽出成分がペーパーからしみ出すよう、リブがある。

ORIGAMIの特徴

ペーパーが密着せず湯の抜けが速い

岐阜県土岐市の陶器メーカー・光洋陶器が製造するドリッパー。独特な形とカラーバリエーションの豊富さに加え、ワールド ブリュワーズ カップの2019年大会でチャンピオンが使用したことで一躍注目を浴びた。HARIOと同様に大きな１つ穴で、さらに側面全体が深いギザギザなのでペーパーと密着せず、HARIOよりもさらに湯の抜けが速い。また、ウェーブタイプと円錐形タイプ、両方のペーパーフィルターが使えるのも特徴。ペーパーフィルターの使い分けや湯の注ぐ速さなどで、さまざまな淹れ方ができる。

底に大きな1つ穴。円錐形ペーパーフィルターを使う場合は穴から先が出て、ウェーブの場合は穴の少し上にペーパーの底が浮く。

ORIGAMIの一番の特徴であるギザギザにより、ペーパーが密着するのを防いでいる。

HARIOの円錐形フィルターと、カリタのウェーブフィルターの両方が使用可能。ORIGAMIのギザギザとフィルターのウェーブは同じ20個。ウェーブのほうが底面が平らなので、より均一な抽出ができる。

ケメックスの特徴

ドリッパーとサーバーが一体化したツール

三角フラスコとロートを組み合わせたような独特なフォルムの、ドリッパーとサーバーの機能を兼ね備えた道具。3カップ用、6カップ用、8カップ用、10カップ用があり、本書で使用しているのは6カップ用。また、取り外しができる木とレザーの持ち手が付いている「クラシックシリーズ」のほか、ガラスのハンドルが付いている「グラスハンドルシリーズ」や、ハンドメイドの「ハンドブローンシリーズ」がある。ペーパーフィルターは四角形のものが一般的だが、円形や半円形（3カップ用のみ）のものもある。折り方もいくつかあるが、右のようにラッパ状に折るのがおすすめ。

四つ折りのペーパーを開き、❶の赤線を山折り、青線を谷折りにする。❷は赤線の片側だけ、❸は両側を折った様子

❹袋になったほうを手前に置き、左右の端を真ん中に折り合わせる。裏側も同様に折り合わせる。

❺上部を開いて差し入れる。

カリタ(ウェーブ)の淹れ方

Process

ウェーブフィルターの力で
コーヒー本来の味を
バランスよく抽出

注湯速度に多少バラつきがあっても、ウェーブのペーパーフィルターが、味のブレを修正してくれる。

メッシュ	中挽き
抽出量に対する分量	120cc(1杯分)……10g 240cc(2杯分)……20g 360cc(3杯分)……30g 480cc(4杯分)……40g
湯温	92℃前後

1 粉を入れてならす

ドリッパーにペーパーフィルターをセットし、粉を入れる。ドリッパーを軽く叩くなどして、粉を平らにならす。

4 3湯目を注ぐ

表面が半分ほど下がったら、3湯目を注ぐ。
※湯の注ぎ方は最後まで同じ。湯が太くならないように注意しながら、規則正しく注ぐこと。

2 1湯目を注ぎ、 蒸らす

粉の中央から湯を細く注ぎ、「の」の字を書くようにして、全体を湿らせる。粉がドーム状にふくらんだら、そのまま蒸らす（目安は20 ～ 30秒）。

3 2湯目を注ぐ

湯がペーパーの縁くらいまでしみてきたら、2回目の注湯。1湯目と同様、細く「の」の字を書くようにして、縁の下1㎝くらいまで注ぐ。

5 4湯目を注ぐ

再び表面が半分ほど下がったら、4湯目を注ぐ。※目的の抽出量により湯量も違うので、注湯回数は目安。湯量に合わせて3 ～ 5回で注ぎ分ける。

6 ドリッパーをはずす

サーバーの中が目的の抽出量に達したら、ドリッパーに湯が残っていてもサーバーからはずす。※トータルで2分30秒～ 3分を目安に注ぎ終える。

1 粉を入れる

サーバーにドリッパーをのせてペーパーフィルターをセットし、粉を入れる。
※ここでは2杯分なので、16g入れる。

4 湯を行き渡らせる

全体に湯が行き渡るまで、20 ～ 30秒おく。
※ペーパー際まで湯をかけなくても、自然と全体がなじんでくる。

メリタの淹れ方

Process

シンプルな手順で
素材感がありながらも
すっきりとした味に

何杯でも飲めそうなすっきりとした味わい。味の調整は、焙煎度やメッシュの大きさ、粉の量で行う。

メッシュ	中～中細挽き
抽出量に対する分量	125cc（1杯分）…… 8g 250cc（2杯分）…… 16g 375cc（3杯分）…… 24g 500cc（4杯分）…… 32g
湯温	92℃前後

2 粉をならす

ドリッパーを軽く叩いたりゆすったりして、粉を平らにならす。

3 1湯目を注ぐ

粉全体を湿らせるように湯を注ぐ。
※勢いよく注ぐと、粉が暴れてえぐれてしまうので、やさしく湯を置くようなイメージで。

5 目的の量まで注ぐ

湯を目的の量までいっきに注ぐ。
※ここでは2杯分なので、「2」の表示まで注ぐ。
※2湯目は湯を太めに注いでもOK。

6 落ちきるまで待つ

注いだ湯がサーバーに落ちきれば出来上がり。
※抽出が終わると自然に止まる。

HARIOの淹れ方

Process

らせん状の長いリブが マイルドでクリアな味わいに。注湯スピードで味を調整

スパイラルリブと大きな1つ穴により、湯の抜けがよいためマイルドに。濃くしたいときはゆっくりと注ぐ。

メッシュ	中細挽き
抽出量に対する分量	120cc（1杯分）……… 12g
	240cc（2杯分）……… 24g
	360cc（3杯分）……… 36g
	480cc（4杯分）……… 48g
湯温	92～93℃

1 粉を入れる

サーバーにドリッパーをのせてペーパーフィルターをセットし、粉を入れる。

4 蒸らす

粉全体を湿らせたら、そのまま30秒ほど蒸らす。

2 粉をならす

ドリッパーを軽く叩いたりゆすったりして、粉を平らにならす。

3 1湯目を注ぐ

中央に500円玉ほどの円を描くように、1回目の湯を注ぐ。

5 2~4湯目を注ぐ

蒸らし終えたら、中央あたりに丸く2湯目を注ぐ。粉がふくらんできたらいったん注湯を止め、へこむ前に再び注ぐ。これを1 ～ 2回繰り返す。

6 ドリッパーをはずす

目的の抽出量に達したら、ドリッパーに湯が残っていても、サーバーからはずす。杯数に関係なく、トータルで3分以内が目安。

コーノの淹れ方

Process

アクを浮かせて美味しい成分だけをじっくり抽出

コーヒーの美味しい成分をしっかり抽出しながらも、えぐ味のないクリアな味わい。きれいな後味が最大の特徴。

〈抽出量240cc（2杯分）〉

メッシュ	中挽き
分量	24g
湯温	90℃

〈抽出量480cc（4杯分）〉

メッシュ	中粗挽き
分量	48g
湯温	93℃

※コーノ式は2人用と4人用があり、それぞれ2杯分、4杯分で淹れることを推奨。

1 粉を入れてならす

ドリッパーにペーパーフィルターをセットし、粉を入れて平らにならす。

4 範囲をさらに広げる

サーバーにトータル抽出量の1/3量程度まで溜まってきたら、さらに注湯の範囲をひと回りほど広げる。

2 湯を垂らす

中央の一点を狙って、点滴のように湯を注ぎ始める。粉から出る炭酸ガスにより、下のほうから盛り上がってドーム状になってくる。

3 注湯の範囲を広げる

サーバーの底を覆うくらいまで抽出したら、注湯量を増やして円を描くように範囲を少し広げる。
※泡がアクなどを吸着して浮かび上がってくる。

5 縁まで注いで泡を浮かす

2/3量まで抽出したら注湯量を増やし、ドリッパーの縁近くまで注ぐ。泡がリブよりも下にならないよう、注ぎ足して液面の高さをキープする。

6 ドリッパーをはずす

目的の抽出量になったら、ドリッパーをはずす。2杯分の場合、トータルで3分30秒が目安。
※はずす直前まで、液面を高いままキープすること。

ORIGAMI の淹れ方

Process

ギザギザと1つ穴で
湯抜けが速く
すっきりした味わいに

コーヒーに含まれる成分を出し切るイメージ。雑味の少ない高品質な豆を使う際におすすめの方法。

メッシュ	中挽き
抽出量に対する分量	150cc（1杯分）………12g 300cc（2杯分）………24g 450cc（3杯分）………36g
湯温	沸騰直後の熱湯

注湯のタイミングと湯量（1杯分の場合）

注湯	注湯開始からの時間	注湯量（合計量）
1湯目	00分～	30g（30g）
2湯目	1分～	50g（80g）
3湯目	1分30秒～	50g（130g）
4湯目	1分50秒～	50g（180g）

※水や湯の1gは1ccと同じ。2杯のときは注湯量を2倍に、3杯のときは3倍にする。

1 ペーパーと器具をリンスする

サーバーにフォルダーとドリッパーをのせ、ペーパーをセットする。リンス（湯通し）をして器具を温めたら、湯を捨てる。

4 2～4湯目を注ぐ

右の表の要領で、2～4湯目を50gずつ注ぐ。
※ペーパーにかかってもいいので、中央から円を描きながら壁際までまんべんなくかける。

2 粉を入れてならす

粉を入れ、ゆすって平らにならす。
※風袋引き（容器の重さを先に引くこと）機能付きのはかりなら、ゼロ表示にしておく。

3 1湯目を注ぐ

30gの湯を中央から円を描くように注いで粉全体を湿らせたら、1分間蒸らす。

5 スピンさせる

4湯目を注ぎ終えたらすぐに、ドリッパーを軽く揺すって（スピン）、壁に残った粉を下に集める。

6 湯を落としきる

湯がサーバーに落ちきれば出来上がり。
※粉を下に集めることで、湯と粉が最後まで接触している状態にする。

1 ペーパーと器具をリンスする

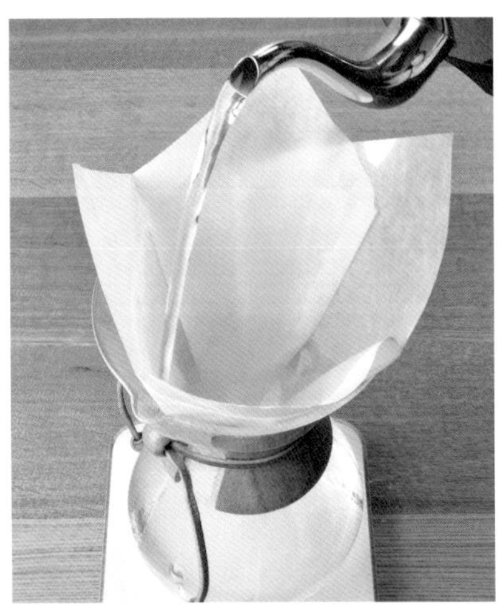

ラッパ状に折った（→P43）ペーパーをセットする。リンス（湯通し）をして器具を温めたら、一度ペーパーをはずして湯を捨てる。

4 2～4湯目を注ぐ

右の表の要領で、2～4湯目を100gずつ注ぐ。
※湯をペーパーに直接注がないように注意。

ケメックスの淹れ方

Process

スタイリッシュな形で じっくり抽出。 香り華やかな仕上がりに

リブがないので、湯の抜けが遅くじっくりと抽出。温かみのあるスタイリッシュなフォルムが食卓に映える。

メッシュ	中粗挽き
抽出量に対する分量	150cc（1杯分）……12g 300cc（2杯分）……24g 450cc（3杯分）……36g
湯温	96～97℃

注湯のタイミングと湯量（2杯分の場合）

注湯	注湯開始からの時間	注湯量（合計量）
1湯目	00分～	60g（60g）
2湯目	1分～	100g（160g）
3湯目	1分30秒～	100g（260g）
4湯目	2分～	100g（360g）

※水や湯の1gは1ccと同じ。1杯のときは注湯量を半分に、3杯のときは1.5倍にする。

2 粉を入れてならす

ペーパーをセットし粉を入れ、平らにならす。
※風袋引き（容器の重さを先に引くこと）機能付きのはかりなら、ゼロ表示にしておく。

3 1湯目を注ぐ

中央から円を描くように湯を60g注いで粉全体を湿らせたら、1分間蒸らす。

5 スピンさせる

4湯目を注ぎ終えたらすぐに、軽く揺すって（スピン）、壁に残った粉を下に集める。
※粉の表面が平らになるのがベスト。

6 湯を落としきる

湯がサーバーに落ちきったら、ペーパーをはずして出来上がり。

初心者でも簡単！
コーヒーの持ち味が
ダイレクトに
楽しめる

French Press

フレンチプレス

用意する道具

❶ フレンチプレス

湯を入れるポット部分と、金属フィルターが付いたふた（プランジャー）からなる抽出器。コーヒープレス、プランジャーポットなどとも呼ばれる。

❷ タイマー

注湯からプランジャーを下げるまでの時間を計る。

豊かなオイルによる香りと口あたりのよさ

フランスで流行したために「フレンチプレス」と呼ばれるようになったとされる、ヨーロッパでは一般的な抽出方法。日本では紅茶を淹れる器具というイメージが強いですが、近年ではコーヒー器具としての認知度も高まっています。これには、スペシャルティコーヒーの登場が大きく関わっているといわれています。

フレンチプレスで淹れたコーヒーの魅力は、コーヒーが持つさまざまな個性がダイレクトに楽しめるところ。ペーパードリップなどではペーパーフィルターが吸着除去してしまいがちなコーヒーオイル（油脂分）が、しっかりと抽出されるのが特徴です。コーヒーオイルには香り成分がたっぷりと含まれているため、香りも豊か。また、ほどよくオイル感のあるコーヒーは、

金属フィルターの種類と特徴

プランジャーに付いている金属フィルターは、商品によってメッシュの形状が異なる。ⓐは１種類の織り方で作られたシンプルなタイプ。プランジャーでプレスしたときの圧力がやわらかいので、マイルドな仕上がりに。ⓑは２種類の方法で交互に織られたもの。圧力が強めなのでさまざまな成分が出やすい。ⓒはメッシュが２重になっており、微粉の少ないクリアな味わいに。フレンチプレスを選ぶときは、金属フィルターにも着目しよう。

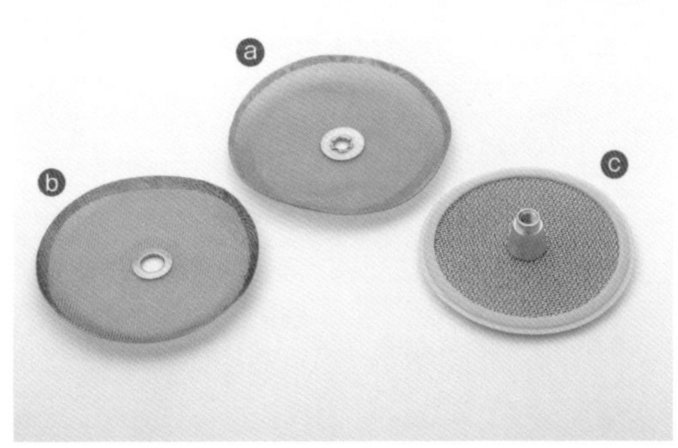

フレンチプレスのパーツと交換時期

フレンチプレスはパーツに分解できるため、汚れが目立ってきたらパーツごとに洗浄しよう。また、破損したらパーツのみの購入が可能なメーカーも多い。特に、金属フィルターのメッシュが劣化すると味わいにも影響してくるので、定期的にチェックしたい。下の写真のように縁がほどけたり目詰まりしたりしてきたら、交換したほうがよいだろう。

口に含んだときに心地よいまるみを感じさせます。

　コーヒーの個性をダイレクトに出すということは、反面、質のよくないコーヒー豆を使うと、そこに含まれる好ましくない成分も出すということ。そのため、クリーンで個性豊かなスペシャルティコーヒーの普及とともに、注目度が高まってきた器具だといえるでしょう。

味の再現性が高い シンプルなプロセス

　フレンチプレスのもうひとつの魅力は、抽出手順が簡便なことです。特に難しい技術は必要なく、家庭でもカフェと同じ味わいが楽しめます。

　また、コーヒー粉の分量や湯量、時間をきちんとはかれば、同じ味が再現しやすいのも特徴。淹れ手による味のブレが少ないので、豆の香味のみを比べたいテイスティングにも最適な抽出方法です。

フレンチプレスの淹れ方

Process

コーヒーオイルを
しっかりと抽出して
まろやかで香り豊かに

表面にコーヒーオイルが浮かぶのが特徴。香味豊かな一方、多少濁りがあるのが、好みの分かれるところ。

メッシュ	中挽き
湯温	沸騰直後の熱湯
〈350ccのフレンチプレス〉	
分量	コーヒー粉 …… 17g 湯 …… 300cc
〈500ccのフレンチプレス〉	
分量	コーヒー粉 …… 27g 湯 …… 500cc
〈1000ccのフレンチプレス〉	
分量	コーヒー粉 …… 47g 湯 …… 850cc

1 コーヒー粉を入れてならす

フレンチプレスのふたを取り、プランジャーを引き上げておく。タイマーを4分にセットする。ポットの中に粉を入れ、軽くゆすって平らにならす。

4 2湯目を注ぐ

粉のふくらみが落ち着いて液面が下がってきたら、「の」の字を書くように再度湯を注ぐ。湯の量は、ポットの縁から1.5㎝くらい下が目安。

2 1湯目を注ぐ

粉全体に行き渡るように、熱湯をポットの半分くらいの高さまで注ぐ。注ぎ始めると同時に、タイマーをスタートさせる。

3 蒸らす

きれいな
3層を
目指そう！

そのまま30秒ほど蒸らす。
※新鮮なコーヒーを使い、注湯がうまくいけば、ガス、粉、液体の3層に分かれる。

5 ふたをして待つ

プランジャーを上げた状態のままふたをし、そのままタイマーがゼロになるまで待つ。

6 プランジャーを下げる

時間になったらプランジャーをゆっくりと押し下げ、カップに注ぐ。

フレンチプレスのさまざまな楽しみ方

1杯目と2杯目の味の違いを楽しむ

350ccのフレンチプレスでも2杯分はあるので、ひとりで飲むときは、1杯目と2杯目の違いが楽しめる。2杯目は1杯目より少し重くなるため、たとえば、熱いうちの1杯目はストレートで香りを楽しみ、2杯目はミルクを入れて、といった飲み方もおもしろい。逆に、何人かで分けるときは、日本茶を淹れるように回し注ぎをすると、全員のカップが均一になる。

飲み比べを楽しむ

淹れ方による味のブレが少ないのが、フレンチプレスの長所。この長所を生かして、さまざまな銘柄の飲み比べをしてみるのもいいだろう。いくつかの銘柄とともにスイーツやパンなどを持ち寄り、友人たちとフードペアリング（→P222）を楽しむのもおすすめだ。

クリーンにしたい場合

4分経過後、プランジャーを下げる前に一度ふたをはずし、浮いたアクを取り除く方法もある。この方法で抽出すると、豆によってはクリーンな仕上がりに。ただし、取りすぎると香味も薄くなってしまうので、適度に加減しよう。また、カップに注ぐ前に注ぎ口を見て、粉やアクが付いているのが気になったら、ほかの容器に少し注いで落とすとよい。

デザインを楽しむ

カップとともに、おもてなしのテーブルに出せるのもフレンチプレスの魅力。形や大きさ、カラーバリエーションも豊富なので、人数や気分によって選べるのもうれしい。

無駄な装飾を省いたシンプルなシリーズ。明るいレッドはテーブルを楽しくさせる／BRAZILフレンチプレスコーヒーメーカー（ボダム）

白い幾何学模様がスタイリッシュ。どんなテーブルセッティングとも好相性／EILEENフレンチプレスコーヒーメーカー（ボダム）

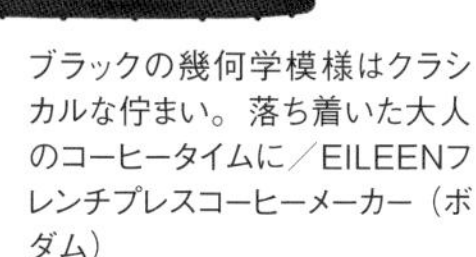

ブラックの幾何学模様はクラシカルな佇まい。落ち着いた大人のコーヒータイムに／EILEENフレンチプレスコーヒーメーカー（ボダム）

個性的で美しいフォルムがテーブルをおしゃれに演出。インテリアとしても優秀な一品／ダブルグラスコーヒープレス（HARIO）

オリーブウッドを使用したプレスは、豪華な食卓にもナチュラルなティータイムにも好適／カフェプレス・ウッド（HARIO）

重厚感がありながらも可愛らしい、二重構造のステンレスタイプ。保温効果がある／COLUMBIAダブルウォールフレンチプレスコーヒーメーカー（ボダム）

まろやかかつ
厚みのある質感の
仕上がりで
愛好家に
根強い人気

Nel Drip

ネルドリップ

用意する道具

❶ドリップポット

注ぐ湯量の調節がしやすい、注ぎ口の細いタイプがおすすめ。

❷コーヒーサーバー

ネルドリッパーを手で持って抽出するため、できるだけ口の広いもののほうが使いやすい。

❸ネルドリッパー

ハンドルの付いた枠に、袋状になったネル（起毛のある織物）を取り付けたドリッパー。さまざまな大きさや形のものがある。

❹タオルまたはふきん

ネルの水気を取るのに使用。

とろりとした質感とまろやかさが魅力

起毛のあるやわらかな布で淹れるネルドリップ。古きよき「コーヒー専門店」の趣を感じさせ、一部のコーヒー愛好者に根強い人気がある器具です。

ネルドリップで淹れたコーヒーは、ペーパードリップに比べてとろりとした質感になるのが特徴。深煎りの豆と相性がよく、上手に抽出できた深煎りコーヒーは、透明感がありつつも、まろやかで甘味を包み込んでいるような厚みのある仕上がりが楽しめます。そのまま味わうのはもちろん、クリームを多めに入れて飲むのもおすすめです。

自由度の高さが難しさでありおもしろさ

ネルドリップの特徴は、淹れ方の自由度が高いこと。抽出の原理はペーパードリップと同じですが、粉のふくらみが上部だ

新しいネルのおろし方

新品のネルは、糊が付いていたり、布のにおいがきつかったりするため、そのまま使うとコーヒーの味を損ねてしまう。買ってきたばかりのネルをおろすときは、少量のコーヒー粉を入れた湯で 10 分ほど煮沸してから使用する。こうした事前処理をしておくと、糊や布のにおいが取り除かれるとともに、なじんで使いやすくなる。

ネルには表裏がある

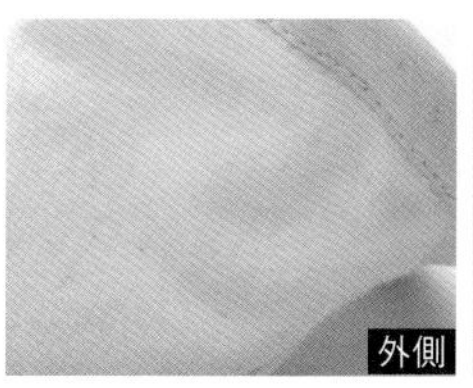

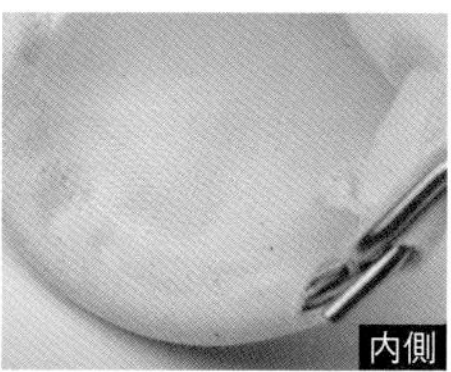

ネルには、片面起毛と両面起毛タイプがある。片面起毛の場合、どちらを内側にするかはさまざまな意見があるが、起毛を外側にしたほうが手入れがしやすい。

使用済みネルの保存方法

使用したネルは水洗いし、きれいな水を張った容器に浸して冷蔵庫で保存。洗浄成分や香料などがしみ込むので、洗う際には洗剤の使用は避ける。使用しない日も、1 日に 1 度は水を交換すること。

けのペーパードリッパーに対し、やわらかいネルの場合はドリッパー全体がふくらみます。そのため、内部で対流が起こりやすく、粉が攪拌されます。ネルの動かし方、お湯の注ぎ方で対流具合や速度が変わり、仕上がりに影響してくるというわけです。この自由度の高さが難しさにつながっており、コントロールできるようになるには経験が必要。その分、納得のいくコーヒーに仕上がったときの感慨はひとしおでしょう。

次ページではネルを手で持って淹れる方法を紹介していますが、ケメックス（→P54）のようなコーヒーサーバーなら、ロート部分にのせて注湯することも可能。そのほか、ネルが固定できる専用の櫓（やぐら）も販売されています。また、新品のおろし方や使用後の保存など、ネルの扱い方も重要です。上記を参考にして、よいコンディションを保ちましょう。

ネルドリップの淹れ方

Process

ネルが生み出す
リッチな質感が特徴。
深煎りの豆がおすすめ

ネルドリップで淹れたコーヒーは、厚みのあるとろりとした質感を楽しめるのが特徴。

メッシュ	粗挽き～中挽き
抽出量に対する分量	100cc（1杯分）……13g 200cc（2杯分）……20g 300cc（3杯分）……27g 400cc（4杯分）……34g
湯温	85～90℃

1 ネルの水気を取る

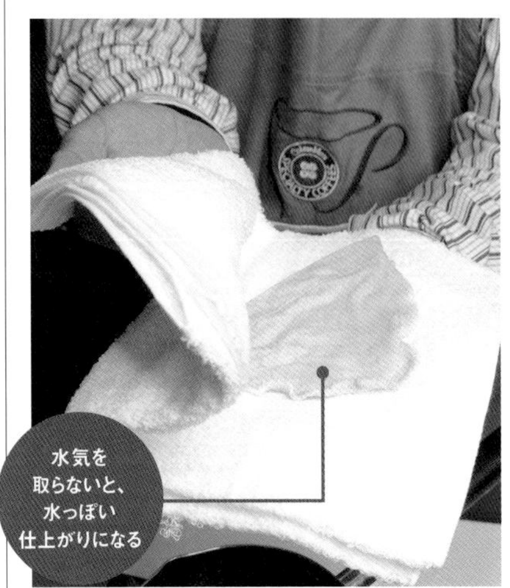

ネルを軽く水洗いし、よく絞る。さらにタオルに挟んで叩き、しっかりと水気を取ったら、枠にセットする。

4 抽出液が落ちるまで注ぐ

サーバーに抽出液が落ち始めるまで、一定の注湯量を保ちながらまんべんなく注ぐ。2杯分の場合、注ぎ始めから1分間くらいが目安。

2 中心から注ぎ始める

ネルドリッパーにコーヒー粉を入れ、中心あたりを狙って水滴を垂らすように注ぐ。

3 湯を全体に広げる

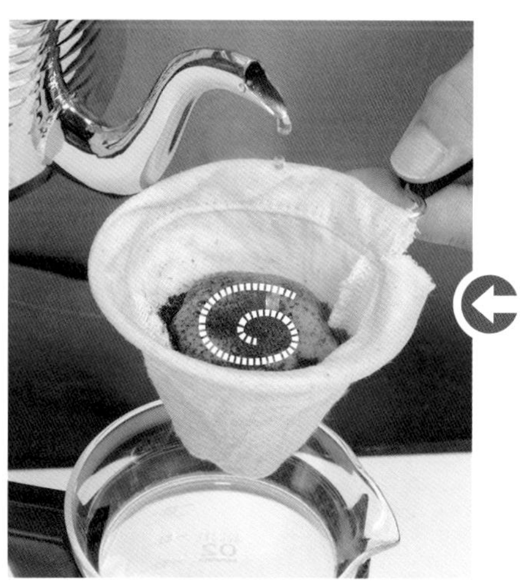

湯を一滴一滴、または糸を垂らす程度の量で「の」の字を書くように注ぎ、粉全体に浸透させる。
※ネルに直接湯をかけないように注意。

5 注湯のペースをやや速める

湯を注ぐ量を若干多くする。抽出液がサーバーに落ちる分を、同量の湯で補うようなイメージで注ぐとよい。

6 目的の量に達したらはずす

抽出液が目的の量になったら、ドリッパーに湯が残っていてもサーバーからはずす。
※過剰に落とすと、雑味が出やすくなる。

ドリップ式で
コーヒーオイルも
適度に残る
次世代のツール

Metal Filter

金属フィルター

用意する道具

❶ 金属フィルター

金属メッシュでできたドリッパー。ステンレス製や、ステンレスに金メッキを施したものなど、さまざまなタイプがある。

❷ 専用ホルダー

金属フィルターに付いている商品と、別売りの商品がある。

❸ ドリップポット

注湯量が調節しやすい、細い注ぎ口のものを使用。

❹ コーヒーサーバー

ホルダーに合ったサイズのものを選ぶ。

金属フィルターにはさまざまなタイプがある

近年、コーヒー専門店などのプロの間で注目が高まりつつある金属フィルター。名前の通り、こす部分が金属素材でできたフィルターです。形はペーパードリッパーと似ていますが、ペーパーを使わないのでゴミが少なく、破損しなければ半永久的に使えます。

使用されている金属メッシュは、丸くパンチングされたものや杉綾織りのようなもの、縦長のスリット状のものがあります。形状は、ペーパードリッパーと同様、円錐形型か台形型が基本。ステンレスに純金でコーティングしたものも多く、これらは「ゴールドフィルター」とも呼ばれます。専用のホルダーが付いているものもありますが、付いていない場合は形に合ったドリッパーにセットして使用します。金属のメッシュはペーパーやネ

ほかの器具とともに

右ページの写真のように、もともと専用ホルダー付きの製品もあるが、フィルターのみで販売されているものも多い。付いていないものは、台形型はカリタ（従来品）やメリタのドリッパーに、円錐形型はケメックスのサーバーにセットして使用する。手持ちのドリッパーを利用するときは、大きさや形を確かめてから購入しよう。

微粉が気になる場合は

金属フィルターのメッシュは、肉眼ではっきり見えるほど粗い。コーヒーオイルなどの香味豊かな成分を通す反面、ペーパーやネルと違って、微粉まで落としてしまう。気になる場合は、淹れる前に粉を茶こしや専用器具（→ P95）でふるって、微粉を取り除いてもよいだろう。

手入れ方法について

長く使用するためには、きちんとした手入れが肝心。コーヒーオイルが固まると目詰まりを起こすため、食器用洗剤を使ってしっかりと油分を落とそう。メッシュ部分は力を入れると破損するので、やわらかなスポンジで優しく洗うことも大切だ。

ルよりもはるかに目が粗いので、ペーパードリップのつもりでお湯を注ぐと、すぐに下に落ちてしまうので注意しましょう。

スペシャルティコーヒーにおすすめ

金属フィルターの特徴は、ハンドドリップの自由さがありながらも、ペーパーフィルターではこし取られてしまうコーヒーオイルが抽出されること。ペーパードリップとフレンチプレスの中間くらいの位置といったイメージ。多少微粉が抽出液に混入して液質が濁るため、そこは好みが分かれるところですが、コーヒーのフレーバーがダイレクトに楽しめるので、ユニークなキャラクターを持つ豆を味わうのにぴったり。フレンチプレスと同様、個性が際立つスペシャルティコーヒーの広がりとともに、人気が高まった淹れ方といえるでしょう。

1 粉を入れて平らにならす

金属フィルターに粉を入れ、平らにならす。
※風袋(ふうたい)引き（容器の重さを先に引くこと）機能付きのはかりなら、ゼロ表示にしておく。

4 3~5湯目を注ぐ

右の表の要領で、3湯目は50g、4湯目は110g、5湯目は100gと、30秒ごとに注ぐ。

金属フィルターの淹れ方

Process

コーヒーオイルを
ほどよく透過。
豆の個性が際立つ仕上がり

コーヒーオイルが抽出されているため、口あたりがまろやかで香り高い。個性が際立つ味わいに仕上がる。

メッシュ	中挽き
抽出量に対する分量	150cc（1杯分）…… 12～13g 300cc（2杯分）…… 21～22g ※中煎りは少なめ、深煎りは多め
湯温	沸騰直後の熱湯

注湯のタイミングと湯量（2杯分の場合）

注湯	注湯開始からの時間		注湯量（合計量）
	中煎り	深煎り	
1湯目	00分～	00分～	30g（30g）
2湯目	40秒～	1分～	50g（80g）
3湯目	1分10秒～	1分30秒～	50g（130g）
4湯目	1分40秒～	2分～	110g（240g）
5湯目	2分10秒～	2分30秒～	100g（340g）

※水や湯の1gは1ccと同じ。1杯のときは1湯目を30g、2、3湯目は25gずつ、4、5湯目は50gずつ注ぐ（合計180g）

2 1湯目を注ぐ

30gの湯を中央から円を描くように注いで、粉全体を湿らせる。

3 2湯目を注ぐ

40秒蒸らしたら、中央から円を描くように2回目の湯を50g注ぐ。
※深煎りの場合は1分間蒸らす。

5 湯を落としきる

注いだ湯がすべて落ちきったら、フィルターをはずす。

6 均一にしてカップに注ぐ

最初に抽出された底のほうは濃く、上面のほうは薄いので、スプーンでかき混ぜて全体を均一にする。カップに注いで出来上がり。

金属フィルターの種類と特徴

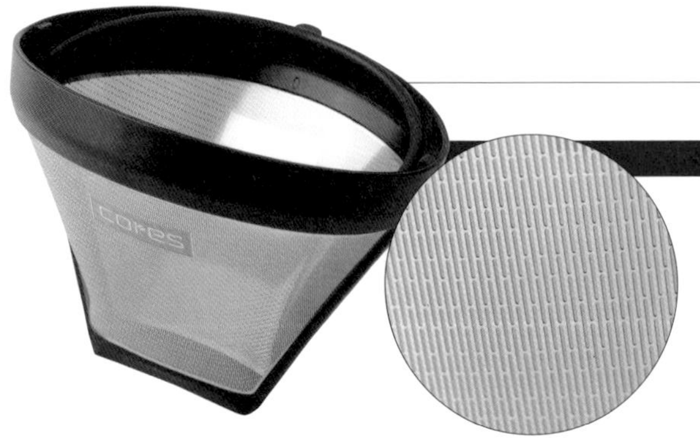

縦型スリットタイプ

ゴールドメッキ

縦長のスリット形にパンチングされたステンレスのメッシュに、純金を二重にコーティング。縦型スリットは目詰まりしにくく湯の抜けがよい。高温短時間抽出が可能だが、湯の抜けが速い分、注湯コントロールが必要。

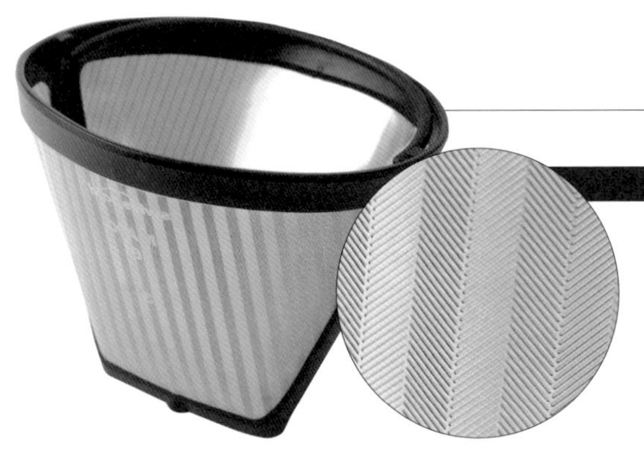

杉綾模様タイプ①

ゴールドメッキ

杉綾模様の織物のような、複雑な形状のメッシュ。湯の抜けがいくぶんゆっくりめで、傾向としてはしっかりとボディを感じる味わいに仕上がる。酸化しない純金メッキのため衛生的だが、手荒に扱うとメッシュ部分が破れるので注意。

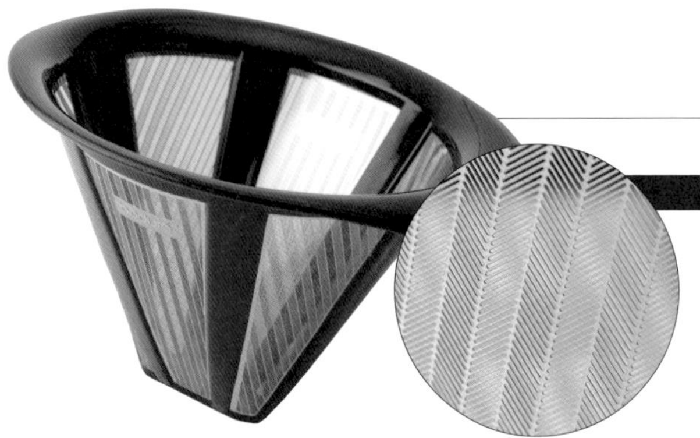

杉綾模様タイプ②

ゴールドメッキ

上の製品と同じ杉綾織り風のメッシュだが、穴の大きさが大きく粗め。より耐久性が低いため、ていねいに扱うこと。湯の抜けが比較的速く、出来上がるコーヒーの味もマイルドな傾向に。

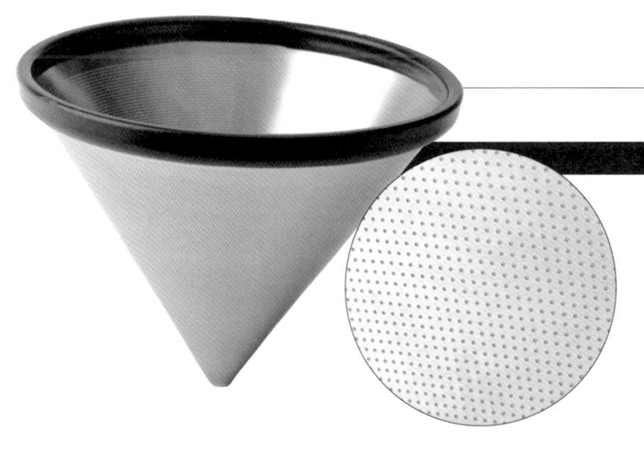

丸形パンチタイプ

ステンレス

ステンレスに小さな丸い穴を等間隔に開けたフィルター。湯の抜けはよいが、目詰まりがしやすい。円錐形型は台形型よりフィルターの底に溜まる粉の層が厚くなるので、ボディが強めの味わいに仕上がる傾向がある。

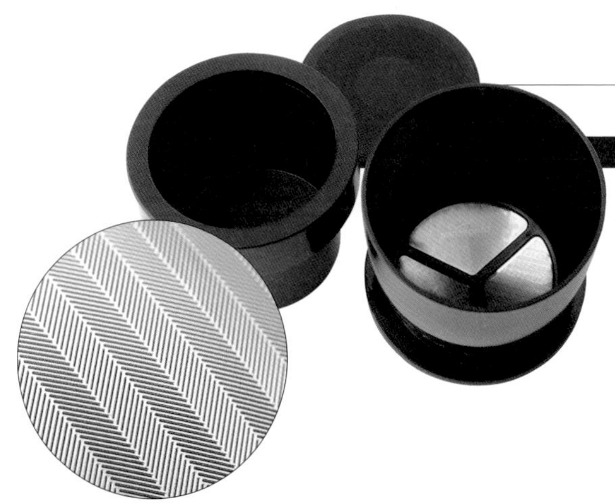

ワンカップタイプ

ゴールドメッキ

杉綾模様タイプ①と同じメッシュで、マグカップに直接抽出する1人分用のフィルター。メッシュのある本体に粉を入れ、中ぶたをしてから湯を注ぐ。コンパクトサイズなので、オフィスやアウトドアでも重宝する。

大石&アソシエイツ × 丸山珈琲 ｜Cores（コレス）開発秘話｜

68～69ページの淹れ方プロセスで使用している金属フィルターは、株式会社 大石&アソシエイツの製品「cores（コレス）」。実はこの商品開発に、本書監修者・丸山健太郎氏が経営する、丸山珈琲が協力しているのです。

開発コンセプトの根幹は「スペシャルティコーヒーを美味しく抽出する」こと。スペシャルティコーヒーの特性である個性豊かな成分を、できるだけカットしないことにこだわりました。そのひとつがメッシュの形状。お湯の抜けがよいよう、粉によって穴がふさがりにくい、縦長のスリット状にしました。

また、純金メッキは酸化しない金属として従来品にも使われていましたが、同じく酸化しない金属であるチタンでも検討。双方でテイスティング検証を行ったところ、ほぼ全員が純金メッキのほうに美味しさを感じたという結果に。結局、純金メッキを採用しました。

coresに限らず、抽出器具開発の背景には、コーヒー愛好家たちのさまざまなこだわりが秘められているのです。

Oishi and Associates × MARUYAMA COFFEE

レトロな風情と
科学的な原理で
淹れる
近年再注目の
抽出器具

Siphon
サイフォン

用意する道具

❶ サイフォン

スタンドに支えられた下部のフラスコ（下ボールとも）に、上部のロート（上ボールとも）が差し込まれている構造。ロートの底に、ろ過器をセットして使用。

❷ アルコールランプ

フラスコの下に置いて温める熱源。中のアルコール燃料は、サイフォンを扱っている店や薬局、ホームセンターなどで購入可能。

❸ 竹べら

抽出中の攪拌に使用。サイフォンにセットされている場合と、別売りの場合がある。

高温短時間抽出による香りの高さが特徴

アルコールランプで熱せられたガラス器具の中で、コーヒーが上下するサイフォン。見た目のおもしろさや抽出中の心地よい沸騰音、コーヒーの香りがあたり一面に漂う佇まいが人気の抽出器具です。

サイフォンでのコーヒー抽出時間は、粉をセットしてから出来上がりまでおよそ1分10秒。このような高温短時間抽出によって引き出される、アロマとフレーバーの豊かさが最大の特徴です。また、加熱しながら抽出するので常に沸騰した状態が保たれ、高温のコーヒーが出来上がります。そのため、高温から低温まで、温度による味の変化を飲み比べられるのも魅力。熱いうちは湯気とともに立ち上る香りを楽しみ、少し温度が下がってからゆったりと味わうといった飲み方もおすすめです。

脇役パーツの意外な役割

ろ過器

ろ過器には、ロートに固定するためのバネの下にボールチェーンが付いているが、これは沸騰石の役割をする。フラスコのような表面に傷のないガラスで湯を沸かすと、蒸発のきっかけとなる気泡がないので、沸点を超えても沸騰しない過熱状態に。そこに振動などを加えると、突沸（とっぷつ）が起こる恐れがある。そこで、細かな気泡を持つボールチェーンをフラスコに垂らすことで、蒸発を促し突沸を防ぐのである。

ふた

抽出後のロートは、形が不安定なうえ熱くなっているので、扱いに注意が必要。製品にもよるが、ここで使用しているサイフォンのふたは、逆さにするとロートを立てる台になるので便利。

ろ過器の取り付けと準備

ろ過器のバネをロートの管に通し、フックを管の縁にかける（❶）。ろ過器がロートの中央になるよう竹べらで寄せ、軽く押して圧着させる（❷）。湯を流して器具を温める。フラスコの外側に水滴が付いていると、熱した際に割れることがあるので、水気を拭き取る。

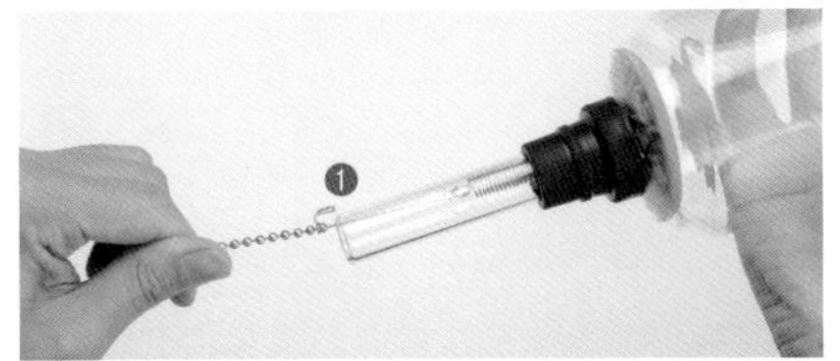

演出効果だけではない気圧差による抽出の役割

サイフォンコーヒーの抽出原理は、蒸気圧の差を利用すること。フラスコに入ったお湯を熱すると内部で水蒸気が膨張して気圧が上がり、お湯がロートへと押し上げられ、コーヒー粉と混ざって抽出が始まります。熱源をはずすとフラスコ内の水蒸気が冷えて収縮し、今度は気圧が下がってロート内のコーヒーを吸引するのです。

コーヒーはただ落ちるのではなく、ロートに取り付けられたろ過器を通してバキュームされます。このバキューム力によって、コーヒーオイルを引き出し液中に拡散。さらに、ろ過器を包むネルの効果もあいまって、まろやかな液質になります。化学実験を思わせる抽出過程は、演出効果だけに目が行きがちですが、ひとつひとつが豊かな香味を生む要因なのです。

サイフォンの淹れ方

Process

約70秒でしっかり抽出。
立ち上るアロマと
ほのかな粘性が魅力

液中にコーヒーオイルが混ざり合ってほのかな粘性を持つため、甘く心地よい余韻が続くのも特徴。

メッシュ	中細挽き
抽出量に対する分量	150cc（1杯分）…………… 15g ★最初にフラスコに入れる湯の量は160cc

※フラスコで水から沸かすと時間がかかるので、やかんなどで沸かした熱湯を入れる。

1 湯を入れる

フラスコに熱湯を入れ、アルコールランプに火をつける。ロートをフラスコに斜めに差しておく。
※火力は、炎の先がフラスコの底に付く程度。

4 自然抽出させる

そのまま20～30秒ほど、自然抽出させる。
※新鮮なコーヒーを使って上手に攪拌すると、ガス、粉、液体のきれいな3層になる。

2 粉を入れてロートを差す

ロートにコーヒー粉を入れ、軽くふるって表面を平らにならす。湯が沸騰したら、ロートをフラスコに差し込む。

3 1回目の攪拌

ロートに1cmほど湯が上ってきたら、竹べらで攪拌して湯と粉をなじませる。
※全体がなじむよう、縦方向に強めに数回攪拌。

5 2回目の攪拌

アルコールランプからはずし、コーヒーがフラスコに落ち始めないうちに、2回目の攪拌をする。
※なでるような感覚で、弱めに数回攪拌する。

6 コーヒーを落とす

コーヒーがロートからフラスコに落ち、ボコボコと気泡が抜ければ出来上がり。

サイフォンをさらに極める

攪拌の意味と上達法

2回の攪拌が味を左右

抽出中に人の手が介在するのは、2回の攪拌のみ。2〜3秒ずつのわずかな作業が味を左右するので、意味とコツをつかんでおこう。
1回目の攪拌は、粉と湯をなじませ、次の自然抽出のためによい状態を作るのが目的。粉と湯が全体に交わるよう、オールを漕ぐイメージで縦方向に混ぜる。ガス、粉、液体のきれいな3層になるのが、成功のしるしだ。
2回目の攪拌は、ガスを抜いて圧力を整えるため。表面がエスプレッソのクレマのような、均一な泡になるのがベスト。もうひとつの目的は、バキュームの際に大きな粉が下に、細かな粉が上になるようにすること。細かな粉が下になると、ネルが目詰まりしてうまく吸引できなくなるからだ。1回目よりも弱く、なでるように大きく竹べらを動かすのがコツ。

1回目の攪拌

きれいな3層になればOK。

層にならないのはNG。

2回目の攪拌

均一な泡になればOK。

大きな粒が見えるのはNG。

ドーム状はひとつの目安。

広がってしまうのはNG。

攪拌の練習をしよう

ロートをフラスコに差し込んで水を入れ、コーヒー豆などを入れて竹べらを動かしてみよう。豆の動き方で、きちんと攪拌されているかどうかがわかる。写真左のように、底のほうまで豆が泳いでいればOK。写真右は豆が表面で回っているだけなので、全体が均等に混ざっていない悪い例。

コーヒー豆を使った練習法

ろ過器の手入れについて

使用後の手入れ

抽出後は、ロートの中の粉を出して軽くすすぎ、ろ過器をはずす。中に粉が入らないよう、ネルの開口部に流水をかけて流したら、タワシなどで表面の粉を落とす。洗剤で洗うとネルにしみ込むので、使用しないこと。

乾燥させると酸化したりオイルが固まったりするので、保存は水を張った容器に入れて冷蔵庫で。使わない日でも、毎日水は取り替える。

ネルの交換

ネルの交換は50回を目安に。また、吸引が悪くなったり、においが気になるときも取り替え時。取り替え方は、まずスペアのネルの中央に金属フィルターをのせ、糸を引いて巾着のように締めたら、固く結んで糸の先を短く切る。

ネルを交換したら、小鍋などで煮沸し、糊や布のにおいを取る。その後は使用後と同様にして、冷蔵庫で保存する。

道具を極める

熱源

アルコールランプは、炎が弱く風などで揺らぐのが難点。最近はハロゲン光なども熱源に使用するが、家庭ならアウトドア用のガスバーナーがおすすめ。炎が強いので、揺らがずに安定した加熱ができる。

竹べら

プロのサイフォニストは、竹べらを特注したり、自分で削ったりして使っている。それだけ攪拌が大切だということだ。下の写真は、左が市販の竹べら。右はプロが使いやすいように特注した、楓材のへら。

浸漬式と
加圧透過式
ダブルの原理で
1杯ずつ抽出

Aeropress
エアロプレス

用意する道具

❶エアロプレス

外側のチャンバー、内側のプランジャーで構成されており、チャンバーの底には穴の開いたキャップが付いている。

❷フィルター

チャンバーキャップに付ける。

❸パドル

攪拌用。スプーンでもよい。

❹ファンネル（漏斗）

粉をチャンバーに入れる際、こぼれないように補助する道具。

❺サーバー（カップ）

コーヒーを受けるサーバーやカップ。圧力がかかるので、丈夫なものを使用すること。

❻ドリップポット

チャンバーに湯を注ぐのに使用。

玩具メーカーが開発した遊び心あふれる抽出器具

大きな注射器のような器具でコーヒーを押し出す、ユニークなコーヒーメーカー。素材がプラスチックなので、軽くて持ち運びしやすく手入れも簡単。アウトドアにもぴったりです。それもそのはず、エアロプレスを開発したエアロビ社は、アメリカのアウトドア用スポーツ玩具メーカーなのです。2005年のデビューから徐々に人気が高まり、今では世界中で愛用されています。

愛好家の好奇心を刺激する自由度の高さが魅力

エアロプレスは、チャンバー（外筒）の中に入れたコーヒー粉とお湯をプランジャー（中筒）で抽出液を押し出すといったイメージ。原理としては、浸漬式と加圧による透過式のハイブリッドといえるでしょう。圧力を

片付けが簡単

抽出が終わったら、プランジャーキャップを外してチャンバーを軽く叩けば、粉がすとんと落ちる。器具はすべて洗剤で洗えるので、片付けや手入れが簡単。

濃いめに淹れて希釈する

通常より粉を多く、湯量を少なくして抽出し、湯で希釈して飲む方法もある。ストレートで飲む場合よりも、少しリッチな味わいになる。

インヴァート式のプロセス

❶チャンバーにプランジャーを途中まで差し込んで逆さまに立て、ファンネルを使って粉を入れる。

❷ファンネルをはずして、湯を注ぐ。

❸フィルターを付けて湯通ししておいたキャップを、チャンバーに取り付け、軽く回して攪拌する。

❹すばやくひっくり返してサーバーの上にのせ、通常の方法と同様にプランジャーを押し下げる。

かけていっきに抽出するので、比較的短時間で淹れることができます。

　さまざまなアレンジを加えやすいのも、エアロプレスの特徴です。プランジャーでプレスする際、速く押せばすっきりと、ゆっくりと押せばしっかりとした味わいになります。また、コーヒー粉を多く、お湯を少なくして濃いめに抽出し、お湯で希釈したり、アイスコーヒーにしたりするのもよいでしょう。さらに、P80〜81で紹介しているスタンダードな淹れ方のほか、本体を逆さにして粉とお湯を入れる「インヴァート式」もよく行われています。この方法は、プレスを始める前に下から抽出液が落ちないことが利点です。

　こうしたアレンジは、愛用者の経験から生まれたといいます。出来上がったコーヒーの美味しさはもちろん、淹れ方の楽しさ、自由度の高さが、人々の探求心をくすぐるのでしょう。

エアロプレスの淹れ方

Process

浸漬と加圧で すっきりとした味わいと しっかりとしたフレーバー

プレス速度を調節することにより味わいが変わるので、基本をおさえたら好みの味を探してみよう。

1 ペーパーと器具をリンスする

チャンバーキャップにペーパーフィルターをセットし、リンスして温めたら、チャンバーに取り付ける。

4 攪拌する（5～10秒）

パドルで円を描くように、5～10秒かけてゆっくりと攪拌する。

ストレートで飲む場合	
メッシュ	中粗挽き
1杯分の分量	コーヒー粉……15～17g 湯……200g
湯温	93℃

濃いめに淹れる場合	
メッシュ	中粗挽き
1杯分の分量	コーヒー粉……20g 湯……80g （希釈用の湯…60g）
湯温	93℃

※水や湯の1gは1ccと同じ。

2 チャンバーに粉を入れる

サーバーの上にチャンバーをセットし、ファンネルを使って粉を入れる。軽くゆすって平らにならす。

3 湯を注ぐ（20秒）

ファンネルをはずし、20秒かけて全体にまんべんなくゆっくりと湯を注ぐ。

5 蒸らす（1分）

チャンバーにプランジャーをはめて、そのままおいて1分間蒸らす。

6 プレスする（20秒）

1分経ったら、上から20秒かけてゆっくりとプランジャーを押し下げる。

高圧で成分を
凝縮抽出。
濃厚な味わいと
香りが魅力

Espresso Machine
エスプレッソマシン

用意する道具

❶ エスプレッソマシン

エスプレッソマシンには、多くのメーカーや機種がある。機能もパワーもまちまちなので、ここで紹介する手順は一例と考え、取扱説明書などを見ながら使用しよう。

ⓐ電源スイッチ
ⓑエスプレッソ抽出スイッチ
ⓒフィルターホルダー
ⓓスチームノブ
ⓔスチームノズル

❷ タンパー

フィルターにコーヒー粉を詰めるときに、均一に押し固める器具。マシンにセットされていたり、本体に付いている機種もある。

エスプレッソの語源は「急行」？ それとも……

「エスプレッソ」とは、イタリア語で〝急行列車〟の意で、速く抽出することからこの名が付けられたといわれています。別の説では、〝あなただけのために〟という意味も含ませているとも。どちらにせよ、圧力をかけて素早く1～2杯分だけ抽出する濃厚なコーヒーに、ぴったりの名前といえるでしょう。

「カフェ」といえばエスプレッソをさすというほど、イタリアではポピュラーな飲み方。食後には、砂糖をたっぷり加えたエスプレッソを楽しむのが一般的だとか。また、スターバックスをはじめとするシアトル系コーヒーショップの流行以来、エスプレッソは日本でも広く浸透しました。しかし、どちらかというと、カプチーノなどのミルクとのアレンジで飲まれるほうが多いようです。

コーヒー粉を詰める際の注意点

エスプレッソはフィルターの中にコーヒー粉を詰めて使用する。プロの世界では、フィルターの中に粉を入れることを「ドーシング」、手で平らにならすことを「レベリング」、タンパーで押し固めることを「タンピング」と呼ぶ。タンピングしたあとは、フィルターの縁に付いた粉を手で払い落とすことも忘れずに。粉が付いたままだと、本体のホルダーをセットする部分のパッキンとフィルターの間に粉が挟まり、圧力を逃がしてしまう。

また、機種によっては、フィルターにそのまま入れるだけの「カフェポッド」（右の写真）が使用できるものもある。

抽出成功の目安

飲む前に抽出が成功したかどうかを知る目安のひとつに、「コーヒーケーキ」を見るという方法がある。これは、抽出後にフィルターに詰まった粉を落としたときの塊のこと（家庭用マシンでは、右下写真のようにきれいな塊ではずれない場合もある）。ここに不自然な穴や乾いている箇所などがあったら、きちんと全体から抽出されていない証拠。粉が均等に詰まっていなかったことが原因と思われるので、ドーシング、レベリング、タンピングと、一連の作業方法を見直そう。

エスプレッソマシンにはさまざまな種類がある

家庭用のエスプレッソマシンとして、多くの機種が販売されています。エスプレッソ抽出の基本は9気圧ですが、実際にはパワーに差があったり、抽出とスチームが同時に使用できるものとできないものがあったりと、機能も性能もさまざま。やはり、高性能であるほど高価なので、購入の際は目的や予算などを考慮し、ライフスタイルに合ったものを吟味しましょう。

エスプレッソに使用する豆は、極細挽きが一般的。家庭で挽く場合、手挽きミルなどは極細挽きができないものも多いので、注意が必要です。また、エスプレッソといえば以前は深煎りが主流でしたが、最近では中深煎りを使うことも増えています。苦味だけでなく豆の個性も味わいたいときは、こちらのほうがおすすめです。

エスプレッソマシンの淹れ方

Process

高い圧力により
コーヒーの魅力を凝縮。
とろりとした濃厚な味わい

ショットグラスくらいの口径なら、表面全体がクレマ(泡)で覆われていることが、適正に抽出された証拠。

メッシュ	極細挽き
抽出量に対する分量	60cc（40～42g／2ショット分）……20g ※1ショットは1オンス（約30cc）で、ここで使用しているマシンは一度に2ショット分抽出する。機種によってさまざまなので、取扱説明書を見て調整するとよい。 ※カップの下にスケールを置き、抽出量を重さで量るのもおすすめ。

1 ドーシング（粉を入れる）

フィルターをホルダーにセットして粉を入れる。
※均一になるよう、きれいな山形に入れる。フィルターとホルダーは水気をしっかり取っておくこと。

4 ホルダーをセットする

フィルターホルダーを給湯口にセットする。
※フィルターホルダーをセットしたら、粉が湿気を吸わないよう、すぐに抽出作業に移ること。

2 タンピング（押し固める）

手で軽くならし、タンパーで押し固める。
※タンパーを平行に当て、均等に力を入れて表面を平らにする。

3 湯抜きをする

抽出スイッチを押して、軽く湯を流す。
※湯抜きは、給湯口付近の湯を捨てて適温を保つとともに、前回の粉を落とすために行う。

5 抽出を開始する

カップ受けにカップを置き、抽出スイッチを押す。

6 スイッチを止める

目的量まで抽出したら、スイッチを止める。
※目盛りの付いたショットグラスがあるとわかりやすい。スケールで重量を量るとなおよい。

イタリアの
家庭の味わい。
淹れる過程も
温かい

Macchinetta

マキネッタ

用意する道具

❶ マキネッタ

イタリアの家庭で親しまれている、直火式のエスプレッソメーカー。さまざまな形や大きさのものが販売されている。また、同じ構造で熱源が電気のものもある。

❷ 網

ガスコンロの五徳が大きく、マキネッタが安定せずに落ちてしまう場合は、網などを敷くとよい。マキネッタ専用のサポートリングなどもある。

クラシックな形と濃厚な味わいが人気

手軽にエスプレッソが作れるマキネッタは、イタリアの家庭ではポピュラーな抽出器具です。親から子へと伝えられ、長年使い込まれた風合いも自慢のひとつだともいわれます。

マキネッタは「直火式エスプレッソメーカー」とも呼ばれるように、下のボイラーに水を入れ、ガスコンロなどで直接火にかけます。水が沸騰すると蒸気圧が高まり、その圧力によって抽出が行われるのです。ただし、エスプレッソマシンは9気圧で抽出されますが、マキネッタは2気圧ほど。クレマ（泡）もできないので、エスプレッソと呼ばない場合もあるようです。

とはいえ、濃縮された深い味わいのコーヒーが楽しめ、なによりも家庭的な雰囲気を味わえるのが魅力。ミルクとの相性も抜群なので、カフェラテにする

マキネッタのパーツ

マキネッタは、コーヒーが抽出される「サーバー」、コーヒー粉を詰める「バスケット」、湯を沸かす「ボイラー」の3つのパーツからなる。使う際は、ボイラーに水を入れたあとにバスケットをのせ、サーバーをつなげる。サーバーとボイラーの連結部分はネジ式になっており、ここをしっかり締めないと圧力が逃げてしまうので注意しよう。

抽出の仕組み

ボイラーに水を入れて火にかけると、水が沸騰して内部が蒸気で満たされる。やがて蒸気の圧力が水を押し、バスケットの足管から湯が押し上げられ、バスケット中のコーヒー粉を通ってサーバーの管に上がり、管の上部に開いた穴からサーバーの内に落ちる。ボイラーの湯がなくなると抽出終了。

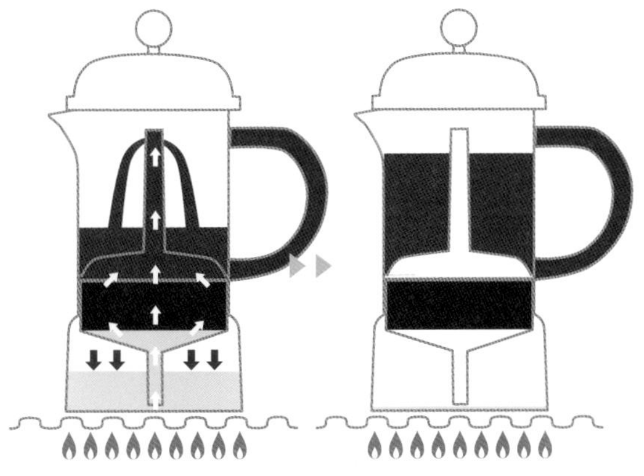

のもおすすめです。

マキネッタを使用するときは、硬水ではなく軟水がおすすめです。これは、コーヒーの味というより、安定した抽出を行うため。ミネラル分を多く含む硬水を長期間にわたって多頻度で使用すると、結晶化して湯の通り道を塞ぎ、均一な抽出を阻害してしまうこともあるからです。

また、手入れの際は傷が付かないよう、スポンジなどで洗います。ここで使用しているのはステンレス製ですが、左写真のようなアルミ製も一般的です。ステンレス製の場合でも、バスケットだけはアルミ製であることも。アルミはステンレスよりもデリケートなうえに塩素にも弱いので、漂白剤は避けましょう。

マキネッタの淹れ方

Process

オイル感のある濃厚な液質。抽出時の音や湯気にも癒される

クレマ（泡）はできないが、エスプレッソらしい濃縮感がある。カフェラテなどにしても美味しい。

メッシュ	極細挽き
抽出量に対する分量	180cc……24g ※メーカーやサイズによって作れる量は変わる。取扱説明書などを見て調節すること。

1 水を入れる

ボイラーの内側にある「Max」の線まで水を入れる。
※メーカーによっては線がないものもある。

4 火にかける

マキネッタをコンロにかけ、火をつける。炎が底面から少しはみ出すくらいの火力に調節する。

2 粉を詰める

バスケットにコーヒー粉を入れて表面をならしたら、スプーンなどで平らに押し固める。
※固く詰めすぎると湯が通りにくくなるので注意。

3 サーバーをつなげる

ボイラーにバスケットをセットし、サーバーをつなげる。ゆるいと連結部分から湯が噴き出すので、しっかりと締める。

5 抽出する

そのまま加熱すると、抽出が始まる。
※写真は撮影用にふたを開けているが、実際にはふたは最後まで開けないこと。

6 カップに注ぐ

コポコポという音がすれば終了なので火を止める。抽出時間は火力によるが3～4分ほど。
※熱いので、ボイラーをつけたままカップに注ぐ。

Iced Coffee

アイスコーヒー

ていねいに
淹れれば
ワンランク上の
美味しさに。
作り方でも味わい
が変わる

急冷法アイスコーヒーの淹れ方

Process

急冷することで
キレのある味わいに

メッシュ	中挽き
〈350ccのフレンチプレスの場合〉	
分量	コーヒー粉……29～30g 熱湯……200cc 氷……20g×8～10個程度

急冷法と水出し法があるアイスコーヒー

暑い夏には、つい恋しくなるアイスコーヒー。ていねいに作業すれば、自宅でも驚くほど美味しく淹れられます。

アイスコーヒーの作り方は、大きく分けて急冷法と水出し法の2つがあります。

急冷法とは、熱いコーヒーを淹れ、氷を入れたグラスに注いで急激に冷やす方法。氷で薄まるので、通常のコーヒーを淹れるときより、コーヒー粉を多くするか、湯量を少なくするかが基本。ここではフレンチプレスでの淹れ方を紹介していますが、ほかの器具を使用しても、同じ考え方で作れます。

一方の水出し法は、文字通り水を使ってゆっくりと抽出する方法。時間はかかりますが、クリアですっきりとした味わいに仕上がります。たくさん作って冷蔵庫に入れておけば、急な来客時にも便利です。

水出し法には、粉の上から水を一滴一滴垂らしながら透過させる、専用の器具もあります。これで淹れたアイスコーヒーは、「ウォータードリップ」や「ダッチコーヒー」などと呼ばれることも。高さ50㎝ほどの家庭用から、1m近い大きなものまで、さまざまな商品が販売されています。ほかにも、ストレーナー（こし器）が付いた、手軽なクーラーポットタイプもあります。

1 粉を入れて湯を注ぐ

ポットの中に粉を入れて平らにならす。タイマーを4分にセットし、注ぎ始めると同時にスタートさせる。熱湯200ccは2回に分けて注ぐ。
※1回目の注湯のあとに1分間蒸らすと、しっかりと成分が出て、コクのある味わいになる。

2 ふたをして押し下げる

ポットにふたをし、プランジャーを液体表面まで押し下げる。4分経過したら、プランジャーを下までゆっくりと押し下げる。

3 氷の上に注ぐ

氷を入れた耐熱グラスに、茶こしでこしながらコーヒーを注ぐ。このとき、氷にコーヒーが当たるようにすると、急冷されてキレのある味わいになる。

4 かき混ぜる

マドラーなどで、コーヒー全体が冷えるまでよくかき混ぜる。氷が溶けて少なくなったら、1〜2個追加する。

水出し法 アイスコーヒーの淹れ方

Process

常温でゆっくり抽出
クリアですっきりとした
あとを引く味わい

メッシュ	中挽き
〈出来上がり約500ccの場合〉	
分量	コーヒー粉……90g 水（常温）……900cc ※ここでは1000cc用のフレンチプレスを使用しているが、同じ容積のものならば、クーラーポットやサーバーなどでもよい。

1 粉を入れて水を注ぐ

ポットの中に粉を入れて平らにならし、粉と水が充分なじむよう常温の水をゆっくりと注ぐ。
※冷たい水だと、抽出されにくくなる。

4 なじませる

時間になったらラップをはずす。表面をスプーンなどでつつき、ガスを抜いて少しなじませる。
※このとき、表面から泡が出る。

2 ラップをかける

ポットにラップをかける。

3 常温におく

そのまま常温に8時間以上おく。
※水を入れて少し経つと写真のように粉がふくらむが、やがて落ち着いてくる。

5 ドリッパーでこす

ドリッパーにペーパーをセットし、下に溜まった粉が浮いてこないように、ゆっくりとこす。
※下の粉が流れ出さない程度で、注ぐのをやめる。

6 グラスに注ぐ

こしたコーヒーを冷蔵庫に入れて冷やすか、そのまま氷の入ったグラスに注いで急冷する。

トップバリスタに聞いた

注目の道具とワンランクアップ法

日々情報が更新され、進化し続けるコーヒーの世界。その先頭を走り続ける2人のトップバリスタに、最近注目の抽出器具や愛用品、いつものコーヒーをよりワンランクアップさせるアイデアを聞きました。

上山 薫（かみやま かおる） バリスタ

埼玉県出身。学生時代にバリスタという仕事を知り、卒業後にバリスタの職に就く。よりコーヒーに対する理解を深め、抽出だけではなく焙煎もできるようになりたいと考え丸山珈琲に入社、まずは店舗スタッフからキャリアをスタートさせる。その間、ドリッパーやプレスといった手動の器具での抽出技術を競うジャパン ブリュワーズ カップ（JBrC）に挑戦し、2017年に優勝を果たす。翌年のワールド ブリュワーズ カップ（WBrC）では世界第5位に入賞。小諸店副店長を経て、現在は念願の焙煎チームに所属。

WBrCで使ったコーヒーの生産者、マリサベル・カバジェロさんとともに入賞を喜ぶ上山バリスタ

【競技会実績】

●2017年 JBrC 優勝　●2018年 WBrC 第5位　●2019年 JBrC 第3位

注目の抽出器具

エイプリル・ブリュワー April Brewer

ハンドドリップは、粉量や湯量、メッシュ、温度などの組み合わせで、好みの味わいを見つけられるのが魅力です。そのため、世界中でさまざまなドリッパーが開発されています。「エイプリル・ブリュワー」は、2019年のWBrCの準優勝者であるスウェーデン代表のパトリック・ロルフさんが開発したドリッパーで、2020年にクラウドファンディングで商品化されました。

このドリッパーは、カリタのウェーブフィルターを使います。ゆるい傾斜のついた平底に1つ穴があり、ペーパーの底を浮かせて支える3つの突起が付いているのが特徴。これにより、絶妙なお湯の流れと抜けのよさを生み出します。日本ではまだあまり出回っていませんが、世界で人気が高まりつつある器具です。

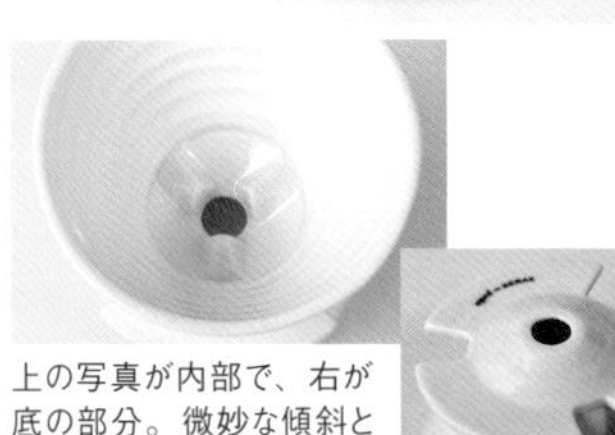

上の写真が内部で、右が底の部分。微妙な傾斜と内部の突起が特徴的

ワンランクアップ・アドバイス

粒度を揃えてみる

3つのサイズに分かれた様子。目の細かさが異なる15種類のシフターがあり、2枚、6枚といったセット商品のほか、シフターだけ買い足すことも可能

コーヒーは、粒度（挽いた粉の大きさ）によって溶け出す成分の量が変わります。粒度がバラバラだと、ある粒は抽出が充分でなく、ある粒は抽出過剰になって、味わいにバラつきやムラができてしまいます。なかでも微粉は、雑味が出る最大の原因になります。

こうした問題を解決するための器具が「クルーヴ・シフター（KRUVE Sifter）」です。上の2段にシフター（ふるい）が付けられる3段構造になっており、1段目に粉を入れてふるうと、1段目に粗すぎる粉、2段目にちょうどよい粉、3段目に細かすぎる粉に分かれます。茶こしで微粉を除くだけでも雑味は減りますが、さらにワンランクアップを目指すなら、こうした器具で粒度を揃えてみるのもよいでしょう。

愛用品いろいろ

コマンダンテ・コーヒー・グラインダー

COMANDANTE Coffee Grinder

回転軸にベアリングを内蔵しているため、従来のものよりもハンドルが回しやすい手挽きミルです。耐久性に優れた臼刃のため、粒度が揃いやすく、微粉も発生しにくいのが利点。ダイヤルを回す（クリック）ことで50段階程度にメッシュが変えられ、エスプレッソ挽きから粗挽きまで対応（ただし、エスプレッソ挽きはかなり大変）。プロにも愛用者が多い製品です。

ボナヴィータ

bonaVITA

電気式のドリップケトル。60 ～ 100℃の間で、1℃単位で温度の設定が可能なのが大きな特徴。湯量が調節しやすいS字形の注ぎ口で、ハンドルは持ちやすいように指が掛けられる形状になっています。

オリガミ・センサリーフレーバーカップ

ORIGAMI Sensory Flavor Cup

WBrCの2019年チャンピオンと日本のORIGAMIが共同開発した、壺のようなユニークな形のコーヒーカップ。ワイングラスのように、ふくらんだところに香りを閉じ込め、風味を引き立てる効果があります。

アカイア・パール

acaia Pearl

重さと時間が同時にはかれるスケール。お湯を入れたタイミングでタイマーがスタートする自動抽出機能も付いているほか、アプリと連動してレシピも保存できます。現在は、「Pearl」より一歩進んだ「Pearl Model S」を愛用しています。

鈴木(すずき)樹(みき) バリスタ

神奈川県出身。製菓学校を卒業後にパティシエとして3年ほど勤務したのち、2006年からコーヒーの仕事に携わる。2008年に丸山珈琲に入社。店長、店舗統括ディレクターを経て、現在は商品企画開発部部長。
2009年にジャパン バリスタ チャンピオンシップ（JBC）とジャパン ラテアート チャンピオンシップ（JLAC）に初挑戦。JBC史上初の3回優勝を果たし、2017年のワールド バリスタ チャンピオンシップ（WBC）では世界第2位の成績を収めた。

【競技会実績】

- 2009年 JLAC 第6位
- 2010年 JLAC 第6位
- 2011年 WBC 第5位
- 2012年 WBC 第4位
- 2014年 JBC 第3位
- 2016年 JBC 優勝（史上初の3回優勝）
- 2009年 JBC 第9位
- 2010年 JBC 優勝
- 2011年 JBC 優勝（2連覇）
- 2013年 JBC 準優勝
- 2015年 JBC 第4位
- 2017年 WBC 準優勝

イベントやセミナーの講師も務める、鈴木バリスタ

注目の抽出器具

フレア・エスプレッソメーカー

Flair Espresso Maker

電気を使わずに本格的なエスプレッソが抽出できる、手動のエスプレッソメーカーです。エスプレッソマシンは家庭用でも10万～20万円ほどしますが、フレアは数万円で購入でき、分解すれば32×23×8cmの専用ケースに収まってしまうほどコンパクト。もちろん組み立ても簡単です。手動なのにマシンと同じ9気圧で抽出できるので（マキネッタは2気圧程度）、クレマもしっかりできて質感もなめらか。世界のバリスタたちにもファンが多いんですよ。

❶ベース
❷ドリップトレイ
❸ポスト&レバー
❹シリンダー（プランジャー内蔵）
湯を入れる筒で、中でプランジャーが上下するピストン構造になっている
❺ポルタフィルター&スクリーン
コーヒー粉を入れるバスケット
❻圧力計付きプランジャーステム
シリンダーの中のピストンを押し下げる軸で、押し下げている際の圧力が計れる
❼ドーシングカップ
粉を入れるカップ。底はタンパーとしても使える
❽ファンネル
ポルタフィルターに粉を入れる際の補助具
❾タンパー

撮影協力：Flair Espresso japan

ワンランクアップ・アドバイス

カップを変えてみる

左は一般的なエスプレッソカップ、右は鈴木バリスタが2017年のWBC用に開発したオリジナルカップ。香りが広がるよう、口が大きく開いた形状に。飲み口を薄くして「r」形に曲線をつけることで、カップの存在感を弱めるとともに液体を口の中までスムーズに誘導する

赤・白やブドウ品種でグラスを変えるワインのように、さまざまな形状のカップでエスプレッソを飲むと、素晴らしい味覚体験ができます。
たとえば、ゲイシャ種豆で淹れたエスプレッソを、厚手で口があまり開いていない一般的なエスプレッソカップと、口の開いた薄手のカップとで飲み比べてみます。一般的なカップではエスプレッソらしい厚みのある質感が堪能できるのに対し、薄手のものではゲイシャの持つ華やかな印象がより強く感じられます。つまり、同じエスプレッソで2通りの楽しみ方ができるのです。ご自宅でエスプレッソを淹れたら、ぜひ試してみてください。

愛用品いろいろ

ニーシュ・ゼロ・コーヒー・グラインダー
Niche Zero Coffee Grinder

撮影協力：
BATHTUB COFFEE

まず、見た目がスタイリッシュでコンパクトなのが気に入っています。無段階ダイヤル調節で、粗挽きからエスプレッソ用の極細挽きまで好みのメッシュに挽くことが可能。業務用のコニカル刃が使われているため、粒度が揃ううえに微粉が出にくく、音も比較的静かです。また、18.7gの豆を入れたら18.7gの粉が出てくるといったように、内部に粉が残りにくいため、豆の無駄が減らせるうえに衛生的なのもおすすめポイントです。

リンウェバー・ブラインドシェーカー
Lynwaber Blind Shaker

エスプレッソ用の粉は非常に細かいため、静電気が起こったりブロック状に固まったりしがちです。ブラインドシェーカーは、この中で粉をシェイク（振る）することで、静電気を除去して固まったブロックを崩します。これにより、エスプレッソマシンのポルタフィルター（バスケット）に均一に粉を入れることができ、抽出も均一に行うことができるのです。もともとグラインダーの付属品だったのですが、WBCなどで単独で使うバリスタが現れて話題となり、今では日本のお店でも使われるようになりました。

ザ・タンパー The Tamper

2つの世界大会で優勝し、最先端のコーヒー情報を発信するウェブサイト「バリスタハッスル」を主宰するマット・パージャーさんが開発したタンパーです。ハンドルがにぎりやすくて軽く、ベース面がフラットなのも、抽出効率のよいタンピングができます。

アカイア・ルナー acaia LUNAR

アカイアはコーヒー専用に開発された重さと時間が同時にはかれるスケールです。いくつか種類がありますが、エスプレッソを抽出するときに愛用しているのは、抽出口下に置くのに適した、小さくて防水性の高い「ルナー」。0.1gまではかることができ、自動風袋タイマーによって、カップに液体が触れた瞬間にタイマーがスタートするという優れものです。

上山薫バリスタの
エイプリル・ブリュワー メソッド

1 ドリッパーとペーパーをリンスする。粉は中〜中粗挽き12g、湯は熱湯を180g使用。※リンスは必須、粉と湯の比率は1：15がおすすめ。

2 1湯目（30g）を注ぎ、全体に行き渡るよう軽くスピンし、1分間蒸らす。※乾いた粉があると抽出がムラになるので、しっかり蒸らす。

3 1分間蒸らしたら、2湯目（50g）を低い位置から中心に向かって1点に注ぐ。注ぎ終わったらスピンする。

4 湯が落ちきったら3湯目（50g）を、2湯目と同じように注いでスピンする。湯が落ちきったら、4湯目（50g）も同様に注いでスピンする。

5 湯がすべて落ちきったら、カップに注ぎ入れる。

落ちきったあとの残り粉（コーヒーベッド）が平らになっていれば、均一に成分が抽出されている。平らでない場合は、スピン回数を少し増やすとよい。

鈴木 樹バリスタの

フレア・エスプレッソメーカー メソッド

1 シリンダーの中のプランジャーを押し上げておく。シリンダーにゴムキャップを付け、湯を入れて温めておく。

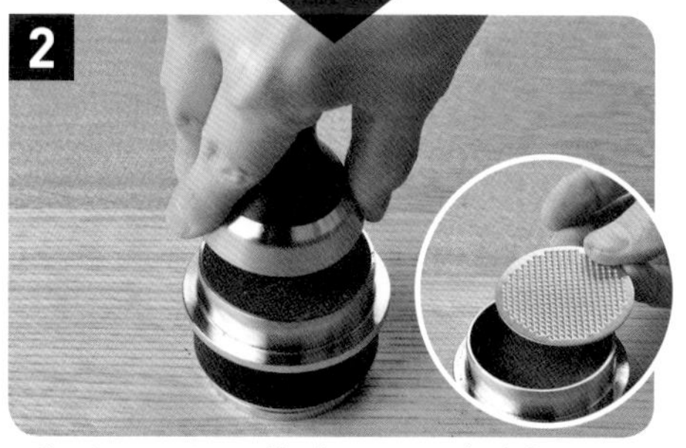

2 ポルタフィルターに粉（16 ～ 24g）を入れ、平らにならす。タンパーで垂直に押してタンピングしたら、スクリーンを粉の表面にのせる。

3 温めておいたシリンダーの湯を捨て、ポルタフィルターに取り付けたら、熱湯を入れる。

4 3のシリンダーを本体にセットし、上に圧力計付きプランジャーステムを取り付ける。

5 レバーを押し下げると、ポルタフィルターの下からエスプレッソが抽出される。最初はレバーが重いが、湯が抜けてくると軽くなる。

レバーを押し下げるときは、圧力計を見て6気圧と9気圧の間である「Espresso」の目盛りになるように力を調節する。

Section 4

コーヒーの名脇役たち

**豆や抽出器具のほかにも
コーヒーにはさまざまなパートナーが必要です。
こうした脇役たちにもこだわってみると
コーヒーの美味しさに幅が出ます。**

豆以外にもこだわってコーヒータイムを豊かに

コーヒーを淹れるときは、水を使います。水をそのまま飲んでも味が違うように、コーヒーも水によって味わいが変化します。よくいわれるのが水の硬度の違いです。硬度とは、水に含まれるカルシウムイオンやマグネシウムイオンの濃度のこと。国や機関によって単位記号や基準は異なりますが、日本では100～120㎎／Lより低いものが軟水、高いものが硬水と呼ばれることが多いようです。

また、喫茶店やカフェでコーヒーを注文すると、必ずといっていいほどミルクや砂糖が付いてきます。「通はブラックで飲む」などと聞くことがありますが、そんなことはありません。ミルクや砂糖を加えると、ブラックとはまた違った味わいが楽しめます。まずはブラックで味わい、次は砂糖を入れ、最後にはミルクも加えてなどと、味に変化をつけながら飲むのもおもしろいでしょう。

特に、はじめての銘柄を試す場合は、味見をする意味でも、最初のひと口はそのまま飲むことをおすすめします。こうすることで、いつもの銘柄よりも苦味が強めだったら砂糖やミルクを多めに、このままのほうが好みだと思ったら加えるのをやめるなど、味の調整ができやすくなるのです。

食材ではありませんが、カップもまたコーヒータイムを演出する、大切な役回り。ときには、こうした名脇役たちにもこだわってみませんか？

水について

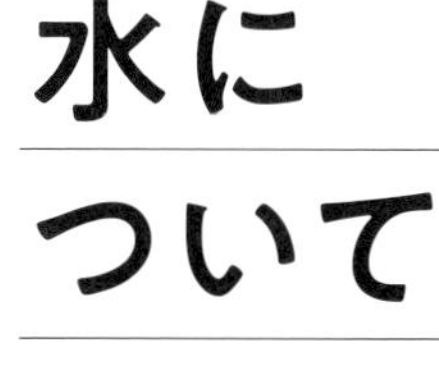

硬度の違いでコーヒーの味が変わる

軟水と硬水をそのまま飲み比べると、ミネラルが多く含まれる分、硬水のほうが重さや硬さを感じます。一般的にコーヒーに向いているのは軟水だといわれますが、それはこうした「重さ」や「硬さ」がコーヒーの味の邪魔をしてしまうことがあるため。特に、酸味のさわやかさを感じたい浅煎りや中煎りのコーヒーには、微妙な味を阻害しない軟水がおすすめです。

一方、深煎りの場合は、硬水を使用すると水の硬さとコーヒーの苦味とがあいまって、苦味のしっかりとしたコーヒーになります。逆に軟水を使うと苦味が和らぐ傾向があるので、好みで使い分けるとよいでしょう。

市販のミネラルウォーターにはラベルに「軟水」「硬水」と書かれていることも多いですが、水道水はどうでしょう。実は日本の水道水は清潔なうえ比較的硬度も低く（沖縄の一部など例外あり）、コーヒーの抽出には向いているといえます。しかも場所によって水質が違うので、土地ごとの味わいの違いを楽しむということも可能です。

水道水で唯一の問題は、いわゆる塩素消毒に由来する「カルキ臭」。沸騰させるとほとんどが飛散してしまいますが、水出しコーヒーなど低い温度で抽出したい場合は、浄水器を利用するのがおすすめです。

さまざまな水で味の変化を楽しむ

水に含まれるミネラルの種類によっても、コーヒーの味が変わる。コーヒーの世界大会（→P155）などでは、硬度0の蒸留水にマグネシウムやカルシウムといったミネラル成分を加えた「カスタムウォーター」を使う選手も登場している。家庭でそこまで行うのは大変だが、市販のミネラルウォーターを試してみて、好みのものを見つけるのもよいだろう。

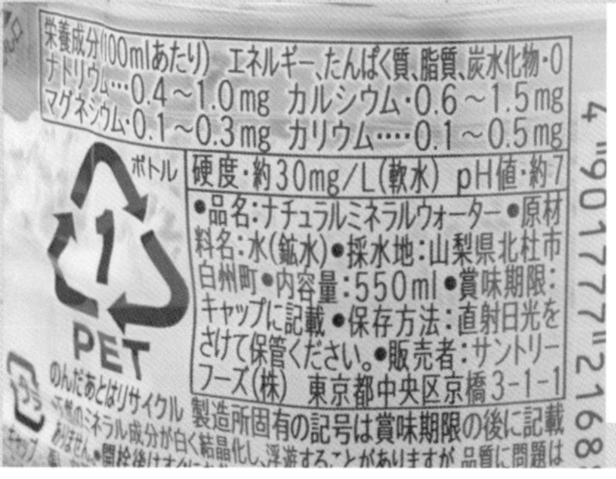

ミネラルウォーターのラベル表示

市販のミネラルウォーターの裏ラベルなどには、硬度数値とともに「硬水」「軟水」と記載されていることも多いので参考になる。また、「pH値」とは酸性かアルカリ性かを表す指標で、値7が中性。数値が低くなるにつれ酸性になり酸味を帯び、高くなるとアルカリ性になり苦味を帯びる。日本で売られているものはほとんどが中性なので、あまり気にする必要はないだろう。

砂糖について

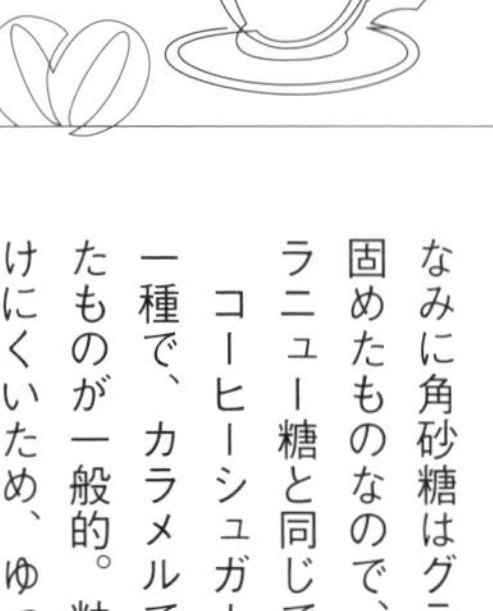

甘味を加えるだけでなくアレンジも可能

砂糖にはいろいろな種類があるので、好みやシーンによって使い分けるとよいでしょう。それぞれの特性を知っておけば、目的に合った選び方ができるようになります。

コーヒーそのものの味を楽しみたいときは、グラニュー糖がおすすめ。ショ糖純度が高いために余計な風味がなく、甘さのみを加えることができます。ちなみに角砂糖はグラニュー糖を固めたものなので、味わいはグラニュー糖と同じです。

コーヒーシュガーは氷砂糖の一種で、カラメルで色付けされたものが一般的。粒が大きく溶けにくいため、ゆっくり溶かしながら味の変化を楽しむことができます。ただし、少々カラメルの香味が付くことと、後半になると甘くなりすぎることがあるので、注意が必要です。

カソナードやきび砂糖は、精製する前の「粗糖」と呼ばれる種類です。原料であるサトウキビなどの味わいやコクが感じられるので、多少味わいが変化しますが、コーヒーと相性が合うと味も質感もよくなります。

はちみつやメイプルシロップは、コーヒーの特性とマッチすれば、おもしろいフレーバーを生み出すことがあります。ときには、アレンジコーヒーを作るつもりで、いろいろ試してみるのもよいでしょう。

カソナード

精製されていないため、原料の風味が残る。きび砂糖、赤砂糖などとも呼ばれる。

グラニュー糖

さらさらとして溶けやすい。上品な甘さで、コーヒーそのものの味を楽しめる。

ガムシロップ

アイスコーヒーなどに使用。ポーション入りは場所を選ばず便利に使える。

はちみつ

採取される花の種類や生産地で味が異なる。クセのないアカシアのはちみつが使いやすく、特に良質な酸味のあるコーヒーと相性がよい。

コーヒーシュガー

茶色はカラメルで付けた色。製品によって粒の大きさはさまざま。

クリーム・ミルクについて

牛乳＋生クリームでバランス調整も有効

コーヒーをまろやかにしてコクを与えてくれるミルクは、製菓などにも使われる動物性生クリームや成分無調整の牛乳が一般的です。コーヒーの味をできるだけ変えたくない場合は成分無調整の牛乳が最適ですが、どちらかというと「カフェラテ」や「カフェオレ」のように、アレンジドリンクの材料として使われることが多いでしょう。

生クリームには、乳脂肪分が20％程度の淡白なものから、47％の濃厚なものまで、いくつか種類があります。乳脂肪分が高いと豆の種類によっては個性を消してしまう場合があります。特に浅煎りコーヒーなどは、濃厚なクリームを入れるとバランスが悪くなることも。コーヒーとのバランスと好みで使い分けるとよいでしょう。

また、濃厚感とミルクの風味を調整するため、牛乳と生クリームを混ぜるという方法もあります。ちなみに丸山珈琲では、成分無調整の牛乳と乳脂肪分47％の生クリームを1対1で合わせたものを提供しています。

ほかにも、生クリームを粉末状にした商品や、ポーションタイプのクリームもあります。乳脂肪の代わりに植物性油脂を使ったものも多く、動物性に比べて味わいは淡白。保存性が高く手軽に持ち運べるので、アウトドアなどに重宝します。

粉末クリーム

「クリーミングパウダー」とも呼ばれ、動物性のものと植物性のものがある。瓶や袋入りのほか、1回分ずつ使えるスティックタイプもある。

ポーションクリーム

テイクアウトのコーヒーなどでも提供される、密閉容器に5mℓ程度入ったクリーム。植物性のものが多く、「コーヒーフレッシュ」などともいう。

生クリーム

乳脂肪分によりさまざまな製品がある。ちなみに、ウインナーコーヒーなどに使うホイップクリームを作る際は、乳脂肪分が30％以上のものでないと泡立たないので注意。

牛乳

一般的な成分無調整の牛乳がおすすめ。脂肪分が気になる場合は低脂肪牛乳や無脂肪牛乳を使用するのもよいが、ミルクとコーヒーのマリアージュを楽しむには少しもの足りないことも。

コーヒーカップについて

さまざまな種類があるコーヒーカップ

　ソーサー付きのカップには、コーヒーカップとティーカップがあります。一般的には、口が広くて浅めのものをティーカップ、口が狭くて深めのものをコーヒーカップと呼びます。熱いお湯で淹れる紅茶は冷めやすい口の広いカップが向いており、紅茶より温度の低いコーヒーは、熱を逃がさないよう口が狭く深めになっているとされています。

　ひと口にコーヒーカップといっても、さまざまなデザインのものがありますが、カップを選ぶ際には、厚みと形状がひとつの目安となります。飲み口の薄いカップは、澄んだ味わいのものがよりクリアに感じやすいといわれます。厚手のものは保温性が高いので、多めの量をゆっくり飲みたいときに好適。口が広いカップは香りが広がりやすいのですが、その分飛びやすく、口が狭いカップは香りが持続しやすいといえます。

　これらを踏まえ、コーヒーの種類でカップを変えてみるのもよいでしょう。たとえば、浅煎りでさわやかな酸味のあるコーヒーは、ティーカップのような薄く浅めのカップですっきりと。深煎りでコクのあるコーヒーなら、冷めにくい厚手のカップでじっくりと味わうといった具合。いろいろ試みて、自分にとって最高の組み合わせを探してみるのもおもしろいでしょう。

国によって異なるコーヒーのマナー

　ゲストにコーヒーを出す際、気になるのがカップのハンドルの位置。アメリカでは右、イギリスでは左と国によってマナーが異なり、日本でもさまざまな置き方が混在しています。

　一般的に日本では、ハンドルは右に、スプーンは柄を右にしてカップの手前に置くことが多いようです。これは、すぐにカップを持ったりスプーンを使ったりできるから。しかし、左利きの人の場合はどうでしょう。相手が左利きだと知っているのなら、あえて左を向けて出すのも、おもてなしの心といえるのではないでしょうか。

　飲む際には、使ったスプーンはカップの向こう側に置くのが基本。過剰に音を立てないなどの礼儀をわきまえていれば、それほど堅苦しく考えなくてもよいでしょう。

カップのハンドルとスプーンの柄は、ともに右を向けて置くのが無難。

コーヒーカップの種類

コーヒーカップ

120〜140cc入るものが一般的。150〜180ccほどの大きめのカップは、「モーニングカップ」とも呼ばれる。さまざまな厚さや形状、デザインのものがある。

マグカップ

ソーサーがなく、縦長で大きめのカップ。コーヒーに限らず、いろいろな飲み物に使われる。大きさも形も多種多様だが、200〜250ccが入るものが一般的。

カプチーノカップ

上図のような下部がすぼまったもののほか、ボウルのように口が広い形も多い。ラテアートをする場合は、後者のほうが細かいデザインを作りやすい。

エスプレッソカップ

容量60〜90ccの小さなカップ。エスプレッソ1ショット（30cc）にちょうどよいサイズ。少量でサービスするエスプレッソが冷めないよう、厚手のものが多い。

デミタスカップ

フランス語で「demi（デミ）」は“半分”、「tasse（タス）」は“カップ”の意で、80ccほどの小型のカップ。食後に飲む濃いコーヒーやエスプレッソに多く使われる。

カフェオレボウル

碗のような形のカップで、名前の通りカフェオレに使用。もとはパンを浸して食べたため、口の広い形をしているといわれる。200〜250cc入るサイズが多い。

保存について

新鮮さを保つには豆で保存が基本

焙煎したコーヒー豆は、時間とともに香りや味が落ちていきます。コーヒーの脇役というわけではありませんが、少しでも長く美味しいコーヒーを楽しむために、保存方法もおさえておきましょう。

「コーヒーは鮮度が大切」といわれますが、ここでいう〝鮮度〟とは、焙煎後にどれだけ時間が経ったかをさします。鮮度を見極めるのに目安となるのが、焙煎したときに発生する炭酸ガスです。コーヒーを抽出するとき、お湯をかけると粉がふくらみますが、これは粉から炭酸ガスが放出されている証拠。つまり、ふくらみの悪い豆は、鮮度が落ちているということなのです（お湯の温度や淹れ方、焙煎工程によっては、新鮮でもふくらみが悪い場合もある）。

豆のままで保存しても鮮度が下がりますが、さらに劣化を早めるのが豆を挽くこと。グラインド中に炭酸ガスが抜けるうえ、細かくなればなるほど表面積が増えるので、炭酸ガスも香味も抜けやすくなります。鮮度を保つためには、豆のまま保存し、淹れる直前に挽くようにするのがベストです。

ちなみに、焙煎したての豆が一番美味しいかというと、そうともいえません。焙煎直後は炭酸ガスを大量に放出しているため、抽出中に泡が立ちすぎて味が安定しません。また、炭酸ガスはコーヒーの成分の抽出を妨げます。豆の種類や季節、環境にもよりますが、一般的に、焙煎して7～10日前後くらいが飲み頃といわれています。

また、古くなると豆の表面に油脂が浮いてくることがあるので、これも鮮度の目安になります。ただし、焙煎度の深い豆は新鮮でも油が浮いてくることが多いので、見極めが必要です。

豆の劣化を防ぐには、きちんと保存することが大切。最後まで美味しいコーヒーを楽しむために、普段から心掛けましょう。

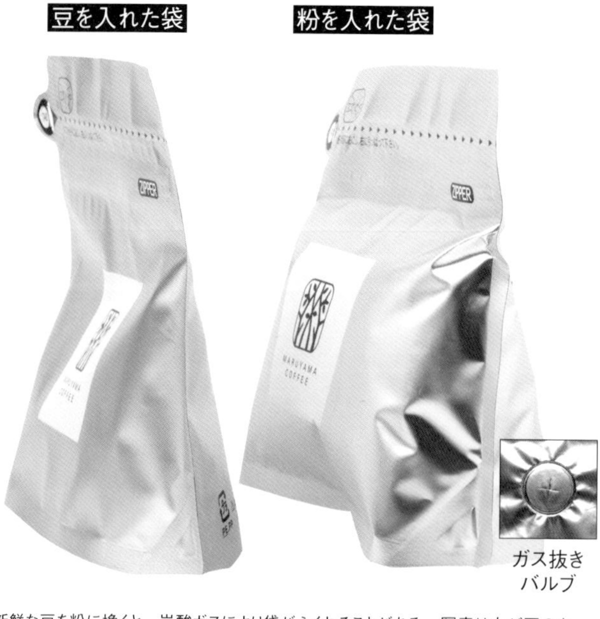

豆を入れた袋

粉を入れた袋

ガス抜きバルブ

新鮮な豆を粉に挽くと、炭酸ガスにより袋がふくれることがある。写真は左が豆のまま封をしたもの、右は同じ量の豆を挽いてから封をしたもの。袋が破裂しないよう、ガス抜き専用のバルブが付いていることが多い。

コーヒー豆の保存方法

ファスナー付きの袋を利用

購入したコーヒー豆がファスナー付きの専用袋に入っていたら、そのまま保存が可能。豆の状態の場合、開封後は冷凍庫で保存するが、美味しく飲むためには90日くらいまでが賞味期限と考えよう。粉に挽いてある状態では、開封前・開封後にかかわらず、冷凍庫に入れるのがおすすめ。いずれにしても、粉の場合はできるだけ早く使いきるようにしたい。

密閉容器に入れる

紙袋やビニール袋に入っていたコーヒー豆なら、ゴムや樹脂のパッキンが付いたキャニスターや缶など、遮光性のある密閉容器に移す。焙煎後10日前後で飲みきるなら、直射日光や湿気を避けて常温（18～20℃）保存。それ以上保存するようなら、冷凍庫に入れる。
また、容器が大きかったり豆の分量が少なかったりして空間ができてきたら、ラップなどを丸めて空間に詰め、できるだけ空気を入れないようにするとよい。
なお、自家焙煎用に生豆を購入して残った場合も、密閉容器に入れて冷暗所で保存する。

冷凍保存での注意

コーヒー豆や粉を冷凍保存する場合、冷凍庫から出したらすぐに使用すること。室温に置いておくと結露が起こり、味に影響してしまう。また、結露は品質劣化の原因にもなるので、残りはすぐに冷凍庫に戻すことも大切だ。
上記のようなファスナー付きの専用袋なら、そのまま冷凍庫に入れても大丈夫。紙袋などに入っていた場合は、右の写真のように1回分ずつ小分けにし、フリーザーバッグに入れてもよい。

Kentaro's Column

コーヒーと出会って コーヒーに魅せられて vol.1

喫茶店を始めた頃の店内

コーヒーよりも紅茶が好きだった

私がはじめてコーヒーを飲んだのは、小学校4年生か5年生の頃だったと思います。教員をしていた父の教え子が遊びに来たとき、年上のお兄さんに対して大人ぶりたい気持ちでブラックのインスタントコーヒーを飲みましたが、少しも美味しくありませんでした。しかも、その夜は眠れなくなり、やめておけばよかったと思ったものです。

家族だけの時間が持てない環境で育ったためか、幼い頃から自己探求心が強く、10代のときにはアメリカ、インド、イギリスなどを放浪していました。高校1年生からベジタリアンになり、コーヒーもほとんど飲むことはなく、どちらかというと「紅茶派」でした。そんな私がコーヒー専門店を始めるようになったのは、偶然ともいえる小さなきっかけでした。

周囲の援助で軽井沢で喫茶店を開始!

当時の私は定職に就いておらず、通訳や翻訳家になりたいと漠然と考えていました。ある日、ふと思い立ちコーヒー豆を買ってきて淹れてみました。その日はなぜだか美味しく感じ、「喫茶店もいいな」とつぶやいていました。それを聞いた妻が、「実は、そういう話があるんだけど……」と切り出したのです。

その頃妻の両親は、軽井沢でペンションを営んでおり、そこで喫茶店をやらないかと前々からすすめられていたそうです。かくして喫茶店を始めることになったのですが、最初はコーヒーよりオムライスやカレー（インドが好きだったので、カレーは得意でした）に人気がありました。1年ほど続けながらも「何か違う」と思い始めた時期、出会ったのがコーヒーの自家焙煎でした。

Chapter 2

もっと知りたい コーヒー豆のこと

コーヒー豆はどんなところで育ち
どんな種類があるのでしょうか。
栽培地とそこで生産される豆の特徴を知れば
コーヒーがもっと好きになるはず。
好みの銘柄を見付けるのにも役立つでしょう。

Section 1
「コーヒーノキ」と「コーヒー豆」

私たちが目にするコーヒー豆は、「コーヒーノキ」と呼ばれる植物の種子。農作物としてのコーヒーはどのようなものか見てみましょう。

青い実をたわわにつけた、コーヒーノキ

コーヒーノキの種子がコーヒー豆になる

「コーヒー豆」と一般的に呼ばれますが、「コーヒーノキ」はマメ科ではなく、アカネ科コフィア属(コーヒーノキ属とも)の常緑樹。赤道付近のアフリカが原産で、現在も熱帯・亜熱帯地域がおもな栽培地です。

コーヒーノキは1年に1度、ジャスミンのような香りを放つ白い花をつけます。花が落ちると実をつけ、6~8ヵ月かけて成熟。赤いサクランボのような姿から、「コーヒーチェリー」や「レッドチェリー」などと呼ばれます。ただし、品種によっては、黄色やオレンジ色などのものも存在します。このコーヒーチェリーの中にある種子が、コーヒー豆となるのです。

コーヒーチェリーの構造

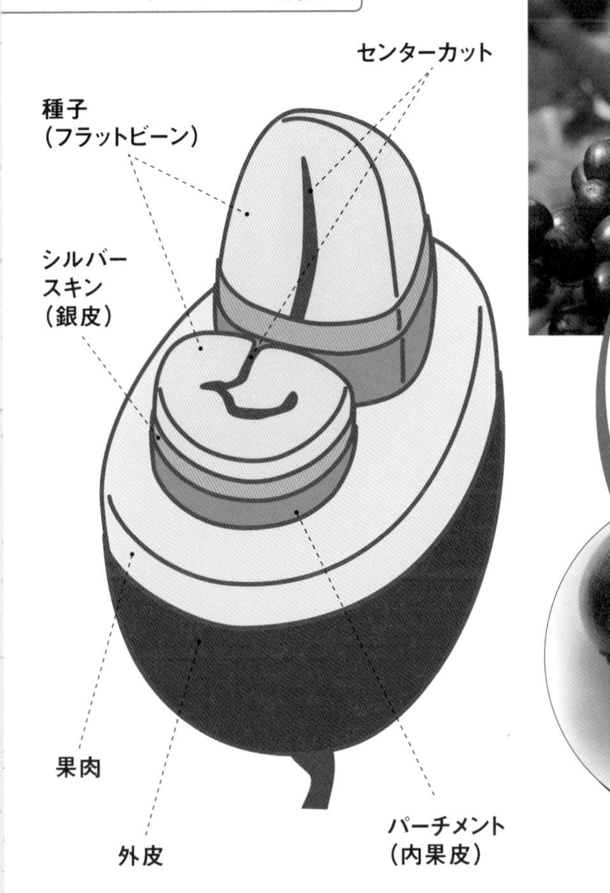

真っ赤に熟した実は、コーヒーチェリーやレッドチェリーと呼ばれる

コーヒーチェリーの断面

コーヒーチェリーの中にコーヒー豆2つが基本

人間がコーヒーを発見した当初は、果肉を食べていたといいます。その味はほのかに甘く、現在でも子どもたちがつまみ食いすることもあるとか。とはいえ、目的はあくまでも中に入っている種子。その構造を見てみましょう。

赤い外皮の内側には果肉が付いており、その中にパーチメントとシルバースキンに包まれた種子が2つ入っています。パーチメントの表面は粘液質に覆われており、これはミュシレージと呼ばれます。

種子は2つ1組が基本ですが、なかには1つしか入っていないものも。これはピーベリー（丸豆）と呼ばれ、稀少なことから珍重されています。なお、2つ1組のコーヒー豆は向かい合った面が平らであるため、フラットビーン（平豆）といいます。

アラビカ種

アフリカのアビシニア（現エチオピア）が原産。標高500mから2000m以上の高地に適し、中南米、アフリカ、アジアなど、コーヒー生産地全域で栽培されている。栽培に適した気候は、気温15～24℃、年間降水量が1500～2000㎜。良質な酸味を持ち香味に優れているが、高温多雨、低温少雨の両方に弱いなど、栽培条件が限られている。また、病害虫に弱く、1本の木からの収穫量もカネフォラ種より少ない。突然変異種や交配種など、多くの栽培品種がある。

カネフォラ種（ロブスタ種）

中部アフリカのコンゴが原産とされる。本来、カネフォラ種のなかの栽培品種のひとつが「ロブスタ種」であるが、一般的に「カネフォラ種＝ロブスタ種」と見なされている。アラビカ種に比べて病害虫に対する耐性が高く、1本からの収穫量も多い。高温多湿に強く、標高500m以下の低地で栽培。酸味がほとんどなく苦味の強い味わいで、「ロブ臭」と呼ばれる独特な香りを持つ。ストレートで飲むことは少なく、インスタントコーヒーや缶コーヒーといった工業用、ブレンド用に利用されている。

レギュラーコーヒーはアラビカ種が主流

コフィア属に分類される植物は、現在、数十種から百数種あるとされています。そのなかでコーヒー豆として飲用に利用されているのは、「アラビカ種」「カネフォラ種」「リベリカ種」の3種類です。

普段、シングルコーヒーとして飲まれているものや、コーヒー専門店で扱うブレンドなどで使われているのは、ほとんどがアラビカ種。世界の生産量の60～70％を占めています。アラビカ種は、「ティピカ」「ブルボン」「ゲイシャ」といった、さらに細かな栽培品種に分けられており、スペシャルティコーヒー（→P152）の銘柄名によく付けられているのは、この栽培品種のことです。

カネフォラ種にも「ロブスタ」や「コニロン」といった栽培品種がありますが、生産されてい

カトゥーラ
Caturra

ブラジルで発見されたブルボンの突然変異種。樹高が低いため、矮小種ともいわれる。豆は小粒だが、味がよく、1本の木から収穫できる量が多い。グアテマラやコスタリカなど、中米諸国で多く栽培されている。

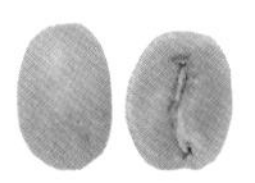

ゲイシャ
Geisha

多くの品種がティピカを祖とするのに対し、ゲイシャは起源を異にする。1931年にエチオピアで発見され、1960年に中米に伝わった。2004年にパナマ・エスメラルダ農園のゲイシャ種が史上最高値で落札され、一躍注目を浴びた。

ブルボン
Bourbon

イエメンからブルボン島（現レユニオン島）へと移植された木を起源とする品種。ティピカと並ぶ、原種に近い古い品種。生産性はティピカより多少高い。粒は小さめで、長径が短め。

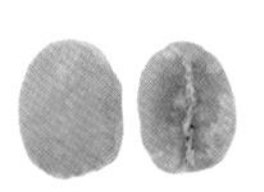

ティピカ
Tipica

エチオピアからイエメン、インド、ジャワ島、ヨーロッパを経て、マルティニーク島へと伝わった品種。アラビカ種のなかでも、最も原種に近いとされている。先端が尖った長細い形。サビ病に弱く、生産性も低い。

ジャバニカ
Javanica

「ジャバ」とはジャワ島のことで、オランダ人がジャワ島に植えた木が起源とされる。ニカラグアのコーヒー研究所が持ち込み、現地で品種化した。

イエロー・カトゥーラ
Yellow Caturra

カトゥーラの黄色の変異種。ポルトガル語では黄色という意味の「アマレロ」をつけて、「カトゥーラ・アマレロ」とも呼ばれる。

パカマラ
Pacamara

パカス（エルサルバドルで発見されたブルボンの突然変異種）とマラゴジッペ（ブラジルで発見されたティピカの突然変異種）の人工交配種。エルサルバドル、グアテマラなどで栽培されているが、収穫量は少ない。

ムンド・ノーボ
Mundo Novo

ブルボンとスマトラ（スマトラ島で栽培される品種）の自然交配種で、ブラジルの主力品種のひとつ。環境適応性が高く病害虫に強いが、やや生育が遅い。なお、「ムンド・ノーボ」とは“新世界”という意味。

るのはロブスタがほとんどで、ロブスタ種とカネフォラ種は、ほぼ同義で使われています。

リベリカ種は、原産国であるリベリアなどの西アフリカで栽培されていますが、ほとんどが国内消費用か研究用。環境順応性はあるものの、病気に弱く、味もアラビカ種に及ばないとされていることから、市場にあまり出回りません。

コーヒー栽培において、病気や害虫の被害は深刻です。現に、コーヒー栽培が盛んだったスリランカが、19世紀にサビ病という葉の病気の蔓延で大打撃を受け、茶栽培に切り替えたという歴史もあります。アラビカ種は風味がよいのですが、カネフォラ種に比べて病害虫への耐性が低く、1本あたりの収穫量も多くありません。そのため、アラビカ種とカネフォラ種の長所を兼ね備えた品種を目指し、双方を交配させたハイブリッド種も作られています。

Section 2

コーヒーの栽培と出荷まで

コーヒー豆は、ただ種をまいて収穫するわけではなく、いくつもの工程、何人もの人の手を経て、やっと消費国に届きます。生産地における作業の流れを知れば、コーヒーが多様化する理由が見えてくるでしょう。

① 種まき・育苗

コーヒーは、パーチメントという内果皮が付いた状態で、苗床や苗ポットに播種される。1ヵ月半〜2ヵ月で発芽し、40㎝ほどまで生育したら、農園に植え替えられる。右の写真は、コーヒー豆の発芽の様子。

② 育　成

農園に植えられたあと、約3年で成木に育ち、収穫できるようになる。コーヒーノキ（特にアラビカ種）は長時間の直射日光に弱いため、場所によっては日除けとなる背の高い樹木がともに植えられる。これは「シェードツリー」と呼ばれ、落ちた葉はコーヒーノキの肥料にもなり、果樹である場合は農園の収入源ともなる。

3 開 花

乾季終了時の雨（ブロッサムシャワー）のあと、ジャスミンのような香りがする白い花を咲かせる。雨季・乾季は国や地域によって違うため、開花時期もそれぞれ異なる。一般的には年に1 ～ 2回だが、なかには3 ～ 4回という場所もある。

4 結 実

花は数日で枯れ、そのあとに小さな緑の実をつける。6 ～ 8ヵ月で赤くなれば収穫時期。赤く熟した様子がサクランボに似ているため「コーヒーチェリー」などと呼ばれるが、品種によっては黄色やオレンジ色になるものもある。

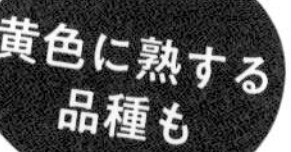

5 収 穫

収穫方法は国や農園によってさまざま。コーヒーの実は同じ枝でも同じスピードで熟すとは限らないので、優良品質の豆を生産する農園では、熟した粒だけを手摘みする。ほかにも、枝ごとすべての実をしごき取ったり、下に布を敷いて叩き落としたりする場合も。ブラジルなどの大規模農園では、機械での収穫も行われている。

6 生産処理

摘み取ったコーヒーチェリーは、放置しておくとすぐに果肉部分の腐敗が始まる。そのため、すぐに「生豆」にする作業に入る。この作業を「生産処理」あるいは「精製」といい、おもに「ナチュラル（乾燥式）」「ウォッシュト（水洗式）」「パルプトナチュラル（半水洗式）」の3種類がある。

7 選 別

生豆になったコーヒー豆から異物や欠点豆を取り除き、サイズ別に分ける。異物を取り除く作業は、伝統的には手で行われてきた（ハンドピック）が、近年は機械化が進んでいる。また、粒の大きさでグレーディング（→P23）する国では、スクリーン（ふるい）などで大きさを選別する（写真は比重選別機）。

8 カッピング

農園や工場で実際に味わい、香味に欠点がないかなど、商品の品質をチェックするためにカッピング（→P236）を行う。ブラジルなどのグレーディングでは、カッピングの結果も評価対象となる。

9 出 荷

チェックを終えた生豆は、袋詰めされて出荷される。おもに麻袋（またい）に詰められるが、近年では輸送中の劣化を防ぐため、グレインプロと呼ばれるビニール袋と麻袋の二重にしたり、真空パックを利用したりする。輸送手段は船が一般的で、中南米やアフリカからなら1ヵ月～1ヵ月半程度で日本へ到着する。また、COE（→P158）などの高価な豆は空輸されることもある。

生産処理の種類と概要

「生産処理」とは、コーヒーチェリーから中の種子を取り出して「生豆」にすること。生産処理の種類は「ナチュラル」「ウォッシュト」「パルプトナチュラル」の3つに大別できるが、近年では「アナエロビック」など、さまざまな処理方法が現れている。

ウォッシュト（水洗式）

収穫 ▶ 貯水槽 ▶ パルパー ▶ 発酵槽 ▶ 水洗 ▶ 乾燥 ▶ 脱殻 ▶ 選別

コーヒーチェリーを貯水槽に入れ、水に沈む石などの異物や水に浮く過熟した実などを取り除いてから、パルパーという機械で果肉を除去する。これを発酵槽に入れ、微生物を利用してパーチメントの表面に付いているミュシレージ（粘液質）を分解し、水洗いする。さらに天日か機械で乾燥させてから、パーチメントを脱殻する。精製度の高い方法だが、水槽などの設備や水源が必要で、大量に出る廃水の問題もある。

ナチュラル（乾燥式）

収穫 ▶ 天日乾燥 ▶ 脱殻 ▶ 選別

収穫したコーヒーチェリーをそのまま乾燥場に広げて乾燥させたあと、果肉とパーチメントを脱殻（取り除く）する。最もシンプルな方法で水槽などの設備等も必要ないが、天候に左右されるうえ、未成熟豆や異物の混入も多い。天日乾燥ではなく、機械で乾燥させるところもある。近年、スペシャルティコーヒーでは、徹底した管理のもとクリーンなナチュラルが作られている。

アナエロビック（嫌気性発酵）

正確には「アナエロビック・ファーメンテーション」といい、空気を抜いた（嫌気）密閉容器で発酵させる処理のことである。この生産処理を行うと、フルーティな酸が増えて、フレーバーが増強されるといわれ、近年注目されるようになった。ただし、チェリーのまま発酵させる生産者もいれば、パーチメントの状態で発酵させる場合もあり、方法や定義が確立されていない。また、フードセーフティ（食品安全）の面で疑問視する研究者もいる。

パルプトナチュラル（半水洗式）

収穫 ▶ パルパー ▶ 乾燥 ▶ 脱殻 ▶ 選別

コーヒーチェリーをパルパーにかけて果肉を除去し、ミュシレージが付いたままのパーチメントの状態で乾燥させてから、脱殻する。ミュシレージのことをコスタリカではミエル（はちみつのこと）と呼ぶため、「ハニープロセス」ともいう。乾燥前に機械でミュシレージを取り除く場合があり、除去率にも100%、70%、30%などとバリエーションがある。除去率の低い順から、ブラックハニー、レッドハニー、イエローハニーなどという。

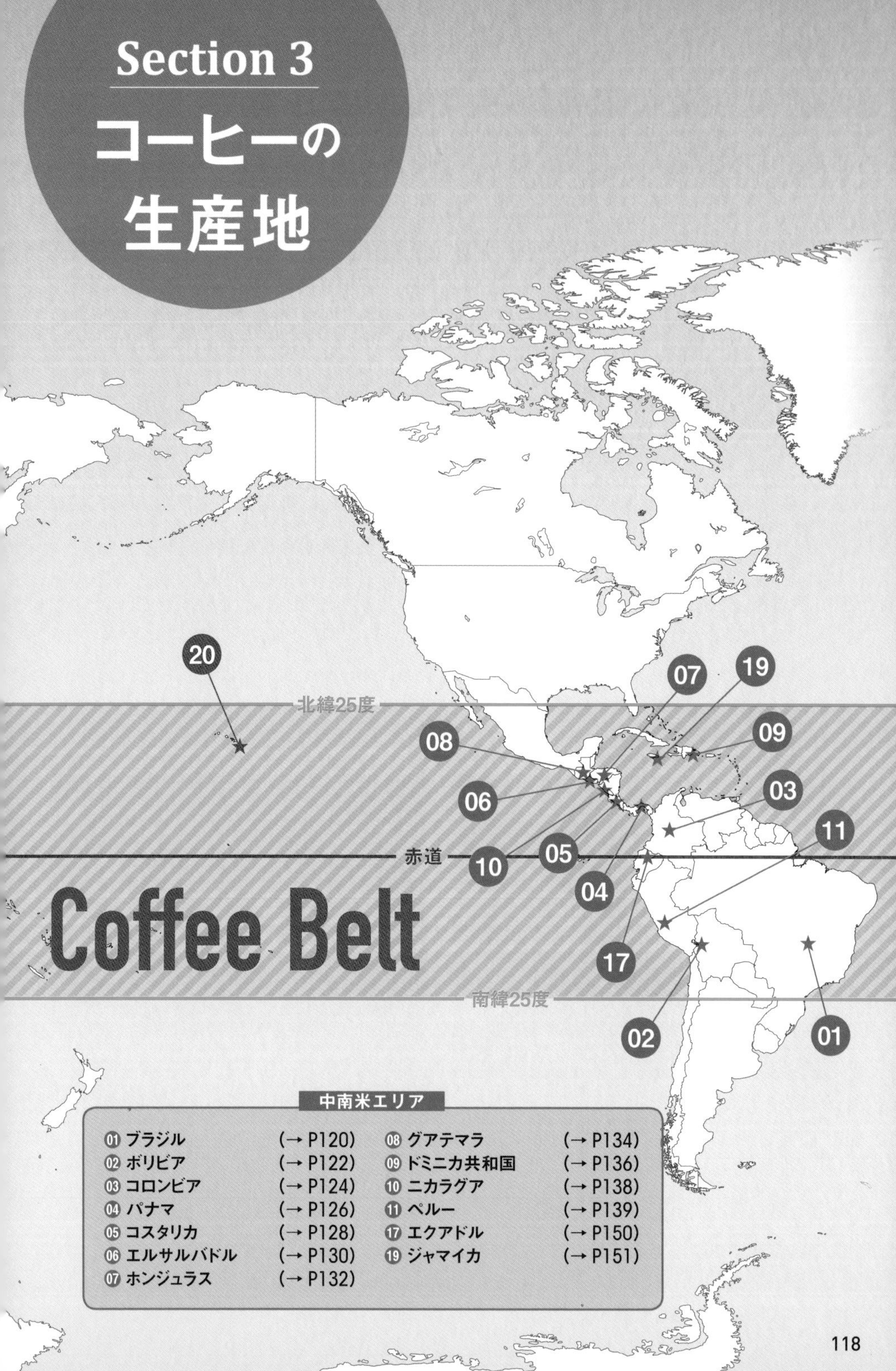
Section 3
コーヒーの
生産地
20
07
19
北緯25度
08
09
06
03
11
10
05
赤道
04
Coffee Belt
17
南緯25度
02
01
中南米エリア
01 ブラジル (→ P120)
02 ボリビア (→ P122)
03 コロンビア (→ P124)
04 パナマ (→ P126)
05 コスタリカ (→ P128)
06 エルサルバドル (→ P130)
07 ホンジュラス (→ P132)
08 グアテマラ (→ P134)
09 ドミニカ共和国 (→ P136)
10 ニカラグア (→ P138)
11 ペルー (→ P139)
17 エクアドル (→ P150)
19 ジャマイカ (→ P151)

コーヒーの栽培地は、赤道を挟む北緯25度から南緯25度の地域に集まっており、このエリアは「コーヒーベルト」と呼ばれています。ここでは、近年特に脚光を浴びている注目の生産地をご紹介。産地を知れば、さらにコーヒーが身近に感じられるでしょう。

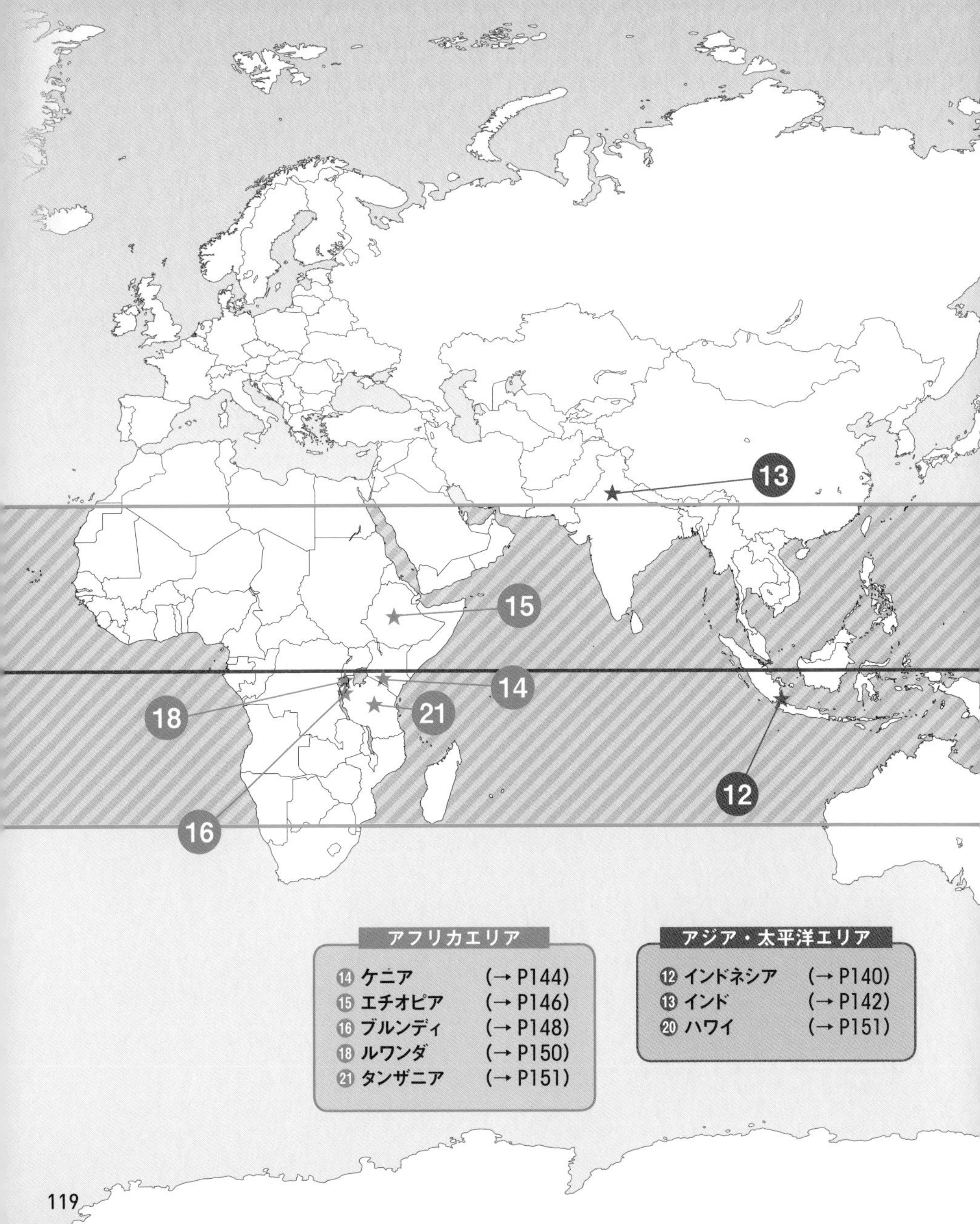

アフリカエリア

アジア・太平洋エリア

中南米エリア

ブラジル

Brazil 01

おすすめの豆

ブラジル・セルトン（→P160）
ブラジル・アグア・リンパ・ナチュラル（→P161）

基本データ

国名：ブラジル連邦共和国
首都：ブラジリア
面積：約851.2万㎢
人口：約2億947万人

生産量は第1位！ 世界最大のコーヒー大国

コーヒー豆の生産量・輸出量ともに世界トップを誇るブラジル。栽培品種は多種多様で、産地や農園ごとに、あらゆる種類の豆が生産されています。国内のコーヒー消費量は、アメリカに次いで第2位。コーヒー文化が浸透した国といえます。

ブラジルにコーヒーが伝わったのは、約300年前のこと。1727年に、エチオピア原産のコーヒーが、欧州などを経由してブラジル北部にもたらされました。その約30年後にリオ・デ・ジャネイロに移植されてから生産量が急激に増え、100年後の1850年に世界最大のコーヒー豆生産国となりました。その後、栽培の中心はサン・パウロ、パラナへと移り、近年ではミナス・ジェライス州が最大の生産地に。平地では大規模農園、山岳地帯では小さな農園で生産が行われています。

国内には「ブラジルスペシャルティコーヒー協会（BSCA）」が設置され、品評会「カップ・オブ・エクセレンス（COE）」では毎年、生産意識の高い農園で作られた高品質の豆を評価。さらに、近年、国内でカフェブームが巻き起こっており、バリスタを目指す若者が増えてきました。バリスタ養成スクールもでき、一杯のコーヒーにかける意識が高まってきています。

DATA

おもな栽培品種	ブルボン、ムンド・ノーボ
おもな生産処理	ナチュラル、パルプトナチュラル、ウォッシュト
味わいの傾向	酸味は強くなく、飲みやすい。入門コーヒーとして最適

ブラジルCOE常連の老舗

セルトン農園

歴史ある優良生産地で高品質コーヒーを追求

ブラジルの山岳地帯にあり、優良生産者が集まる、カルモ・デ・ミナス地区。この地区で最初にコーヒー栽培を行ったのが、セルトン農園です。

栽培品種はイエロー・ブルボンなど。高い標高に加え、肥沃な土壌や日射などの条件がコーヒー栽培に最適な環境で、機械を使わず人の手で収穫されるコーヒーには、ブラジル産にはめずらしく、フルーツのような酸味と甘さがあります。

セルトン農園を含む「セルトングループ」は、高品質コーヒーの生産のため、栽培、生産処理のプロセス、生豆の管理方法に至るまで、さまざまな取り組みや研究を行っています。

コーヒーの品質向上にかけるオーナーの情熱と、気候や土壌といった理想的な環境条件により、高品質のコーヒーを安定的に生産するセルトン農園。ブラジルCOEでも、数多くの入賞歴を誇っています。

コーヒーチェリーがあしらわれた、愛らしいセルトン農園の看板

名前の通り黄色に完熟した「イエロー・ブルボン」がおもな栽培品種

中南米エリア

ボリビア

Bolivia

02

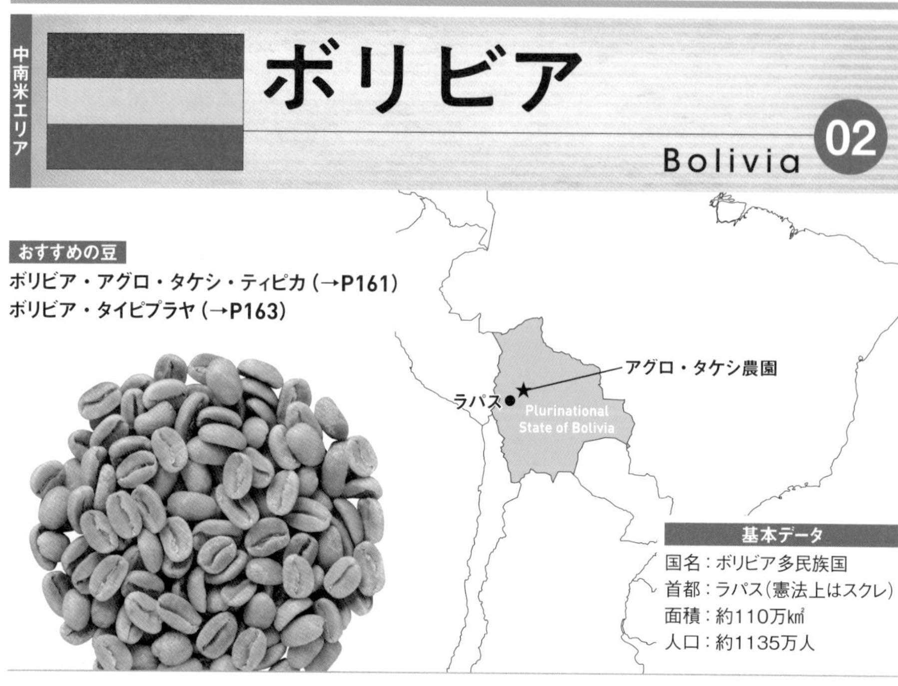

おすすめの豆

ボリビア・アグロ・タケシ・ティピカ（→P161）
ボリビア・タイピプラヤ（→P163）

基本データ

国名：ボリビア多民族国
首都：ラパス（憲法上はスクレ）
面積：約110万㎢
人口：約1135万人

山岳地帯で育まれた豊かなコクと甘さが特徴

〝高原の国〟として知られるボリビアは、アンデス山脈が国土の約3分の1を占め、国内主要都市の約半数が標高2000〜4000mに位置しています。

この標高の高さに加え、土壌が肥沃で、さらに、ペルーとの国境にあるチチカカ湖からの湖水蒸発によって適度な湿度がもたらされるボリビアは、コーヒー栽培に最適な環境条件を備えているのです。

コーヒーの栽培は、たいてい標高1000m前後の地帯で行われていますが、ボリビアでは標高が1500m以上の高地でも栽培が盛ん。特に、標高2000mを超える地域のコーヒー豆は、卓越した味わいを持っています。高地ほど格付けが上になるのは、コーヒーの実が時間をかけてじっくりと熟すから。コクと甘味が凝縮され、最高の一杯が抽出できるのです。

おもな生産地は、首都ラパスの北東にあるユンガス地方。ボリビアのコーヒーの約9割が、豊かな生態系が広がるこの地域で生産されています。

ボリビアのコーヒーの特徴は、酸味と甘味のバランスのよさと、チョコレートのような風味。ボリビアの自然が育む高地産の豆は、近年スペシャルティコーヒーの世界でも大きな注目を集めています。

DATA

おもな栽培品種	ティピカ、カトゥーラ
おもな生産処理	ウォッシュト
味わいの傾向	しっかりとしたボディと奥行きのある酸。エキゾチックな風味の豆も

世界で一番標高の高いコーヒー農園のひとつ

アグロ・タケシ農園

生産量が少なく その豆は稀少価値が高い

アグロ・タケシ農園は、ボリビアの首都ラパスから約100㎞北東に位置するユンガス地方南部の、ヤナカチ村という古い村に隣接しています。

アグロ・タケシ農園が広がるのは、標高1900〜2400mの地域。世界で最も標高が高いところにあるコーヒー農園のひとつです。コーヒー栽培は、標高約5850mのムルラタ山から流れ出るタケシ川を見下ろす渓谷の斜面で行われています。

生産処理は、手作業で行う部分も多い

標高が高いと、青実から赤実まで熟すのに時間がかかり、風味と甘さが豊かになります。しかし、標高が高すぎると、朝晩の気温が低くなりすぎて、霜で木がうまく育たないことも。2400mでのコーヒー栽培は、奇跡ともいえるでしょう。「ボリビア・アグロ・タケシ」は、2009年のボリビアCOEで1位に入賞。生産量が少なく、日本でも非常に稀少価値の高い豆です。

標高1900〜2400mに広がるアグロ・タケシ農園

中南米エリア

コロンビア

Colombia 03

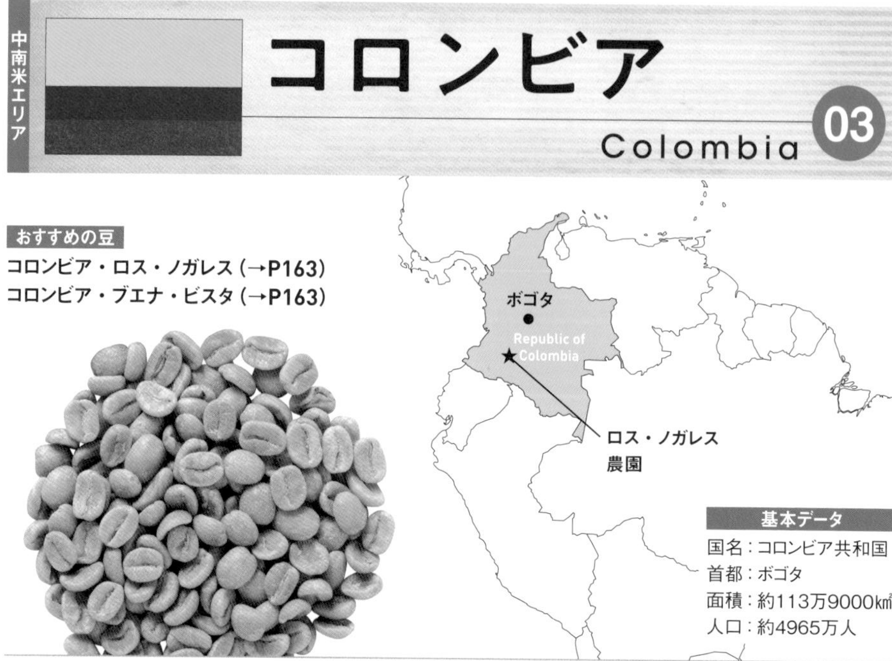

おすすめの豆

コロンビア・ロス・ノガレス（→P163）
コロンビア・ブエナ・ビスタ（→P163）

基本データ

国名：コロンビア共和国
首都：ボゴタ
面積：約113万9000㎢
人口：約4965万人

さまざまな気候が生み出すバラエティ豊かな味

コロンビアにとって、コーヒーは総輸出額の約1割を占める重要な農産物。農業分野就労者の約3割がコーヒー栽培に携わり、その栽培面積は330万haにも及びます。

はじめて「コーヒーノキ」が植えられたのは1732年頃のこと。その後、栽培は国全体に広がり、1927年には、コーヒーの生産から流通までを管理する「コロンビアコーヒー生産者連合会（FNC）」が設立。レベルがいっきに向上しました。

太平洋とカリブ海の両方に面した国土は、地域によって気候が異なるため、地区別に個性あふれるコーヒーが生産されます。他国と比べて、標高が高い地域に農園が多いのも特徴です。

コロンビアのコーヒー農家はほとんどが小規模。生産者はFNCに加盟し、派遣される農業アドバイザーのもと、品質にこだわった豆を栽培しています。FNCは、研究に基づいた苗木や肥料の提供、農薬の管理、栽培に関する講座なども開き、生産者を全面的にサポート。輸出される生豆の最終チェックも含め、一貫した管理を行っています。スペシャルティコーヒーへの取り組みも積極的で、毎年国内品評会を開催。生産者とバイヤーのパイプライン役として大きな役割を担っています。

DATA

おもな栽培品種	カトゥーラ、コロンビア、カスティージョ
おもな生産処理	ウォッシュト
味わいの傾向	酸味が強く、豊かなコクと香りがある

コロンビアCOEの初代チャンピオン
ロス・ノガレス農園

ウォッシュトによる生産処理の様子

環境保護にも配慮し質の高いコーヒーを生産

ロス・ノガレス農園は、コロンビアのコーヒー名産地、ウィラ・ピッタリート地区にある、25ha（コーヒー栽培面積は13ha）ほどの農園。２００５年にコロンビアではじめて開催されたCOEで、見事初代チャンピオンとなりました。

前オーナーのリカウルテさんは、10歳の頃から両親の手伝いをしながらコーヒー生産に携わり、栽培について学んだといいます。「カフェ・アンディーノ」という生産者グループに所属し、品質の向上に努めつつ、周辺の環境保護にも積極的に取り組んでいました。しかし、２０１３年はじめ、リカウルテさんは農園で強盗に襲われて他界。コーヒー農園を継続するか、売却するか、何度も家族会議が行われました。現在は、リカウルテさんの妻と息子が跡を継ぎ、コーヒー栽培を行っています。

故リカウルテさんの家族が農園を守る

中南米エリア

パナマ

Panama

04

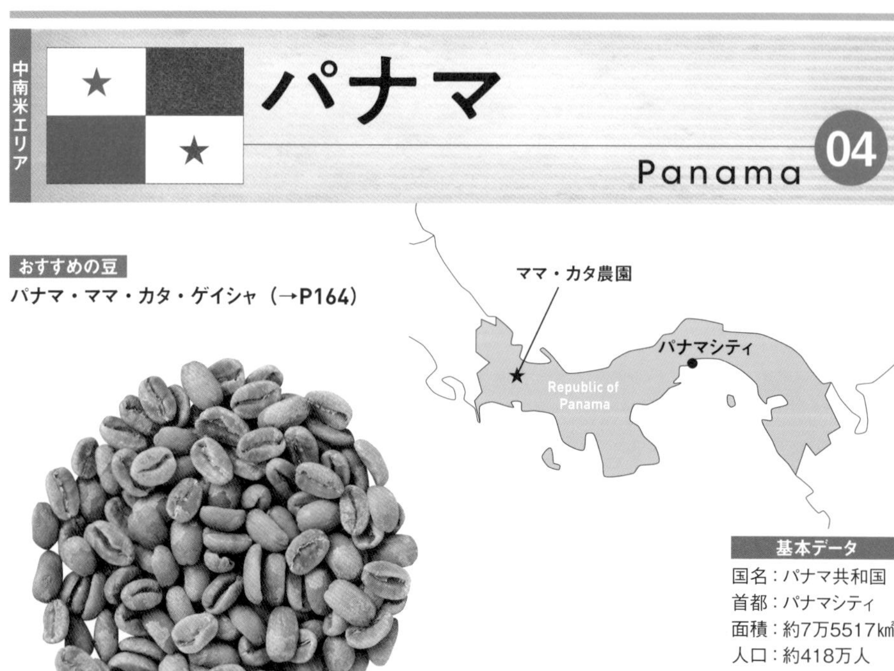

おすすめの豆

パナマ・ママ・カタ・ゲイシャ（→P164）

基本データ

国名：パナマ共和国
首都：パナマシティ
面積：約7万5517㎢
人口：約418万人

世界のバリスタが大絶賛！芳醇な香りの「ゲイシャ」

東西に細長いパナマ。西部にあるバル火山付近で、コーヒー栽培が盛んに行われています。

特に、バル火山の裾野、標高1000〜2000mの丘陵地帯に農園が集まっています。このあたりは、ミネラルをたっぷり含んだ火山性土壌、カリブ海から吹く穏やかな風、そして日照時間など、最適な栽培条件が揃う。質のいいコーヒーを生産し、世界に送り出しています。

コーヒー産地としてパナマが注目を集めるようになったきっかけは、2004年のベスト・オブ・パナマ（パナマ国際品評会）で一大旋風を巻き起こしたゲイシャ種。香水のような素晴らしい香りが世界のバイヤーに衝撃を与え、以来パナマでは、ゲイシャ種の栽培を始める農園が増えてきました。

ゲイシャ種は、もともとはエチオピアが起源の野生種で、中米に持ち込まれたのは1960年頃。生産性が低かったため、当初はこの種を植える農園は少なかったのですが、まるで花や香水のような豊かな香りが世界中のバイヤーから支持され、高値で取引されるようになりました。品質は毎年向上しており、今後も目が離せません。

そのほか、歴史あるカトゥーラ種やティピカ種の豆も、高く評価されています。

DATA

おもな栽培品種	ゲイシャ、カトゥアイ
おもな生産処理	ナチュラル、パルプトナチュラル（ハニープロセス）、フーリーウォッシュト
味わいの傾向	上品な香り、やわらかな酸味

バル火山の裾野に広がる
優良生産地に位置

ママ・カタ農園

ゲイシャ種の保護と研究に意欲的に取り組む

パナマの優良生産地、ボケーテ地区にあるママ・カタ農園は、1959年にテオドロ・ガリードさんが創設。現在は息子のホセ・ダビドさん（左写真）が中心となって運営しています。

ママ・カタ農園では、およそ30年前からゲイシャ種の栽培を始めましたが、ある時期、生産性や耐病性の高いカトゥーラ種やブルボン種などに植え替えを進めたため、多くのゲイシャ種の木を伐採してしまいました。しかし、その後ホセさんはゲイシャ種の可能性に惹かれ、追求するようになります。また、標高1550～1750mに位置するこの農園には、区画ごとに特徴のある上質なコーヒーを生み出すポテンシャルがあることに気づきました。現在、その特別な土地で、ゲイシャ種の保護と栽培、研究に精力的に取り組んでいます。

ガリード一家が育てるゲイシャ種の木

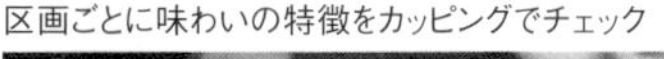
区画ごとに味わいの特徴をカッピングでチェック

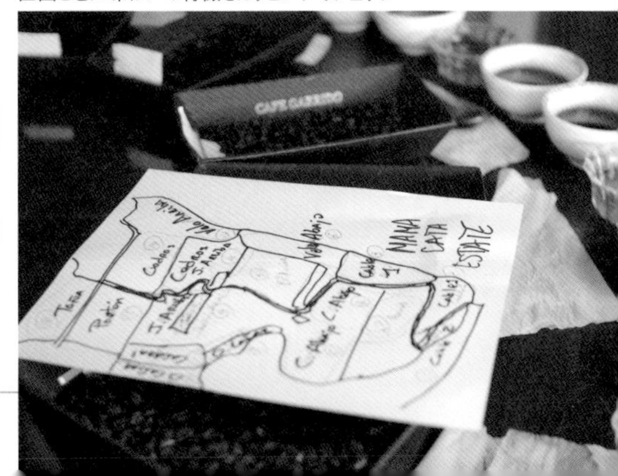

中南米エリア

コスタリカ

Costa Rica

05

おすすめの豆

コスタリカ・エルバス（→P165）
コスタリカ・モンテ・コペイ（→P164）

基本データ

国名：コスタリカ共和国
首都：サンホセ
面積：約5万1100㎢
人口：約499万人

マイクロミルによる手間ひまかけた高品質な豆

2008年にコーヒー生産200年を迎えたコスタリカ。栽培は、タラスやウエストバリーなど、標高の高い山岳地帯で行われています。

ロットの小さい小規模農園が多く、かつては各農園で収穫したコーヒーチェリーが地区ごとの集荷場に集められて一括処理。生産者の顔が見えないコーヒーが市場に出回っていました。

しかし近年、各農園がいくつか集まって各自で処理を行う「マイクロミル（小さな生産処理場）」が増加。生産者ごとに豆の個性が発揮されるようになってきました。現在では150を超えるマイクロミルが存在し、クオリティの高い豆を作る農園も多数出てきています。

コスタリカのコーヒー栽培で特徴的なのは、政府や生産業者で組織されたコスタリカコーヒー協会（ICAFE）が、全面的にバックアップしているという点。栽培する品種も政府によって決められており、現在ロブスタ種の栽培は禁止。栽培されているのはすべてアラビカ種となりました。

小規模な農園で、非常に良質なコーヒーが作られているコスタリカ。近年では、世界的にも評価が上がっており、生産者の情熱もさらに増してきているといえます。

DATA

おもな栽培品種	カトゥーラ、ヴィジャサルチ
おもな生産処理	ウォッシュト、パルプトナチュラル（ハニープロセス）
味わいの傾向	柑橘系、ベリー系など、さまざまな酸のバラエティがある

高品質なコーヒーを安定的に生産
エルバス・マイクロミル

マイクロミルの入り口にある看板

コーヒー一家から生まれたマイクロミルの先駆者

「トーニョさん」の愛称で親しまれるマニュエル・アントニオ・バランテス・スニガさんは、13人兄弟姉妹のほとんどが自身の名前が付いた農園を所有するコーヒー一家の出身。家族の農園の豆を生産処理するため、トーニョさんが創設したのがエルバス・マイクロミルです。

トーニョさんは、いち早くさまざまな品種の栽培・生産に取り組んでいる生産者でもあり、マイクロミルの先駆者でもあります。多彩な品種を自ら生産処理することで、品質重視の多様なコーヒーを作り出します。しかも、安定して高い品質をキープしているところもエルバスの特徴。その技術やノウハウをほかの生産者に惜しみなく提供するトーニョさんは、周囲から尊敬されており、2015年にエルバスの豆がCOEで優勝したときには、多くの生産者が盛大に祝福しました。

コスタリカのコーヒー界を牽引する、トーニョさん

中南米エリア

エルサルバドル

06

El Salvador

おすすめの豆

エルサルバドル・サンタ・エレナ（→P166）
エルサルバドル・ラ・クンブレ（→P166）

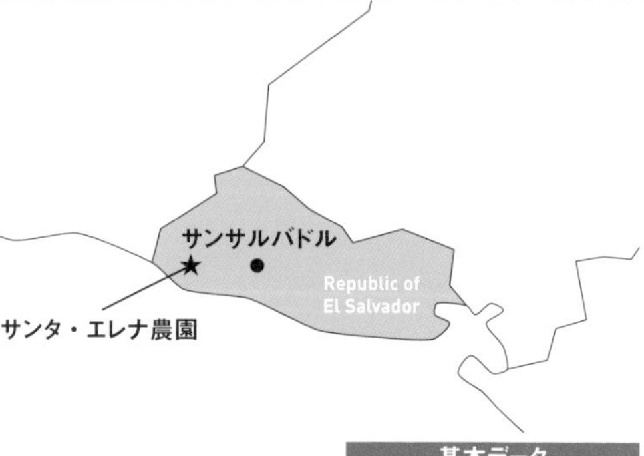

基本データ

国名：エルサルバドル共和国
首都：サンサルバドル
面積：約2万1040㎢
人口：約664万人

バランスのよい高級品種「パカマラ」に注目

エルサルバドルは、国土面積が日本の四国より少し大きい程度の小さな国ですが、コーヒー生産地としては昔から注目されています。

熱帯気候で火山地帯という、コーヒー栽培には最高の条件下で、収穫量も多い地域でした。しかし、1980年代に内戦が勃発し、一時は生産量が激減。他国が生産性の高い交配種などに変えるなか、内戦中で植え替えを行うことができなかったため、現在も昔ながらのブルボン種が多く残っています。

また、2005年にサンタ・アナ火山が爆発し、たくさんの農園が火山灰による被害を受けました。ですが、十数年経った今では、逆に灰のミネラルを樹木が吸い込み、香りが鮮明なコーヒーが出てきています。

エルサルバドルといえば、何といっても大粒の「パカマラ種」が有名。エルサルバドル発祥のパカス種とマラゴジッペ種の交配種です。大粒でボディがあり、オレンジのような果実感が特徴で、品評会でも数多くの賞を受賞。スペシャルティコーヒー界でも評判となっている、注目度抜群の豆です。

さらに、数ある中米のコーヒー生産国のなかでも、エルサルバドルの生産処理技術の安定感はトップクラスです。

DATA

おもな栽培品種	ブルボン、パカマラ
おもな生産処理	ウォッシュト
味わいの傾向	さわやかな酸味、バランスの取れた味

湖を望む、火山の急斜面に広がる農園
サンタ・エレナ農園

細かい気配りによって古い木を大切に育てる

エルサルバドルの首都、サンサルバドルから車で2時間ほどの距離にあるサンタ・アナ地区。サンタ・エレナ農園は、サンタ・アナ火山という活火山の斜面に広がっています。

２００５年に起こった突然の噴火では、この農園の作業員も2名亡くなりました。熱を持った火山灰が降ったため、コーヒーの木も被害に。しかし、ミネラル分を多く含んだ火山灰が農園に積もった結果、それが天然の肥料となり、大変肥沃な土壌となったのです。

ここで育つブルボンのなかには、樹齢80年の木も存在する

サンタ・エレナ農園のオーナー、フェルナンド・リマさん

１９３０年頃に設立された歴史あるサンタ・エレナ農園では、ブルボンの樹齢は60年から70年ほど。なかには80年を数える木もあります。ブルボンの特徴は味のよさですが、生産性が低く病害虫にも弱いのが難点。サンタ・エレナ農園の周辺は風が強いため、防風林を使用するなど、細かい気配りをしながらコーヒー栽培を行っています。

中南米エリア

ホンジュラス

Honduras

07

おすすめの豆

ホンジュラス・エル・プエンテ・ゲイシャ（→P167）
ホンジュラス・オルランド・アリータ（→P167）

基本データ

国名：ホンジュラス共和国
首都：テグシガルパ
面積：約11万2490㎢
人口：約959万人

寒暖差の大きい高原で良質の豆を産出

中米のカリブ海に面した小さな国、ホンジュラス。あまりなじみがないかもしれませんが、年間2万4000トンもの豆を輸出するコーヒー大国です。

国土のおよそ3分の1が標高1000mを超え、森林に覆われた高原が多いホンジュラスは、コーヒーの栽培にとても適しています。高温多湿の熱帯気候に属しますが、高原地帯では昼夜の気温差が大きく、この寒暖差によって美味しいコーヒーが生産できるのです。

コーヒー農園が集中している山岳地帯で、最大の生産地はサンタ・バルバラ。ホンジュラス全体の収穫量の約3分の1を占めます。1998年、中米を襲ったハリケーンの被害を受けましたが、現在では復興して収穫量も増えています。

ホンジュラスのコーヒーは、酸味がやわらかいのが特徴。ストレートで飲まれるのはもちろんですが、アメリカンブレンドに使われることも多いため、特にアメリカ人に人気があります。

また、日本人の嗜好にも合い、輸入量はアメリカに次いで2番目に多くなっています。

コーヒー豆の輸出量は年々増加。品質向上に意欲的な農園も増えているため、質のよいコーヒー豆の生産がさらに拡大することが期待されます。

DATA

おもな栽培品種	カトゥアイ、カトゥーラ
おもな生産処理	ウォッシュト
味わいの傾向	フルーティで、すっきりとした後味

夫婦で実直に品質を追求

エル・プエンテ農園

常に誠実な姿勢でコーヒー生産に取り組むマリサベルさん

正しいやり方で行えば望んだ結果が得られる

4代続くコーヒー生産者の家に生まれたマリサベル・カバジェロ・ガルシアさんが、ご主人のモイセスさんとともに運営するエル・プエンテ農園。マリサベルさんは、幼い頃から携わっていたコーヒー生産の経験と知識を基に、よりよい品種、栽培方法、生産処理方法を研究し、真摯にコーヒーと向き合います。農園のスタッフたちにも「何事も正しいやり方で行えば、時には長い時間がかかることもあるけれど、望んだ結果を手に入れることができる」と教えているのだそう。

それがひとつの結果として表れたのが、2016年のCOE。誰もが認める高評価で1位を獲得し、オークションでは当時の最高価格を更新しました。

そのほか、農園近くにある学校への寄付や従業員への援助など、地域の生活レベル向上にも積極的に取り組んでいます。

標高1500～1680mに位置するエル・プエンテ農園

中南米エリア

グアテマラ

08

Guatemala

おすすめの豆

グアテマラ・サン・ラファエル・ウリアス（→P168）
グアテマラ・ラ・ベイヤ・パカマラ（→P169）

基本データ

国名：グアテマラ共和国
首都：グアテマラシティ
面積：約10万8889㎢
人口：約1725万人

農園の品質と特徴がわかるスペシャルティコーヒー

国土面積は日本の3分の1以下ですが、中米でもトップクラスの生産量を誇るコーヒー大国。1750年にイエズス会修道士によって苗木が持ち込まれたのがグアテマラにおけるコーヒーのルーツとされています。1860年代から本格的に栽培が始まり、現在でも古くからある農園が多数残っています。

コーヒー産業の中心となっているのは、1969年に発足した「グアテマラ全国コーヒー協会（通称アナカフェ）」。〝生産者のための協会〟をモットーに、数多くある生産農家の位置を正確に把握し、土壌の分析や降雨パターン、霜災害の状況など、あらゆる研究結果を農園に提供しています。

コーヒー栽培が行われているのは、太平洋側の南部や標高の高い中部地帯。山の斜面で、シェードツリーという、日陰を作る背の高い木の下で栽培されるのが特徴的です。国内最古の栽培地はアンティグア。品質が高く、日本でも人気があります。

グアテマラのコーヒーは香りが豊かで、ブレンドのベース豆としても重宝される逸品。スペシャルティコーヒーの生産に力を入れる生産者が増えてきたことで、農園ごとの差別化が進み、少しずつ生産者の顔が見えるようになってきました。

DATA

おもな栽培品種	カトゥアイ、パカマラ、マラゴジッペ、ブルボン
おもな生産処理	ウォッシュト
味わいの傾向	豊かな酸味と香り、魅力的なチョコレート感

名産地アンティグアの歴史ある農園

サン・ラファエル・ウリアス農園

APCA認証を受けている高品質コーヒーを栽培

首都のグアテマラシティから西に約40km離れた古都・アンティグアにある、19世紀後半に設立された古い農園。アグア火山とフエゴ火山が見える、サン・ミゲル・ドゥエニャス渓谷の小さな山の中に位置しています。

アンティグアは、コーヒーの産地として大変有名で、日本でもブランド化しています。火山灰質の土壌と、標高1500m前後の寒暖差によって、香りがよくボディのある高品質なコーヒーが生まれるのです。そのため、近郊の農園が、アンティグアという名前に便乗して豆を出荷していたことも。

そこで、正銘のアンティグア産、高品質コーヒーであることを証明し、「アンティグア産コーヒー」の名前を守るための団体「APCA」が設立されました。サン・ラファエル・ウリアス農園は、このAPCAの認証を受けています。

ウォッシュト処理により、クリーンで高品質な豆に仕上がる

麻袋に詰められ、世界各国への出荷を待つコーヒー豆

中南米エリア

ドミニカ共和国

Dominican Republic

09

おすすめの豆

ドミニカ・ノエル・ディアス（→P170）

基本データ

国名：ドミニカ共和国
首都：サントドミンゴ
面積：約4万8442㎢
人口：約1073万人

豊かな自然が育んだ稀少価値の高いコーヒー

美しいカリブ海に浮かぶイスパニョーラ島。その東側に位置するのがドミニカ共和国です。全人口の約70％が農村人口で、コーヒーは砂糖に次ぐ第2の主要農産物となっています。

ドミニカ共和国におけるコーヒー栽培の始まりは、1700年代に、ティピカ種が生まれたマルティニーク島の樹木が移植されたこと。中南米諸国のなかでも、早い時期にコーヒーが導入されたのです。以来、亜熱帯特有の気候と肥沃な土壌という自然条件に恵まれ、コーヒーはドミニカ共和国の主要農産物となっていきました。

ドミニカ共和国は、カリブ海諸国における最高峰ピコ・ドゥアルテ（標高3098m）をはじめ、標高2000m以上の山が多く、コーヒーの栽培に適した地理的条件を備えています。農園の規模は大きく、起伏に富んだ傾斜面でコーヒー栽培が行われています。おもな産地は山岳地帯のシバオと海に近いバラオナなど。品種では、ティピカとカトゥーラがおもに栽培されています。

国全体のコーヒー生産量が減っているなかでも、国内消費量は上昇しているため、年々輸出量が減少。日本では専門店でなければ入手しにくい稀少な豆となっています。

DATA

おもな栽培品種	ティピカ、カトゥーラ
おもな生産処理	ウォッシュト
味わいの傾向	やわらかな口あたり、おだやかな酸味とはちみつのような甘さ

新品種栽培と設備改良で伝統手法から前進

ドミニカ共和国では、伝統的手法を守る生産者が多く、日々進歩するスペシャルティコーヒーの流れから取り残されかけています。アルフレド・ディアスさんが経営するこの農園も、そんな生産者のひとつでした。

転機となったのは２０１８年。本書の監修者である丸山珈琲の丸山氏が、アルフレドさんと息子のノエルさんをスペシャルティコーヒー先進国であるコスタリカへの視察旅行に連れ出しました。コスタリカ流のやり方を見て、ディアスさん親子は衝撃を受けます。特にノエルさんは視察中からどんどんのめり込んでいき、帰国後すぐに、農園の改革に乗り出しました。それからわずか2年で、驚くほどに品質を上げました。

現在はノエルさんが中心となり、新品種の栽培や設備投資などにより、さらなる改良に取り組んでいます。

アフリカンベッドで乾燥の具合を見るノエルさん

新しい品種の栽培にも意欲的に取り組む

農園の変革を進める若き生産者

ラス・メルセデス・デ・ドン・アルフレド農園

中南米エリア

ニカラグア

Nicaragua

10

おすすめの豆

ニカラグア・ウン・レガロ・デ・ディオス（→P170）

基本データ

国名：ニカラグア共和国
首都：マナグア
面積：約13万370㎢
人口：約647万人

品種の個性が輝くスペシャルティコーヒー

中米の中心に位置するニカラグア。コーヒーが入ってきたのは約200年前、カトリック宣教師によって伝えられたといわれています。

コーヒー栽培が行われているのはおもに西部の山岳地帯で、農園ごとにカトゥーラやカチモール、パカマラなど、個性豊かな品種の豆を栽培。近年では、マラゴジッペとカトゥーラの交配種である、大粒のマラカトゥーラが注目されています。

2000年頃から、スペシャルティコーヒーへの取り組みも行われるようになり、2002年には、ニカラグアCOEがはじめて開催されました。スペシャルティコーヒーへの情熱は年々高まっており、品質も向上。ニカラグア・コーヒーのフルーティな味わいは、日本人の口にもよく合います。

DATA

おもな栽培品種	カトゥーラ、マラカトゥーラ、カチモール、パカマラ
おもな生産処理	ナチュラル、ウォッシュト、パルプトナチュラル
味わいの傾向	柑橘系の酸、フルーティでボディがある

2020年の優勝をはじめ、数々のCOE入賞経験を持つウン・レガロ・デ・ディオス農園

中南米エリア

ペルー

Peru 11

おすすめの豆

ペルー・ラ・ロマ（→P171）

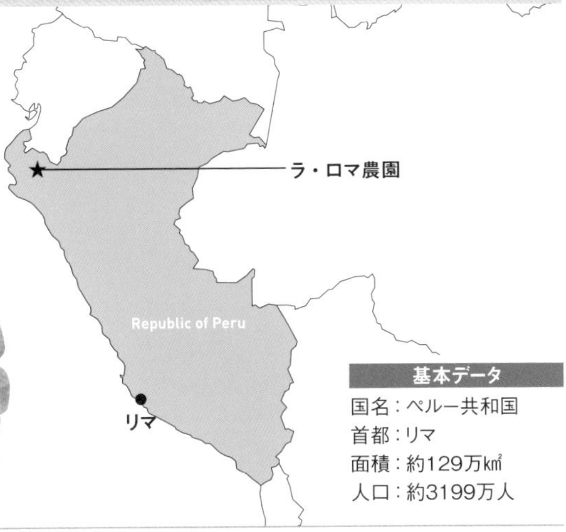

ラ・ロマ農園

Republic of Peru

リマ

基本データ

国名：ペルー共和国
首都：リマ
面積：約129万㎢
人口：約3199万人

目を覚ました眠れる巨人 日本での評価に注目

ペルーは生産量が世界7位のコーヒー大国です。日本でもたくさん輸入していますが、低〜中級品が多く、世界でもあまり期待されていませんでした。

ペルーの国土は標高が高く南北に長いため、多彩で質の高いコーヒーが育つ可能性がありました。いわば、「眠れる巨人」だったのです。2017年にペルーで初めてのCOEが開催されると、バイヤーたちの注目が集まります。そして、高品質なコーヒーは高額で取引されることがわかると、生産者のモチベーションも上がり、さらに素晴らしいコーヒーが生まれるようになりました。

ペルーのコーヒーが持つ酸の質は日本人の好みにとてもよく合います。これから日本でも、ペルーのコーヒーを目にすることが増えるでしょう。

標高1850〜2200mの高地に位置する、ラ・ロマ農園

DATA

おもな栽培品種	ブルボン、カトゥーラ
おもな生産処理	ウォッシュト
味わいの傾向	やわらかい酸味とコク、高地産は花の香り

アジア・太平洋エリア

インドネシア 12

Indonesia

おすすめの豆

インドネシア・マンデリン・ワハナ (→P171)
インドネシア・スマトラ・アチェ・タケンゴン (→P172)

基本データ

国名：インドネシア共和国
首都：ジャカルタ
面積：約192万㎢
人口：約2億6700万人

稀少なアラビカ種の代表はスマトラ島の「マンデリン」

1万数千もの島々で構成されるインドネシア。古くからコーヒーを栽培し、世界第3位の生産量と、アジアで2番目の輸出量を誇ります。

インドネシアにおけるコーヒーの歴史をたどれば、1699年に、オランダ人がジャワ島にコーヒーノキを植樹したのがきっかけです。その後、オランダの植民地下でプランテーションが広がったこともあり、やがて世界有数のコーヒー生産国となりました。

しかし、19世紀後半、サビ病の発生で、木々が壊滅的な被害を受けます。そこで、病害に強いロブスタ種への植え替えが行われました。そのため、現在栽培されているのは、大半がロブスタ種です。

一方、一部の地域では、最高のアラビカ種も栽培されています。その代表は、スマトラ島のマンデリン。スマトラ島にいた部族、マンデリン族から名付けられました。マイルドな香味と力強いボディで、スペシャルティコーヒーとして各国から高評価を得ています。

そのほか、高級品とされるスラウェシ島のトラジャや、ジャコウネコの糞から採取される稀少価値の高いコピ・ルアクなども有名で、高値で取引されています。

DATA

おもな栽培品種	ロブスタ種、アラビカ各種
おもな生産処理	スマトラ式、フーリーウォッシュト、ナチュラル
味わいの傾向	クリーミーな舌ざわり、豊かなボディとスパイシーな後味

農園全体の面積が468ha、栽培面積だけでも250haを誇る

30haの苗床も備える

農業試験場でもある大規模な農園

ワハナ農園

徹底した品質管理で高クオリティの豆を生産

スマトラ島北部、北スマトラ州ダイリ県シディカラン地区にある、2005年設立の農園。

コーヒーの栽培面積はおよそ250haで、国際的に有名な品種、カトゥーラ、カトゥアイ、ビジャサルチ、ティピカなどのほかに、ローカル品種も栽培。30haの苗床もあります。

2009年には、同じ敷地内にウェットミル（水洗処理場）とドライミル（乾燥場）ができ、生産処理も行うようになりました。農園のあるシディカラン地区の湿度は、90〜100%。収穫時期が雨季と重なるため、コーヒー豆を乾燥させるのが難しい状況ですが、ワハナ農園では機械乾燥を併用して対応しています。生産処理方法ごとに徹底した品質管理を行い、素晴らしい品質のコーヒーを安定的に作り出しているのです。

農業試験場としての研究も行っており、近隣の小規模生産者たちに、コーヒー栽培に関する情報を積極的に提供しています。

アジア・太平洋エリア

インド

India 13

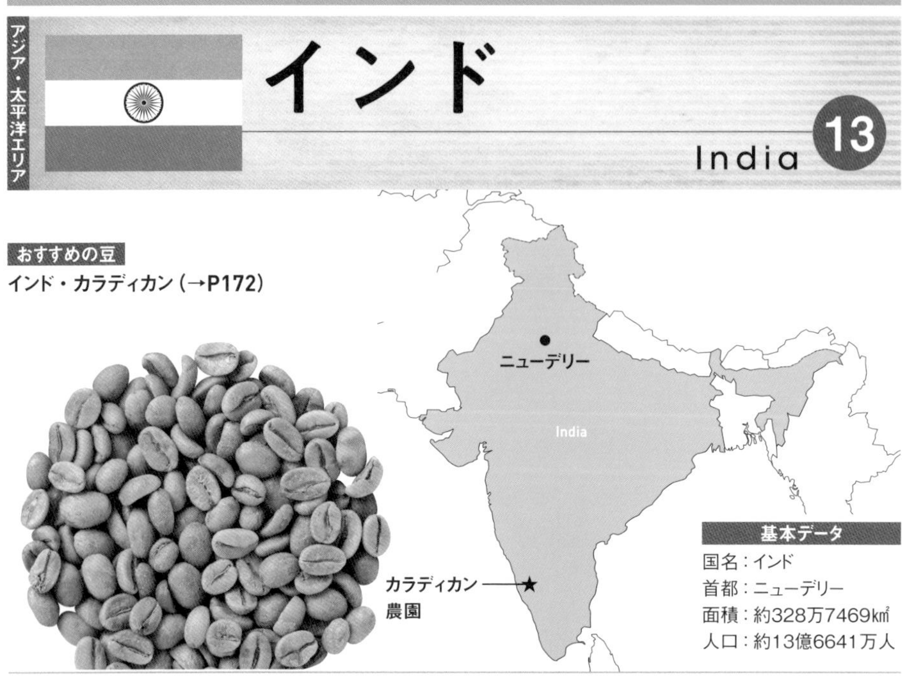

おすすめの豆

インド・カラディカン（→P172）

基本データ

国名：インド

首都：ニューデリー

面積：約328万7469㎢

人口：約13億6641万人

伝統的エスプレッソに必須 高級なロブスタも生産

インドというと、コーヒーよりもチャイ（お茶）のイメージが強いのではないでしょうか。しかし実は、生産量が世界でトップ10に入るほどの、コーヒー生産大国です。1993年までコーヒーは政府の専売品で、生産者はチェリーかパーチメントの状態で政府に納品していましたが、1997年に完全自由化され、農園が国内外のバイヤーなどと直接取引できるようになりました。

インドの豆の特徴は、酸が控えめですが、フレーバーが非常に豊か。酸を好むアメリカでの評価は低くなりがちですが、伝統的なエスプレッソにはよく合うので、イタリアでは非常に好まれています。バイヤーによって評価は分かれますが、日本人の嗜好にも合っているといえるでしょう。

また、高級なロブスタを生産していることも、インドのユニークな特徴です。ロブスタは苦味が強い品種で、日本ではおもにインスタントコーヒーや缶コーヒーなどの工業用に使われる、いわば安価品です。しかし、酸よりも苦味を好むイタリアやドイツなどでは、高級エスプレッソ用にするため、手間ひまかけて生産処理した高価なロブスタを作るようにリクエストするのだそうです。

DATA

おもな栽培品種	ケント、カチモール、S795
おもな生産処理	ウォッシュト
味わいの傾向	酸は少なめ、心地よいボディ、スパイシーなものが多い

コーヒーの歴史的な場所に位置
カラディカン農園

化学物質の使用を控え環境や森林の保護にも尽力

スリラム・アパドゥライさんが運営するカラディカン農園は、インドコーヒーの約80％が生産される南部のカルナータカ州にあります。インド南部では昔からコーヒー栽培が盛んでした。それは歴史に関係しています。イスラム世界で秘薬とされていたコーヒーが世界に広がったのは、巡礼者ババ・ブーダンがイエメンから7粒の種子を盗んでインドに持ち込んだのがきっかけとされています。そして、その7粒の種子がまかれたのが、この農園があるエリアなのです。

収穫したチェリーを自社の生産処理場に運ぶ

農園内では、コーヒーのシェードツリーとしてイチジクやネロリが植えられているほか、カルダモン、ココナッツなども栽培され、森の多様性を守っています。そのほか、化学物質の使用を最低限に抑えるなど、土壌や野生生物、森林の保護に力を入れています。

チェリー収穫の様子と、スリラム・アパドゥライさん

アフリカエリア

ケニア

Kenya

14

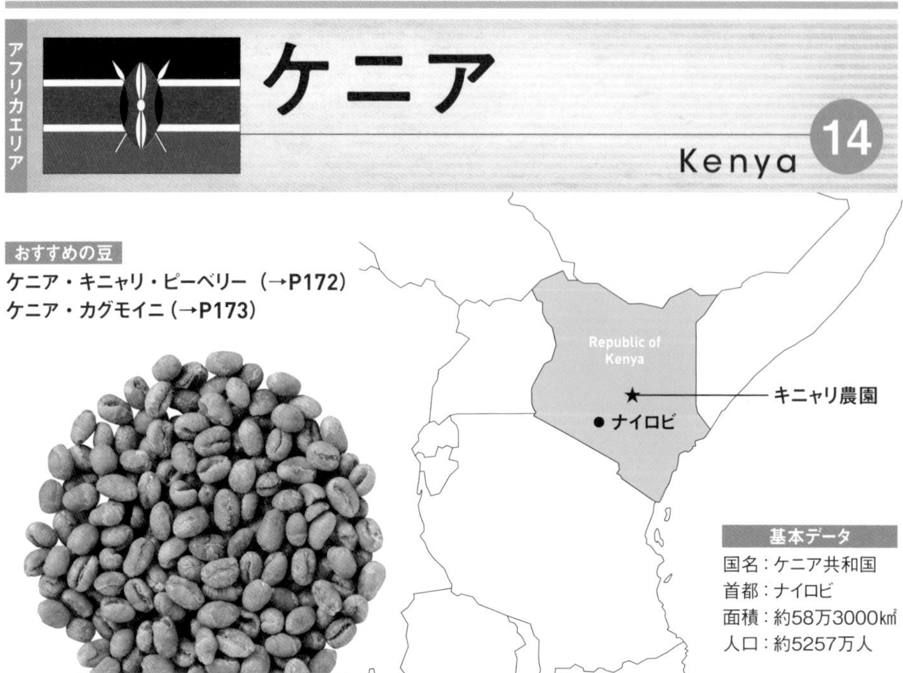

おすすめの豆

ケニア・キニャリ・ピーベリー（→P172）
ケニア・カグモイニ（→P173）

基本データ

国名：ケニア共和国
首都：ナイロビ
面積：約58万3000㎢
人口：約5257万人

充実した研究・管理体制で高品質の豆を追求

〝ケニアの豆は品質が高い〟というのは、スペシャルティコーヒーに注目する消費国ではもはや常識。特にヨーロッパで重宝され、一級品として高値で取引されています。近年では日本のバイヤーからも注目され、手に入りやすくなりました。

　コーヒー産地が多い東アフリカのなかでも、ケニアで高品質の豆が収穫できる理由は、早くから品種研究を重ね、管理体制を整えてきたことによります。種の段階から生産処理、カッピングテストといった細部まで、システム的に管理されているのです。また、世界初のコーヒー研究機関「コーヒー研究財団」があり、管轄下には「ケニアコーヒーカレッジ」も設置されていて、品質を高めるさまざまな取り組みが行われています。

　コーヒー産地としては、ケニア山付近の、茶褐色の火山灰土壌が広がるエンブ、ニエリ、キリニャガ地区などが有名。1年のうちに雨季が2回あり、収穫も年2回行われていますが、特に評価が高いのは、11月から翌年にかけて収穫されるメインクロップ。ケニア生まれの品種、「SL28」や「SL34」（「SL」とは、品種を開発した研究所、スコット・アグリカルチュアル・ラボラトリーズの頭文字）が主力品種となっています。

DATA

おもな栽培品種	SL28、SL34
おもな生産処理	ウォッシュト
味わいの傾向	豊かな果実香、豊かなコク

近年増えてきた独立農園のひとつ
キニャリ農園

長期的展望と高い意識で高品質なコーヒーを生産

　小規模生産者が多いケニアでは、「ファクトリー」と呼ばれる生産処理場に集められたチェリーを処理し、ひとつのロットにすることが一般的。また、単一の農園よりも、1000人単位のメンバーからなる「コーペラティブ（生産者組合）」のほうが高品質なコーヒーを作っているといわれていました。しかしここ数年で状況が変わり、コーペラティブから独立した個人が小さな生産処理場を持つことが増えています。ステファン・ルイタ・ガチェンゲさんが経営するキニャリ農園も、そんな独立農園のひとつです。

　コーペラティブの場合は、理事が変わると品質方針が変わるというリスクもあります。しかしガチェンゲさんたち独立オーナーたちは、自身で全責任を負い、長期的な展望と高い意識を持って、高品質なコーヒーを作っています。

チェリーの選別は、手作業でていねいに行う

キニャリ農園のオーナー、ガチェンゲさん

アフリカエリア

エチオピア

Ethiopia

15

おすすめの豆

エチオピア・ゴラ・コン（→P173）
エチオピア・シフェラウ・ジグソ・ベレーソ（→P173）

Federal Democratic Republic of Ethiopia
アディスアベバ
ザ・アレマエフ・ダニエル農園

基本データ

国名：エチオピア連邦民主共和国
首都：アディスアベバ
面積：約109万7000㎢
人口：約1億1207万人

野生の樹木が育つ アラビカ種発祥の地

アラビカ種の原産地として知られるエチオピアは、一説ではじめてコーヒーを飲用した国ともいわれています。時代は定かではありませんが、コーヒーの実を食べた山羊が興奮しているのを見て、山羊飼いが発見した、という伝説があります。

エチオピアは、国土の大部分が山岳地帯で、今でも一部のコーヒーは野生の樹木から収穫されています。栽培地域は広範囲にわたりますが、コーヒーの名前の由来といわれるカファ地方や、南部のシダモ地方、中部・東部のハラー地方などがおもな生産地です。各地で収穫された豆は、上品な酸味とスパイシーな香りの「モカ」として輸出されますが、生産地域によって味や香りは異なります。

エチオピアの人はコーヒーをよく飲みます。たいていの人が、朝、昼、晩、多い人はそれ以上飲むのだそう。また、「カリオモン」という伝統的なコーヒーセレモニーも有名です。そのため国内消費量が多く、生産量の30～40%は輸出されずに国内で消費されています。

コーヒーはエチオピアの重要な収入源であり、人口の約5分の1がコーヒー産業に携わっています。輸出品目としても国内最大で、その割合は輸出品全体の約40%を占めるほどです。

DATA

おもな栽培品種	ティピカ、在来品種
おもな生産処理	ウォッシュト、ナチュラル
味わいの傾向	花や果実の香り、豊かな甘さと酸味

独自にコーヒーを流通させることでさらに品質向上

ザ・アレマエフ・ダニエル農園

父から譲り受けた農園でコーヒー栽培を開始

エチオピアのコーヒー生産者の多くは、平均所有農地面積が約2haと小規模です。そのため、「ウォッシングステーション」と呼ばれる生産処理場に集めて処理するのが一般的です。しかしここ数年、ケニアと同様、独立した単一のコーヒー農園も増えてきました。

アレマエフ・ダニエルさんが経営する農園は、父親の土地を兄弟でおよそ10haずつ分けて譲られた場所。同じく譲り受けたコーヒーの苗木で、アレマエフさんも栽培を始めました。

アレマエフさんは組合を通してコーヒーを市場に流通させていましたが、現在は自分で輸出のライセンスを取得。以前より高額での販売が可能となり、家族の生活が向上したほか、設備投資や労働力を増やすこともできるようになりました。こうしてまた、より素晴らしいコーヒーが生まれるのです。

アレマエフさんと、仕事の面でも支えてくれる奥様

最高のタイミングで摘み取れるよう、収穫期には40～60人のピッカーを雇う

アフリカエリア

ブルンディ

Burundi

16

おすすめの豆

ブルンディ・ムバンガ（→P174）
ブルンディ・キレマ（→P174）

Republic of Burundi

ブジュンブラ

ムバンガ・ウォッシングステーション

基本データ

国名：ブルンディ共和国
首都：ブジュンブラ
面積：約2万7800㎢
人口：約1117万人

世界のロースターが注目 成長著しい新興産地

中部アフリカの内陸にあり、国土面積は北海道の3分の1ほどの小さな国、ブルンディ。国土のほとんどが標高1500mの高地で、〝アフリカのスイス〟と呼ばれることも。ルワンダとともに、近年再び脚光を浴びているコーヒー産地です。

1990年代に、国連（ITC）グルメコーヒープロジェクトの対象国として取り上げられ、そのオレンジのような明るい酸でファンを獲得したものの、その後はあまり注目されませんでした。しかし、隣国ルワンダのコーヒー産業の著しい発展の影響を受け、近年、ブルンディでもスペシャルティコーヒーへの参入意識が向上。2011年には国際審査プレスティージカップを、2012年にはCOEを開催し、その実力を世界に知らしめました。

おもな産地は、首都ブジュンブラから車で約2時間のカヤンザ地区。エチオピアと同様、各村に小規模生産者がコーヒーチェリーを持ち込むウォッシングステーション（生産処理場）があり、そこでウォッシュトを中心とした生産処理が行われます。

ブルンディのコーヒーには華やかさとしっかりとしたコクがあり、深煎りにするとホットチョコレートのような質感が楽しめます。

DATA

おもな栽培品種	ブルボン
おもな生産処理	ウォッシュト、ナチュラル
味わいの傾向	華やかさとしっかりとしたコク、甘い後味

風味豊かな豆を生み出す共同生産処理場

ムバンガ・ウォッシングステーション

多くの生産者が利用する大規模な生産処理場

ブルンディ北西部、カヤンザ県カブィエ ムバンガ地区の標高１７００ｍに位置する、ムバンガ・ウォッシングステーション。標高２０００ｍ付近まで分布している、同地区の小規模共同体の生産者がコーヒーチェリーを持ち込む生産処理場です。

水洗処理後の天日干しを行うための棚、アフリカンベッドの数は４５０。その年の生産状況によりますが、年間平均で、２０００〜３５００名の生産者が５００〜１５０００トンのコーヒーチェリーを持ち込み、生産処理が行われています。

ここで生産されるコーヒーは、オレンジ、ピーチ、ジャスミンの風味と黒みつのような甘い後味、複雑な風味と心地よい重量感が特徴です。また、「ムバンガ」の名を冠した銘柄のほか、「キレマ」のように、ウォッシングステーションを利用している地区内の、ある特定の地域の豆だけを集めたロットもあります。

天日干し用の「アフリカンベッド」が数多く並ぶ

豆の買付けの際に行われたカッピングの様子

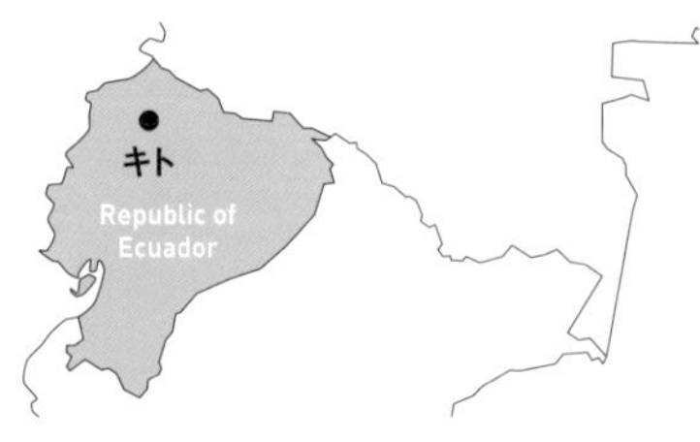

赤道直下、活火山の裾野でコーヒーを栽培

〝赤道〟という意味を持つエクアドルは、その名の通り、赤道直下に位置しています。首都のキトは標高2850mの高地にあり、その22㎞ほど北に赤道が通っています。石畳の街並みが美しいキトの旧市街は、1978年に登録された最初の世界遺産12件のうちのひとつです。

エクアドルで本格的にコーヒーが栽培されるようになったのは、20世紀半ば。栽培地はおもに、コーヒー栽培に好適な気象条件に恵まれた、南部の高地と西側の海岸近くの高原地帯です。国土を南北に縦断するアンデス山脈には、コトパクシ山（標高5897m）をはじめとする活火山があるため、山岳地帯の土壌は火山灰質。栄養が豊富で水はけもよく、こうしたこともコーヒー栽培に最適な環境といえます。また、強い日差しを和らげるシェードツリーとして、バナナやカカオを栽培しています。

近年注目を集めるアフリカのニュースター

ルワンダといえば、世界を震撼させた1994年の大虐殺を思い起こしますが、現在では国の情勢もよくなり、主要輸出品であるコーヒー産業も著しい発展を遂げています。

ルワンダのコーヒーの歴史はドイツによる植民地時代にさかのぼります。各農家に70本のコーヒーの樹木の栽培が義務づけられたのが始まり。現在も、小規模な農家でていねいな生産が行われています。

昔の生産処理はナチュラルが主流でしたが、2000年頃から徐々にウォッシュトに変わってきました。「ルワンダの奇跡」と呼ばれる大虐殺からの復興運動と関連し、ウォッシングステーションも急激に増えました。

2008年にはアフリカ初となるCOEが開催されるなど、近年、スペシャルティコーヒーの産地としても注目を集めています。

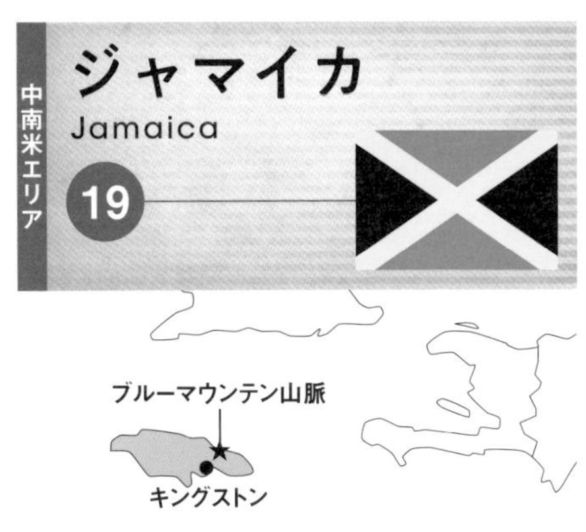

厳しく管理されるブルーマウンテン

高級コーヒー豆としてよく知られるブルーマウンテンは、法律で定められた地区（ブルーマウンテン山脈の標高800〜1200m）で栽培され、指定された工場で精製処理されたコーヒーのみが、その名称を使うことができます。輸出はすべてコーヒー産業公社（CIB）が管理。通常出荷には麻袋が使われますが、樽に詰められるのもブルーマウンテンの特徴です。

アジア・太平洋エリア

ハワイ（アメリカ）

State of Hawaii

20

ホノルル

コナ地区

コナの生産地ハワイ島は栽培に最適な気象条件

カウアイ島やマウイ島でもコーヒーは栽培されていますが、日本でも人気のコナは、気象条件が栽培に最適なハワイ島で作られます。粒の大きさや欠点豆の含有量などで格付けされ、等級の高い順に「エクストラファンシー」「ファンシー」「No・1」と呼ばれます。最も高品質であるエクストラファンシーは、現地でもなかなか手に入らないほど稀少とされています。

アフリカエリア

タンザニア

Tanzania

21

キリマンジャロ山

ドドマ

アフリカ最高峰の麓で育つ日本でもおなじみの銘柄

「キリマンジャロ」で有名なタンザニアのコーヒーは、その名の通り、アフリカ最高峰・キリマンジャロ山麓がおもな生産地。南西麓のアルーシャや南麓のモシが優良生産地として知られています。アフリカのほかの地域同様、生産者は小規模農家がほとんど。水洗設備を共有するセントラル・パルパリー・ユニット（CPU）というグループに分けて、高品質化を進めています。

Section 4
スペシャルティコーヒー入門

数多くの種類があるコーヒーのなかでも、年々注目度を上げている「スペシャルティコーヒー」。改めてスペシャルティコーヒーとは何かを確認し、監修者おすすめの銘柄を紹介します。

スペシャルティコーヒーとは何か

「スペシャルティコーヒー」という言葉は、1970年代にアメリカのクヌッセン女史が業界誌や国際会議で使用したことが嚆矢とされています。それは、〝特別な気象や地理的条件が生み出す、ユニークな風味を持つコーヒー〟に対する呼称でした。

1982年に、それまで漠然としていたスペシャルティコーヒーに共通規準を設けるべく、「アメリカスペシャルティコーヒー協会（SCAA）」が設立されます。これを機に、スペシャルティコーヒーという概念が世界的に広がり始めたのです。

コーヒーの大消費国である日本でも、2003年に「日本スペシャルティコーヒー協会（SCAJ）」が誕生します。年1回の展示会やバリスタ競技会などを通してスペシャルティコーヒーに対する啓蒙を行ってきた結果、急速に浸透するようになりました。

では、「スペシャルティコーヒー」とは、どんなコーヒーなのでしょうか。

SCAJでは、「印象的な風味特性や明るい酸味特性があり、消費者が美味しいと満足すること」などと定義されています。

そのためには、コーヒー豆（種子）からカップの中のコーヒーとなるまですべての段階において、一貫した管理体制が徹底されていることが必須であるとします。この概念は、「フロム・シード・トゥ・カップ（種からカップまで）」という言葉でも表現。具体的には、栽培管理から収穫、輸送、保管、焙煎、そして抽出までが含まれます。

スペシャルティコーヒーとはつまり、「明確な生産地でしっかりと管理された高いクオリティを有し、個性的な風味を持つ美味しいコーヒー」のことなのです。

スペシャルティコーヒーの定義(SCAJの資料より抜粋)

- 消費者(コーヒーを飲む人)の手に持つカップの中のコーヒーの液体の風味が素晴らしい美味しさであり、消費者が美味しいと評価して満足するコーヒーであること。
- 風味の素晴らしいコーヒーの美味しさとは、際立つ印象的な風味特性があり、さわやかな明るい酸味特性があり、持続するコーヒー感が甘さの感覚で消えていくこと。
- カップの中の風味が素晴らしい美味しさであるためには、コーヒーの豆(種子)からカップまでのすべての段階において一貫した体制・工程で品質管理が徹底していることが必須である(From Seed to Cup)。

最終的にはカップクオリティで評価 →

カップクオリティの判定・評価の概要

1. **カップクオリティのきれいさ**
   風味の汚れや欠点がなく、栽培地特性が表現されるために必須な透明性があること。
2. **甘さ**
   収穫時点での熟度の高さと均一性に直接関係する甘さの感覚。
3. **酸味の特徴評価**
   酸味の明るさやさわやかさ、あるいは繊細さがどれほどか。酸度の強さではなく、質を評価。
4. **口に含んだ質感**
   コーヒーにより伝えられる触覚。量感ではなく質感を評価する。
5. **風味特性・風味のプロフィール**
   一般のコーヒーと区別されるための、最も重要な項目。味覚と嗅覚で感じる、栽培地域の特性の表現。
6. **後味の印象度**
   「口に残るコーヒー感」が、甘さで消えていくのか、嫌な感覚がにじみ出てくるのかを判定。
7. **バランス**
   風味に突出するものや欠けているものがなく、調和がとれているかを評価。

トレーサビリティの明確なものが、スペシャルティコーヒーとなる

生産者と消費者の仲を取り持つ役目も

一般的なコーヒーの品質は、生産地の標高や粒の大きさ、欠点豆の混入率で決められます。それは生産者側が定義した等級で、実際の味を保証するものではありません。また、複数の農園の豆が混ぜられて出荷されることが多いため、たとえ個性的で美味しい豆が収穫できても、ほかの平凡な風味の豆と混ぜられて出回ってしまうこともあるわけです。

こうした生産者側の規格ではなく、実際に味わったときのカップクオリティ(抽出したコーヒーの品質)を規準とするのもスペシャルティコーヒーの大きな特徴。そのため、スペシャルティコーヒーと認められるには、コーヒーのテイスティングであるカッピングの評価が必要条件となります。さらに産地・農園ごとの個性を見極めるためには、

SCAJについて

スペシャルティコーヒーに対する日本の消費者、および世界の生産者の認識・理解を深めることを基本構想として、2003年に設立。世界の関連団体と連携を図りながら、スペシャルティコーヒーに関わる調査研究活動や普及啓蒙活動を展開している。また、それらを基に、生産地における環境保全、生活レベル向上などを目指した支援事業も行う。

SCAJのロゴマーク

おもな活動

- 各種競技会の開催
- 関連機器・食材の展示会の開催
- コーヒーマイスター養成講座の開講、および資格認定
- Qグレーダー（コーヒー評価ができる技能者）の育成・サポート
- 各種セミナー・講習会の開催

海外のおもなスペシャルティコーヒー協会

スペシャルティコーヒー協会は各国にありますが、主に「生産国側」と「消費国側」に大別できます。なかでも代表的なのは、消費国側では「スペシャルティコーヒー協会」、生産国側では「ブラジルスペシャルティコーヒー協会」です。

スペシャルティコーヒー協会（SCA / Specialty Coffee Association）

スペシャルティコーヒーの標準規定を設けるため、コーヒーのプロフェッショナルが集結して1982年に設立された「アメリカスペシャルティコーヒー協会（SCAA）」と、1998年に設立された「ヨーロッパスペシャリティコーヒー協会（SCAE）」が、2017年に合併して誕生。アメリカとイギリスに事務所がある。「ワールド・コーヒー・イベント（WCE）」とともに、ワールド バリスタ チャンピオンシップなどの世界選手権を主催する。

ブラジルスペシャルティコーヒー協会（BSCA / Brazil Specialty Coffee Association）

ブラジルのスペシャルティコーヒー振興を目的として、1991年に設立。独自の品質証明制度などを設け、教育や研究を通して付加価値の向上を重視。コーヒーの生産・流通を管理するほか、生産者へのサポートも行う。

トレーサビリティ（生産方法や流通などの履歴）がはっきりしていることも重要です。スペシャルティコーヒーは、美味しいコーヒーが飲みたいという、消費者の思いから生まれたのです。

それでは、生産者側に立った場合はどうなのでしょうか。

ＳＣＡＪの基本構想には、「コーヒーの生産環境や生活レベルの向上を図っていく」との文言があります。美味しいコーヒーを永続的に飲むためには、トレーサビリティとともにサスティナビリティ（持続可能性）をも考慮に入れなくてはなりません。農作物であるコーヒーは、収穫量などが自然環境に大きく左右されます。

また、生産者の生活が安定していなければ、管理の行き届いた生産活動を続けていくことができません。スペシャルティコーヒーのムーブメントは、消費者と生産者の双方に目が向けられているのです。

コーヒー・チャンピオンシップ

JBCの競技内容は バリスタとしての総合力

スペシャルティコーヒーに対する認識と理解を深めることを基本構想として設立された「日本スペシャルティコーヒー協会（SCAJ）」では、年に一度、「SCAJワールド スペシャルティコーヒー カンファレンス アンド エキシビション」を開催しています。これは、国内外のコーヒー関連企業や生産者がブース出展し、世界のスペシャルティコーヒー産業の最新動向が体感できる、アジア最大の展示会。スペシャルティコーヒーの認知と市場規模の拡大にともない、出展者数も入場者数も年々増加しています。

会期中に行われるさまざまなセミナーやイベントのなかでも、多くの観衆を集めているのが、「ジャパン バリスタ チャンピオンシップ（JBC）」をはじめとする各種競技会です。

JBCが始まったのは、SCAJが設立される1年ほど前の2002年。その競技内容は、エスプレッソ、カプチーノ、シグネチャービバレッジの3種類を4杯ずつ、合計12杯を15分で審査員に提供するというもの。シグネチャービバレッジとは、エスプレッソを使ったオリジナルドリンクのことで、アルコール以外のさまざまな素材を使うことができます。しかし、単なる〝アレンジドリンク〟ではな

2014年のWBC決勝戦において、プレゼンテーションを行う井崎バリスタ

く、独自性や創造性、コーヒー豆の銘柄を含めた全体のテーマ性も重視。抽出技術はもちろん、サービス力、スペシャルティコーヒーに対する知識や情熱、そしてプレゼンテーション能力までも評価対象に。バリスタとしての総合力が問われる、厳しい競技なのです。

好成績を納める日本代表 世界チャンピオンも輩出

JBCで優勝した競技者は、世界大会である「ワールド バリスタ チャンピオンシップ（WBC）」の出場権を獲得します。WBCは2000年のモナコ大会から始まりました。出場国数は年によって変わりますが、近年はおよそ50～60ヵ国が参加。日本は2002年より出場しており、2005年のアメリカ・シアトル大会における門脇洋之バリスタの世界第2位をはじめ、数多くの好成績を収めています。そして2014年のイタリア・リミニ大会では、井崎英典バリスタがアジア人初となる世界チャンピオンに輝きました。こうした結果は、日本のバリスタが世界のなかでもトップレベルの水準であることを物語っているといえるでしょう。

2013年、2015年、2018年の3度もJSCチャンピオンとなった、中山吉伸バリスタ

JSCの見どころは 無駄のない美しい動き

近年、再注目されているサイフォンの競技会が、「ジャパン サイフォニスト チャンピオンシップ（JSC）」です。もとはJBCのサイフォン部門としてスタートしましたが、年々規模が拡大したため、2007年に独立。2009年からは世界選手権である「ワールド サイフォニスト チャンピオンシップ（WSC）」も開始されました。

JSCで競われるのは、3杯のブレンドコーヒーの抽出と、そのブレンドコーヒーを使ったシグネチャービバレッジ。ドリンクのテーマ性や独自性のほか、テーブルコーディネートも審査の対象となり、さらには、動きに無駄はないか、サービスは衛生的かなど、細かな部分まで評価されます。その分観客は、競技者の趣向を凝らした美しいパフォーマンスが楽しめるのです。

知識とスキルが問われる カッピング競技

コーヒーの抽出技術だけでなく、スペシャルティコーヒーの概念の根幹であるカッピングの技術を競うのが、「ジャパン カップ テイスターズ チャンピオンシップ（JCTC）」。カッピングとはワインなどでいうテイスティングのことで、競技では3カップのなかから、1つだけ違う味のカップをカッピングにより選び出します。これを制限時間8分で8セット行うのですが、正解したカップ数に加え、かかった時間の速さも審査対象となるので、1カップの判断が

2017年JBrCの優勝者、上山薫バリスタの世界大会でのパフォーマンス

5秒程度という高いレベルが要求されるのです。

JCTCでの優勝者も、ほかの競技会優勝者と同様、日本代表として世界大会である「ワールド カップ テイスターズ チャンピオンシップ（WCTC）」の出場権が得られます。

広がりと深まりを見えるコーヒー競技会

2012年からは、ペーパードリップとネルドリップに特化した、「ジャパン ハンドドリップ チャンピオンシップ（JHDC）」も開始されました。

同展示会内のイベントではありませんが、SCAJが主催する競技会はほかにもたくさんあります。まずは2009年から始まった、カフェラテやカプチーノなどのデザインを競う「ジャパン ラテアート チャンピオンシップ（JLAC）」。芸術性や独創性のほか、再現性、サービスと衛生管理にまで審査が及びます。手先の技術にとどまらない、プロとしての高いスキルが必要です。

また、2012年からは豆の焙煎技術を競技化した「ジャパン コーヒー ロースティングチャンピオンシップ（JCRC）」が、2013年からはコーヒーにウイスキーなどのお酒を加える、コーヒーカクテルの大会「ジャパン コーヒー イン グッドスピリッツ チャンピオンシップ（JCIGSC）」が始動。そして2014年には、ペーパードリップ、ネルドリップ、フレンチプレス、エアロプレスなど、機械動力を使わない抽出器具による競技会「ジャパン ブリュワーズ カップ（JBrC）」が始まりました。そして、JCIGSCやJBrCなども、世界大会の日本予選を兼ねています。

JBC史上初の3度の優勝を成し遂げた、鈴木樹バリスタ。2017年に韓国ソウルで行われたWBCでは準優勝に輝いた

各種の世界大会で優勝したバリスタは、世界中のコーヒー関係者から注目を浴びることになります。ときには、優勝者が競技で使用した道具が話題となり、世界中から注文が殺到などということもあります。また、各国から集結したトップバリスタが情報交換することで、新たな潮流が巻き起こることも。コーヒーの世界大会は、トレンドやイノベーションを生み出す場でもあるのです。

コーヒーを愛する人たちにとって、さまざまな角度で楽しめる「コーヒー・チャンピオンシップ」。一度、足を運んでみてはいかがでしょう。

カップ・オブ・エクセレンス（COE）

カッピングで選ばれる最高中の最高のコーヒー

カップ・オブ・エクセレンス（COE）とは、各生産国で行われるコーヒー品評会のこと。数あるコーヒー品評会のなかでも、最も信頼のあるコンペティションといわれています。

生産者はコーヒー豆をロット（生産最小単位）ごとに出品し、まず国内審査が行われます。国内審査を通過した豆は最終的に各国から招聘された国際審査員のカッピングにより選考され、87点以上と評価された豆がその年のCOEの称号を獲得。さらに平均点で90点以上付けられた豆には、「プレジデンシャルアワード」として最高の栄誉が授与されます。まさに、「トップ・オブ・トップ（最高中の最高）」のコーヒー豆として、世界中から注目を浴びるのです。

COE審査会場の様子。左は、数多くのCOEでカッパー（審査員）を務める、丸山珈琲代表の丸山健太郎氏

インターネットオークションで世界中に向けて販売

この品評会のユニークな特徴は、選出された豆がインターネットオークションで販売されるところ。オークション当日、国内外の輸入会社やロースターは、その年最高の豆を落札しようと、虎視眈々としてモニターに向かいます。落札されたコーヒー豆は、入賞ロットにのみ渡されるシールが貼られ消費者に届けられます。そして、通常価格の何倍、場合によっては何十倍にもなる落札額のほとんどが、直接生産者に渡るのです。

国際相場への対抗からブラジルでプログラム始動

COEは、1999年にブラジルで開催されたコンペティションに端を発します。それは、低迷し続けるコーヒーの国際相場に対抗するため、国連と国際コーヒー機構の協力のもとで進められた、「グルメコーヒープロジェクト」の一環でした。そこで選ばれた豆が、当時としては破格の高値で落札されました。これが、業界の注目を集めることになったのです。

このプログラムにより、良質な豆を作れば正当な評価をされ、それに見合った金額で販売できるということが実証されました。この事実は、生産者の品質向上への意欲と生活の向上につながります。COEは、こうした生産者側の意識と、美味しい豆を

ブラジルCOEで数々の入賞歴を持つ、「セルトン農園」の看板

発掘できるという消費者側の情熱の懸け橋となったわけです。

COEを運営しているのは、「アライアンス・フォー・コーヒー・エクセレンス（ACE）」という、アメリカ・ポートランドに拠点をおくNPO団体です。これまでにCOEが行われたのは13ヵ国ですが、休止していたり、年度によっては行われない国もあったりと、多少変動があるものの、スペシャルティコーヒーの浸透とともに、COEの注目度も年々上がっています。

2020年は、新型コロナウイルス感染症拡大の影響により、国際審査員が生産国に集まることができませんでした。そのため、審査員のほうに豆を送る〝リモート方式〟で選考が行われました。視点を変えれば、さまざまな状況下における〝可能性〟を広げたといえるのかもしれません。

COE開催国と開始年（2021年現在）

- ブラジル（1999年～）
- グアテマラ（2001年～）
- ニカラグア（2002年～）
- エルサルバドル（2003年～）
- ボリビア（2004年～）
- ホンジュラス（2004年～）
- コロンビア（2005年～）
- コスタリカ（2007年～）
- ルワンダ（2008年～）
- ブルンディ（2012年～）
- メキシコ（2012年～）
- ペルー（2017年～）
- エチオピア（2020年～）

※ボリビアとルワンダは2021年時点休止中

COE入賞ロットであることを示すシールが貼られた商品。ほかの豆よりも高額だが、愛好家なら一度は味わってみたいコーヒーだ

コーヒー豆カタログ

農園や品種により、さまざまなキャラクターを持つスペシャルティコーヒー。数ある銘柄のなかから、44種類を厳選してご紹介します。
各欄の右下のアイコンは感じ取れるフレーバーを表現しており、241ページの「フレーバー分類表」とリンクしていますので、そちらのページも参考にしてください。アイコンは大小2パターンあり、大きいほうがより強く感じるフレーバーを表しています。

チョコレート系

ナッツ系
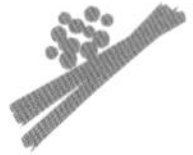
スパイス系

柑橘系

ベリー系

トロピカルフルーツ系

りんご系

ぶどう系

フローラル系

ブラジル・セルトン

優良産地で知られる、カルモ・デ・ミナス地区で最初にコーヒー栽培を始めたセルトン農園の豆。この農園を起点として「セルトングループ」を経営している。

フレーバーの特徴	チョコレート、アプリコット、アーモンド風味。きめ細かくなめらかな質感が心地よい。 
おすすめの焙煎度	中煎り

ブラジル・サマンバイア・パルプトナチュラル

サント・アントニオ・ド・アンパーロ町にある、サマンバイア農園のパルプトナチュラルで生産処理された豆。サマンバイアは、ブラジルCOE入賞経験のある名門農園。

フレーバーの特徴	カシューナッツ、キャラメル、ほのかなオレンジの風味。 
おすすめの焙煎度	中煎り

ブラジル・セニョール・ニキーニョ

Brazil

セルトン・グループが所有する農園のひとつ、セニョール・ニキーニョ農園の豆。ブラジルCOEでの入賞経験もあり、安定的に素晴らしいコーヒーを生産している。

フレーバーの特徴	りんご、カシューナッツの風味。  
おすすめの焙煎度	中煎り

ブラジル・アグア・リンパ・ナチュラル

Brazil

ミナス・ジェライス州クリスチーナ村にあるアグア・リンパ農園の豆。スペシャルティコーヒー作りの歴史が長く、この地域におけるパイオニア的存在の農園。

フレーバーの特徴	オレンジ、プルーン。なめらかな口あたり。  
おすすめの焙煎度	中煎り

ボリビア・アグロ・タケシ・ティピカ

Bolivia

標高1900～2400mに位置し、5850mのムルラタ山を一望できる、世界でも有数の標高を誇るコーヒー農園、アグロ・タケシ農園のティピカ種の豆。

フレーバーの特徴	ピーチ、チェリー、フローラルな風味。奥行きを感じる酸の質とスケール感が秀逸。 
おすすめの焙煎度	浅煎り、中煎り

ボリビア・アグロ・タケシ・ゲイシャ

アグロ・タケシ農園のゲイシャ種。特殊な地理的条件と、完璧な作業の積み重ねで生み出された、素晴らしい甘さと酸味のある豊かな風味と質感。

フレーバーの特徴	ジャスミン、レモンティー、マスカット、ピーチの風味。きめ細かい質感。 
おすすめの焙煎度	中煎り

ボリビア・アグロ・タケシ・レッドカトゥアイ

アグロ・タケシ農園のレッドカトゥアイ種の豆。「タケシ」には「人々を目覚めさせる」という意味があり、ムルラタ山からタケシ渓谷へと続くインカ時代から残る小道にちなむ。

フレーバーの特徴	アップル、プラム、チェリーの風味、なめらかな口あたり。 
おすすめの焙煎度	中煎り

ボリビア・ラス・アラシータス・ジャバ・ナチュラル

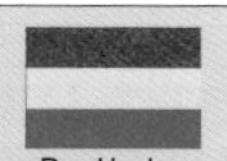

優良生産地カラナビのなかで、最も広い面積を持つラス・アラシータス農園のジャバ種。ラス・アラシータス農園は、この地域のひとつの模範例として存在している。

フレーバーの特徴	ストロベリー、マンゴー、カモミールの風味。シロップのような質感。 
おすすめの焙煎度	中煎り

ボリビア・タイピプラヤ

Bolivia

鉱山で働いていた人々がつくった「コロニー」と呼ばれるボリビア特有のコミュニティのひとつ、タイピプラヤ地区の豆。優良生産地カラナビから14kmほどの距離に位置する。

フレーバーの特徴	りんご、チェリー、 ヘーゼルナッツの風味。 
おすすめの焙煎度	中煎り

コロンビア・ロス・ノガレス

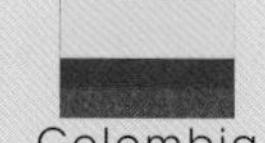
Colombia

2005年に始まったコロンビアCOEで初代チャンピオンを獲得した、ロス・ノガレス農園の豆。コロンビア西南部、ウィラ県の標高1720～1800mに位置する。

フレーバーの特徴	青りんご、グレープの風味。 ジューシーな味わい。 
おすすめの焙煎度	中煎り

コロンビア・ブエナ・ビスタ

Colombia

コロンビア中西部のトリマ県の南部、ガイタニアの町に位置するブエナ・ビスタ農園の豆。2015年のコロンビア・ノースCOEで優勝を果たした農園。

フレーバーの特徴	オレンジ、アプリコット、 ざくろの風味。  
おすすめの焙煎度	中煎り

コロンビア・ラ・マリア

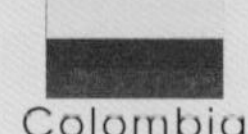

2017年のCOEで初参加ながら2位を獲得したラ・マリア農園の豆。熟度の高いチェリーだけを使い、ていねいな処理で高品質なナチュラルの豆を生産する。

フレーバーの特徴	ストロベリー、チョコレート、マンゴー、グレープの風味。 濃密な甘さ。 きめ細かな質感。 
おすすめの焙煎度	浅煎り、中煎り

パナマ・ママ・カタ・ゲイシャ

パナマの優良コーヒー生産地のひとつ、ボケーテ地区にあるママ・カタ農園のゲイシャ種の豆。この数年、ゲイシャ種の保護、栽培、研究に精力的に取り組んでいる。

フレーバーの特徴	ジャスミン、マスカット、ラズベリーの風味。 はちみつのような甘さ。 華やかな味わい。 
おすすめの焙煎度	浅煎り、中煎り

コスタリカ・モンテ・コペイ

「モンテ・コペイ」とは、農園ではなく、タラス地区にあるマイクロミルの名前。環境に合わせた生産方法で、品質向上に取り組んでいる生産処理場。

フレーバーの特徴	アプリコット、りんご、キャラメルの風味。 上品でミルキーな舌ざわり。 
おすすめの焙煎度	浅煎り、中煎り

コスタリカ・シン・リミテス

Costa Rica

シン・リミテスは、優良産地ウエストバリー地区ナランホにある、COEで数度の入賞経験を持つマイクロミル。ここでハニープロセスで生産処理された豆。

フレーバーの特徴	オレンジやマスカットの風味。 黒みつのような甘さに、 長く続くさわやかさが特徴。
おすすめの焙煎度	中煎り

コスタリカ・ブルマス

Costa Rica

セントラルバリー地区に位置するマイクロミル・ブルマスで、ハニープロセスにより生産処理された豆。オーナーのファン・ラモン氏は農学博士。

フレーバーの特徴	ダークチョコレートや キャラメルの風味。 後味に華やかさを感じる味わい。 
おすすめの焙煎度	深煎り

コスタリカ・エルバス

Costa Rica

優良産地ウエストバリー地区で2000年頃に創設された、マイクロミルの先駆者・エルバスの豆。オーナーはさまざまな品種の栽培・生産に取り組む生産者でもある。

フレーバーの特徴	青りんご、オレンジ、 チェリーの風味。 シロップのような甘さ。  
おすすめの焙煎度	中煎り

エルサルバドル・サンタ・エレナ

El Salvador

エルサルバドル西部のサンタ･アナ火山の斜面に広がる、サンタ･エレナ農園の豆。ミネラル豊富な火山灰が堆積した、肥沃な土壌でコーヒー栽培を行っている。

フレーバーの特徴	ナッツ、青りんごの風味。 きれいな後味で、バランスのよいコーヒー。 
おすすめの焙煎度	中煎り、深煎り

エルサルバドル・ラ・クンブレ

El Salvador

1872年に創設され、5世代にわたって家族に引き継がれてきた歴史あるラ・クンブレ農園の豆。レッドブルボン種、イエローブルボン種、パカマラ種、ゲイシャ種などを栽培する。

フレーバーの特徴	ピーチ、グレープ、 ブラックティーの風味。 クリーミーな質感。 
おすすめの焙煎度	中煎り

エルサルバドル・モンテ・シオン

El Salvador

モンテ・シオン農園は、ウルティア氏がアパネカ山脈周辺に所有する6つの農園のひとつ。「メソアメリカ生物回廊」と呼ばれる自然保護区域に位置している。

フレーバーの特徴	ダークチョコレート、 シガーの風味。  
おすすめの焙煎度	深煎り

ホンジュラス・エル・プエンテ・ゲイシャ

ラ・パス県チナクラにある、エル・プエンテ農園のゲイシャ種豆。COEには2004年の初回大会から参加し、2016年の大会ではゲイシャ種で1位に輝いた。

フレーバーの特徴	カモミール、青りんご、 メイプルシロップの風味。 きめ細かい質感。 華やかな余韻。 
おすすめの焙煎度	中煎り

ホンジュラス・エル・プエンテ・カトゥアイ・ナチュラル

エル・プエンテ農園のカトゥアイ種・ナチュラル処理の豆。農園主夫妻は高品質コーヒーの生産に大変熱心で、新たな生産処理にも積極的に取り組んでいる。

フレーバーの特徴	ストロベリー、ピーチ、ハーブ、 チョコレートの風味。 
おすすめの焙煎度	中煎り

ホンジュラス・オルランド・アリータ

西の国境に近いオコテペケ県に位置する、オルランド・アリータ氏の農園の豆。日本人を祖先に持ち、名字のアリータは「有田」に由来するという。

フレーバーの特徴	メイプルシロップや ピーチの風味。 甘さとまろやかな質感が特徴。 
おすすめの焙煎度	中煎り

ホンジュラス・ヘナーロ・アギラール

Honduras

ホンジュラスの西南部、インティブカ県にあるジャケリン農園の豆。「ヘナーロ・アギラール」とは、数度のCOE入賞経歴を持つ農園主の名前。

フレーバーの特徴	青りんごやミルクチョコレートの風味。シロップを思わせるなめらかな質感が特徴。 
おすすめの焙煎度	中煎り

ホンジュラス・サロモン・ベニテス

Honduras

インティブカ県カングアル村にある小規模生産者グループのリーダー、サロモン・ベニテス氏が作るコーヒー豆。COEに入賞した経験もある。

フレーバーの特徴	プラム、ダークチェリーの風味。しっかりとした甘さが特徴。 
おすすめの焙煎度	浅煎り、中煎り

グアテマラ・サン・ラファエル・ウリアス

Guatemala

コーヒーの名産地として有名な古都アンティグアにある、サン・ラファエル・ウリアス農場の豆。正銘のアンティグア産コーヒーであることの認証を受けている農園。

フレーバーの特徴	ピーチ、アプリコット、フローラル。きめ細かくなめらかな舌ざわり、ひろがる香りと甘さ。 
おすすめの焙煎度	中煎り、深煎り

グアテマラ・ラ・ベイヤ・パカマラ

Guatemala

グアテマラシティから北東100kmほどに位置する、シエラ・デ・ラス・ミナス地区アカサグアストランにある、ラ・ベイヤ農園の大粒種パカマラの豆。

フレーバーの特徴	アプリコット、ピーチ、 フローラルな風味。 なめらかでシルクを思わせる質感。 
おすすめの焙煎度	中煎り

グアテマラ・エル・インヘルト・パカマラ

Guatemala

優良生産地域ウエウエテナンゴの名農園として世界的に有名な、エル・インヘルト・ウノ農園の豆。COEで何度も優勝経験を持ち、安定的に素晴らしいコーヒーを生み出す。

フレーバーの特徴	グレープ、りんご、プラム、 ブラウンシュガーの風味。 クリーミーな質感。 バランスのよい味わい。 
おすすめの焙煎度	中煎り

グアテマラ・エル・サポーテ・ゲイシャ

Guatemala

グアテマラシティから南西75kmのアカテナンゴにあるエル・サポーテ農園のゲイシャ種。このあたりは、2006年頃から認識されるようになったコーヒーの産地。

フレーバーの特徴	ジャスミン、青りんご、 メイプルシロップの風味。 
おすすめの焙煎度	中煎り

グアテマラ・サン・ヘラルド

Guatemala

グアテマラシティの南部、アマティトラン湖が見渡せる場所にあるサン・ヘラルド農園の豆。生産処理場も営むオーナーは、品質向上のために毎年新たな試みを続ける。

フレーバーの特徴	ダークチョコレート、 キャラメル、 オレンジピールの風味。  
おすすめの焙煎度	深煎り

ドミニカ・ノエル・ディアス

Dominican Republic

ドミニカ共和国のなかでも特に標高の高い地域に位置する、ラス・メルセデス・デ・ドン・アルフレド農園の豆。海外から新しい技術を学ぶなど、さまざまな改良に熱心に取り組む農園。

フレーバーの特徴	ストロベリー、プルーンの風味。 黒糖のような甘さと クリーミーな質感。 
おすすめの焙煎度	中煎り

ニカラグア・ウン・レガロ・デ・ディオス

Nicaragua

ウン・レガロ・デ・ディオス農園は、ホンジュラスとの国境近く、ヌエバ・セゴビア県のディピルト-ハラパ山脈に位置する。現在の農園主になってから複数のCOE入賞を経験。

フレーバーの特徴	オレンジ、グレープ、 トロピカルフルーツ、 ブラックベリーの風味。 スーパースイート。 
おすすめの焙煎度	中煎り

ペルー・ラ・ロマ

Peru

ピウラ県ウアルマカのリモン・デ・ポルクジャという集落にある、ラ・ロマ農園の豆。農園は高いところでは標高2200mにもなる高地に位置し、上質な豆を生産している。

フレーバーの特徴	りんご、 メイプルシロップの風味。 
おすすめの焙煎度	中煎り

ペルー・アルト・ラグニジャス

Peru

プーノ県にあるアルト・ラグニジャス農園の豆。ブルボン種、ウオッシュト処理でパラボラ式乾燥台で乾燥。農園名は「高所の小さな湖」の意で、敷地内にある湖にちなむ。

フレーバーの特徴	オレンジ、はちみつ、 フローラルな風味。 滑らかな口あたり  
おすすめの焙煎度	中煎り

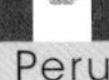

インドネシア・マンデリン・ワハナ

Indonesia

スマトラ島シディカランのワハナ農園で生産する豆。一般的にマンデリンはこの地方特有のスマトラ式で生産処理されるが、この豆はナチュラルで処理されている。

フレーバーの特徴	ダークチョコレートや メロンのような風味。 クリーミーで豊かな質感が持ち味。 
おすすめの焙煎度	中煎り、深煎り

インドネシア・スマトラ・アチェ・タケンゴン

Indonesia

スマトラ島北西部アチェ州、ラウトタワール湖周辺にあるタケンゴン町の小規模生産者のコーヒーが集められて作られる豆。深い青緑色は、スマトラ豆の特徴のひとつ。

フレーバーの特徴	ビターチョコレート、ハーブ、キャラメルの風味。豊かなボディとスパイシーな余韻。 
おすすめの焙煎度	深煎り

インド・カラディカン

India

インドコーヒーの約80%を生産するカルナータカ州に位置する、カラディカン農園の豆。野生動物や森林の保護のため、化学物質の使用は最低限に抑えられた土壌で栽培。

フレーバーの特徴	ブルーベリー、アーモンドの風味。  
おすすめの焙煎度	中煎り

ケニア・キニャリ・ピーベリー

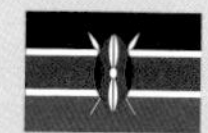

Kenya

首都ナイロビから125kmほど離れたキリニャガ県ルンゲトに位置する、キニャリ農園のピーベリー。キニャリ農園は、ケニアでは数少ない単一農園のひとつ。

フレーバーの特徴	カシス、オレンジ、黒糖の風味。ジューシーな味わい。 
おすすめの焙煎度	中煎り

ケニア・カグモイニ

Kenya

コーヒー栽培に好適な火山性土壌に覆われたニエリ地区にある、カマチャリア農協に所属する生産処理場、カグモイニ・コーヒーファクトリーで生産された豆。

フレーバーの特徴	ラズベリー、グレープ、マンダリンオレンジ、キャラメルの風味。 
おすすめの焙煎度	中煎り

エチオピア・ゴラ・コン

Ethiopia

ネンセボ川とウェルカ村の隣のアルシ地域にある、ゴラ・コンウォッシングステーションで生産された豆。ここで作られるコーヒーは、シダモ地域のコーヒーに分類される。

フレーバーの特徴	レモングラス、はちみつ、りんごの風味。 
おすすめの焙煎度	中煎り

エチオピア・シフェラウ・ジグソ・ベレーソ

Ethiopia

名産地イルガチェフェ地域の標高1900～2100mに位置する、シフェラウ・ジグソ・ベレーソ農園。伝統品種をアフリカンベットを使ったナチュラル処理で生産。

フレーバーの特徴	オレンジ、ストロベリー、ブルーベリーの風味。甘い後味。 
おすすめの焙煎度	中煎り

エチオピア・ニグセ・ゲメダ・ムデ

ニグセ・ゲメダ・ムデ氏が営む農園で、アフリカンベッドで自然乾燥させて生産される豆。2020年に開催された第1回のエチオピアCOEで、見事優勝を果たした。

フレーバーの特徴	ジャスミン、オレンジブロッサム、ピーチネクター、マンゴーの風味。丸みのある口当たり。とても甘く、複雑で華やかな味わい 
おすすめの焙煎度	中煎り

ブルンディ・ムバンガ

ブルンディ北西部のカヤンザ県にある、ムバンガ・ウォッシングステーションで、ウォッシュト処理、天日干しで生産される豆。2014年のCOEでは1位を獲得した。

フレーバーの特徴	ピーチ、アプリコット、 フローラルな風味。 クリーミーではちみつを思わせる甘さ。 
おすすめの焙煎度	中煎り

ブルンディ・キレマ

上記のムバンガ・ウォッシングステーションにおいて、特にキレマ地区の生産者が持ち込んだコーヒーチェリーのみを使って生産された豆。

フレーバーの特徴	ピーチ、アプリコット、 ほのかなジャスミンの香り。 絹のような舌ざわりとさわやかな余韻。 
おすすめの焙煎度	中煎り

Chapter 3

さまざまなコーヒーを楽しむ

ミルクや砂糖を入れるだけでなく
多彩なアレンジが楽しめるのもコーヒーの魅力。
定番アレンジから個性的なコーヒードリンク、
ラテアート、デザインカプチーノまでご紹介。
ぜひ挑戦してみてください！

Section 1
定番&個性派アレンジコーヒー

コーヒーの個性をストレートに味わったら、趣向を変えてアレンジコーヒーを楽しむのはいかがですか？ここではドリップなどで淹れたコーヒーを使うさまざまなアレンジをご紹介します。

アレンジで広がるコーヒーの世界

コーヒーが美味しく淹れられるようになったら、アレンジコーヒーを作ってみましょう。アレンジコーヒーには、そのままで飲むときとは異なる創造欲をかきたてられます。

　アレンジといっても、ミルクを加えるだけの定番のカフェオレから、シェイクして口あたりを変えるもの、コーヒーを煮出して作ったり、ゼリーにしてデザートのようなドリンクにしたり。さらにお酒と合わせたコーヒーカクテルまで多種多様。自由な発想でオリジナルな味わいを創造してください。

　アレンジコーヒーに入れる食材を選ぶ際の一例に、コーヒーが持つフレーバーと似たものを合わせる方法があります。フードペアリングの項でも紹介していますが、特にコーヒーの持つ酸の種類を基準にすると見付けやすくなります。たとえば、柑橘系のフレーバーを持つケニアのコーヒーと、オレンジやレモンなど柑橘系の果汁やジャムは相性抜群です。

　同じレシピのアレンジでも、ベースとなるコーヒーの銘柄を変えるだけで、また違った味わいになります。そのままではいまひとつ好みに合わなかった銘柄が、ミルクやチョコレートを加えることで意外な美味しさに変化するということも……。固定観念に縛られず、新たなコーヒーの世界に一歩踏み出してみませんか？

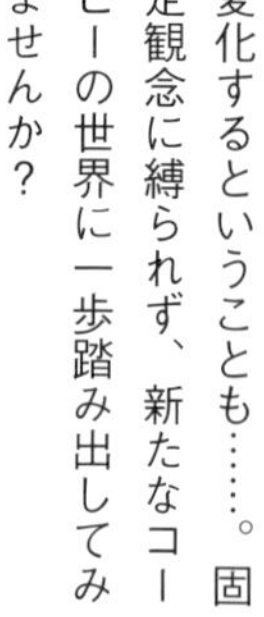

ほっとする優しい味わいの定番アレンジ

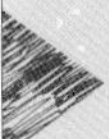

カフェ・オ・レ
Café au Lait

Ingredients 材料（1杯分）

深煎り・中挽きのコーヒー …… 150cc

牛乳 …… 150cc

How to make 作り方

1. 深煎りの豆を中挽きにし、コーヒーを150cc抽出する。
2. 鍋に牛乳を入れ、沸騰しない程度に温める。
3. ❷の鍋にコーヒーを入れ、ハンディブレンダーで攪拌する。
4. あらかじめ温めておいたカップに注ぐ。

おすすめの抽出方法

ペーパードリップ
（1杯分の豆量：12g）

おしゃれな
ウィーン風コーヒー

ウィンナーコーヒー
Wiener Kaffee

Ingredients 材料（1杯分）

深煎り・細挽きのコーヒー ……… 130cc
生クリーム ……… 適量（使用量は10g）

おすすめの
抽出方法
ペーパードリップ
（1 杯分の豆量：15g）
160cc のお湯で
130cc のコーヒーを抽出

How to make 作り方

❶ 生クリームをボウルに入れ、ブレンダーで固め（10分立て）に泡立てる。

❷ 深煎りの豆を細挽きにし、コーヒーを130cc抽出する。

❸ カップにコーヒーを入れ、❶の生クリームを10gのせる。

※生クリームの塊をコーヒーにのせると、溶けて表面に広がる。

濃厚なオ・レに、
優しいはちみつの香り

煮出し式はちみつ・オ・レ
Boiled Honey Café au Lait

Ingredients 材料（1杯分）

- 中煎りまたは深煎り・細挽きのコーヒー …… 17g
- 水 …… 120cc
- 牛乳 …… 80cc
- はちみつ …… 12g

How to make 作り方

1. 鍋に水とコーヒー粉を入れ、中火にかける。
2. 鍋肌がふつふつとしてきたら、牛乳を加える。
3. 再度ふつふつとしてきたら、火からおろす。
4. 目の細かい茶こしでこしてカップに注ぎ、はちみつを加える。

Memo

細挽きのコーヒー粉を鍋で煮出す、トルコ式コーヒーのような作り方です。茶こしは、網が二重になったものなど、目の細かいものを使うとよいでしょう。

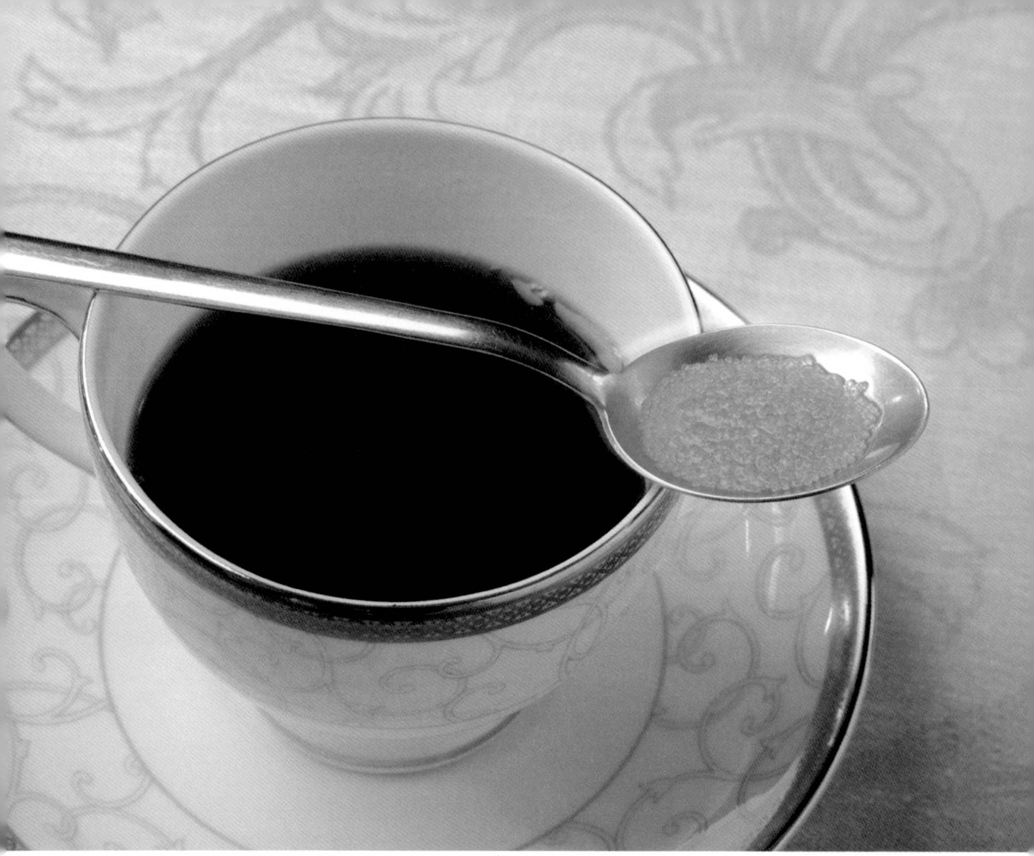

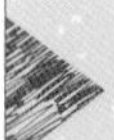

カフェ・ロワイヤル
Café Royal

Ingredients 材料（1杯分）

深煎り・中細挽きのコーヒー ……… 150cc

ブランデー ……… 2〜3滴（スプーンにのる量）

カソナード（ブラウンシュガー） ……… 1〜2g

おすすめの抽出方法

ペーパードリップ
（1杯分の豆量：13g）
175ccのお湯で
150ccのコーヒーを抽出

How to make 作り方

❶ 深煎りの豆を中細挽きにし、コーヒーを150cc抽出してカップに入れる。

❷ スプーンにカソナードを盛り、ブランデーを垂らして火をつける。

❸ 火が消えたらスプーンごとコーヒーに沈め、かき混ぜてから飲む。

カカオとコーヒーが
奏でる珠玉のハーモニー

ホット・モカ・ジャバ

Hot Mocha Java

Ingredients 材料（1杯分）

深煎り・細挽きのコーヒー	130cc
ブラックチョコレート	6g
生クリーム	適量
飾り用ブラックチョコレート	適量
グラニュー糖	適量

おすすめの抽出方法

ペーパードリップ
（1 杯分の豆量：15g）
160cc のお湯で
130cc のコーヒーを抽出

How to make 作り方

❶ 生クリームをボウルに入れ、ブレンダーで固め（9分立て）に泡立てる。
❷ ブラックチョコレートを刻んで小さなボウルに入れ、湯煎にかけて溶かす。
❸ 深煎りの豆を細挽きにし、コーヒーを130cc抽出する。
❹ ❸のコーヒー 10ccを❷に入れてよく混ぜる。
❺ カップに❸と❹を入れてよくかき混ぜ、上に❶の生クリームを20gのせて飾り用のチョコレートを刻んで飾る。

※好みでグラニュー糖を加える。

アイリッシュコーヒー
Irish Coffee

心も温もる
ホットカクテル

Ingredients 材料（1杯分）

中煎り・中挽きのコーヒー ……… 150cc
カソナード（ブラウンシュガー）……… 9g
アイリッシュウイスキー ……… 25cc
生クリーム ……… 40g

おすすめの抽出方法

ペーパードリップ
（1 杯分の豆量：25g）
200cc のお湯で
150cc のコーヒーを抽出

How to make 作り方

❶ 中煎りの豆を中挽きにし、コーヒーを150cc抽出する。

❷ グラスにコーヒーとカソナードを入れて混ぜる。

❸ ❷にアイリッシュウイスキーを入れる。

❹ シェイカーに生クリームを入れ、シェイクしてホイップしたら、❸の液面に浮かべる。

※生クリームのホイップは、ブレンダーなどでゆるめ（5 ～ 6分立て）に泡立ててもよい。

マーマレードの
ほろ苦さがアクセント

マーマレード・オ・レ
Café au Lait with Marmalade

Ingredients 材料（1杯分）

中煎りまたは深煎り・中挽きのコーヒー	125cc
牛乳	120cc
砂糖	8g
マーマレードジャム	20g

おすすめの抽出方法

ペーパードリップ
（1 杯分の豆量：15g）
150cc のお湯で
125cc のコーヒーを抽出

How to make 作り方

❶ 中煎りまたは深煎りの豆を中挽きにし、コーヒーを125cc抽出する。

❷ 牛乳に砂糖を加えて温める。

❸ ミルクフォーマーを温めて❷を入れ、泡立てる。

❹ 温めたカップにコーヒーとマーマレードジャムを入れてよく混ぜたら、❸のミルクを層になるように注ぐ。

※ミルクフォーマーの代わりにフレンチプレスを使っても泡立てられる。

トニックの刺激に
華やかな香りが広がる

ゲイシャトニック
Geisha Tonic

Ingredients 材料（1杯分）

中煎り・中挽きのゲイシャの
水出しコーヒー ……… 50cc

トニックウォーター ……… 100cc

氷 ……… 適量

How to make 作り方

❶ 中煎りのゲイシャの豆を中挽きにし、水出しコーヒーを作る。（分量や作り方はP92を参照）

❷ グラスに氷とトニックウォーターを入れる。

❸ ❶のコーヒー 50ccを、❷のグラスの氷に当てながら注ぎ入れる。

ピリッとしたトニックの刺激を感じるとともに、ゲイシャの華やかな香りが広がります。❸でコーヒーを氷に当てながら注ぐと、きれいな層ができやすくなります。

Memo

すっきりとして
優しい味わい

ミルクブリュー
Milk Brew Coffee

Ingredients 材料（1杯分）

中煎り・中挽きのコーヒー粉 …… 5g
牛乳 …… 200cc
氷 …… 適量

How to make 作り方

❶ 中煎りの豆を中挽きにし、牛乳に入れて10時間ほどおく。

❷ グラスに氷を入れ、❶を目の細かい茶こしでこしながら注ぐ。

水出しと同様に、コーヒー粉を牛乳に浸しておくだけです。コーヒーはほんのりと香る程度で、すっきりとした飲み口が特徴。お好みでガムシロップを加えてもよいでしょう。

Memo

日本酒アイスコーヒー
Iced Coffee with SAKE

相性のよさに驚く
意外なコラボレーション

Ingredients 材料（1杯分）

深煎り・中挽きの水出しコーヒー …… 適量
日本酒 …… 80cc

How to make 作り方

❶ 深煎りの豆を中挽きにして水出しコーヒーを作る。
（分量や作り方はP92を参照）

❷ ❶のコーヒーを製氷皿に入れて凍らせ、コーヒー氷を作る。

❸ グラスに日本酒とコーヒー氷を入れる。

日本酒は好みのものでOK。大吟醸タイプなら洗練された風味に、純米酒を使えば厚みのある味わいになります。氷が溶けていくにつれ、味が変化するのも楽しいでしょう。

Memo

のどごしが楽しい
デザートドリンク

コーヒーゼリーと黒みつのラテ

Coffee Jelly Latte with Brown Sugar Syrup

Ingredients 材料（1杯分）

深煎り・中細挽きのコーヒー …… 400cc
グラニュー糖 …… 20g
板ゼラチン …… 7g
牛乳 …… 100cc
黒みつ …… 10g
氷 …… 適量

おすすめの
抽出方法

ペーパードリップ
（豆量：50g）
ゼリーを作りやすい分量

How to make 作り方

❶ 板ゼラチンを冷水に浸し、もどしておく。

❷ 深煎り・中挽きの豆でコーヒーを400cc抽出したら、グラニュー糖を入れて溶かす。

❸ ❷に板ゼラチンの水気を絞って入れて溶かし、こし器でこしたら固まるまで冷やす。

❹ グラスに牛乳と黒みつを入れて混ぜ、❸のゼリー 50gを砕いて加えたら、氷を入れる。

Section 2
エスプレッソのアレンジ

**カフェでおなじみのカフェラテやカプチーノ。
美味しいエスプレッソができたら、
自宅でもチャレンジしてみましょう。
トップバリスタが基本とコツを伝授します。**

エスプレッソでも多彩なアレンジが可能

エスプレッソのアレンジといえば、たっぷりのミルクと合わせるカフェラテやカプチーノ。カフェメニューの定番としてすっかり根付いた、人気の高いドリンクです。店で飲むイメージが強いかもしれませんが、スチーマーが付いたエスプレッソマシンがあれば、自宅でも意外と手軽に作れます。

このセクションでは、基本のドリンクと愛らしいラテアートの作り方を、本書監修者がオーナーを務める「丸山珈琲」のトップバリスタが伝授。２１０ページからは、定番アレンジに加え、意外な食材やアルコールと組み合わせた、個性派アレンジドリンクを紹介します。濃厚なエスプレッソは、ふつうのコーヒーとはまた違ったアレンジが楽しめます。ぜひ、いろいろ試してみてください。

シアトル系から浸透したエスプレッソドリンク

カフェラテ、カプチーノ、マキアートは、エスプレッソとミルクだけで作る人気のドリンク。発祥はイタリアですが、日本では、アメリカ・シアトルを中心とした地域で独自に発展した、いわゆる〝シアトル系〟コーヒーショップの上陸により広まりました。一般的に、３つのドリンクには左ページのような違いがありますが、はっきりとした定義はなく、レシピは国やお店によってまちまちです。

こうしたドリンクには、スチーミング（蒸気で温めること）したミルクを使います。これは「フォームドミルク」や「スチームドミルク」などと呼ばれます。さらに、前者は泡状のもの、後者は液状のものなどと区別して呼ばれることもありますが、ここでは便宜上すべて「ミルクフォーム」で統一します。

カフェラテ、カプチーノ、マキアートの違い

カフェラテ

イタリア語で「カフェ（Caffè）」はコーヒー、「ラテ（Latte）」はミルクのこと。基本的にはエスプレッソと温めたミルクを合わせたもので、ミルクの温め方はスチーミングとは限らない。エスプレッソとミルクの割合にも規定はないが、大きめのカップやグラスにエスプレッソをワンショット（約 30cc）入れ、ミルクをたっぷりと注ぐことが多い。3 つのなかでは、ミルクの割合が最も多い傾向がある。
シアトル系では単に温めたミルクではなく、スチームドミルクとフォームドミルクが使われ、イタリア系のカプチーノとほぼ同じイメージであることが多い。

マキアート

「マキアート（macchiato）」とは、イタリア語で“しみの付いた”の意。由来は、エスプレッソに注いだミルクがしみのように見えるためだといわれる。小さなカップにエスプレッソをワンショット入れ、ミルクフォームを注いだものが一般的。カップが小さいため、カプチーノよりもエスプレッソの割合が多く、色合いも濃い。
また、エスプレッソにミルクフォームを注いだものを「カフェ・マキアート」、先にミルクフォームをカップに入れ、あとからエスプレッソを注いだものを「ラテ・マキアート」として区別することもある。

カプチーノ

「カプチーノ（cappuccino）」という言葉は、カトリック教の一派・カプチン会の修道士がかぶっていた頭巾「カプッチョ（cappuccio）」が語源。カプチーノの色が、修道士が着ていた頭巾付きの僧服の色に似ていることに由来しているといわれる。一般的には、カプチーノカップにエスプレッソをワンショット入れ、ミルクフォームを縁まで注ぐイメージ。ミルクフォームを注ぐと泡の部分が分離して浮き上がり、写真のようにフォームの層ができる。
また、店によっては液状のスチームドミルクと泡状のフォームドミルクに分け、双方を 1：1 の割合にするところもある。さらに、フォームドミルクの割合が多いものを「ドライカプチーノ」、スチームドミルクの割合が多いものを「ウェットカプチーノ」と呼ぶ場合もある。

ラテアートに挑戦！

ラテアートとデザインカプチーノ

　カプチーノの表面に絵を描く場合、ピッチャーを使ってミルクフォームを注ぐだけでハートやリーフの形を作る方法と、さらにピックなどを使ってクレマ（→P84）やココアパウダーで線を描く方法があります。前者を「フリーポアラテアート」、後者を「デザインカプチーノ」と呼ぶこともありますが、特に規定はありません。

　ラテアートは、クレマの茶色とミルクフォームの細かい泡とのコントラストで絵を描くため、きちんとクレマができたエスプレッソを作ることが、最初のステップです。

用意する道具

エスプレッソマシン

ミルクを泡立てながら温めるスチーマー付きのエスプレッソマシンを使用することが望ましい。ハンディタイプのミルクフォーマーは、カプチーノを作ることはできるがきれいな絵を描くのは難しい。エスプレッソの抽出は82ページを参照。

ミルクピッチャー

さまざまな色や形、大きさ、厚みのものがあるが、使用するミルクの倍量程度が入るサイズのものが適当。注ぎ口の形によってミルクの流れ方が異なり、また、厚みが変わるとミルクを温めるときに手に伝わる温度も変わる。常に同じものを使うことが上達のコツ。

カプチーノカップ

底に丸みがあるもののほうが、ミルクを注いだときにきれいな対流が起きるのでおすすめ。繊細な絵を描く場合や初心者は、口径が広いカップのほうが描きやすい。

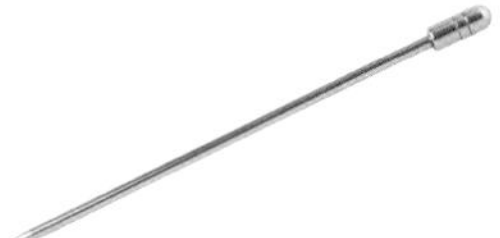

ピック

デザインカプチーノを作る際、線を描くのに使用する。つまようじなどで代用してもよい。

スプーン

デザインカプチーノなどで、表面にミルクの泡をのせるのに使用する。

ミルクフォームについて

ミルクの用意

使用するミルクは、一般的な成分無調整牛乳がおすすめ。低脂肪牛乳などの成分調整牛乳や、濃厚な加工乳でも作ることは可能だが、味わいのバランスが崩れたり、泡立ちがよくない場合があったりするので注意が必要。
スチーミングするときは、必ず冷蔵庫から出したばかりのよく冷えたミルクを使う。ぬるいミルクを使用すると、充分泡が立たないうちに温度が上がってしまい、状態のよいミルクフォームにならないのだ。
ラテアートを行う際、使用するミルクの量は、カップに注ぐ量より少し多めにしたほうが描きやすい。たとえば、150cc入るカプチーノカップなら、ワンショットのエスプレッソ30cc分を引いた120ccより少し多めの150ccをピッチャーに入れる。なお、ピッチャーが小さいとスチーミングの対流でミルクがあふれてしまうので、倍量の300cc入る大きさのものが適当である。

質のよいフォーム（泡）を作る

ラテアートに使うミルクフォームは、光沢が出るほどキメが細かく均一で、もったりとした質感のあるものに（写真右）。泡が粗く均一でないミルク（写真左）では、きれいなコントラストが描けないうえ、エスプレッソとうまく混ざり合わないため、カプチーノ自体の味わいも落ちる。
スチーミングする際、蒸気の吹き出し口がミルクの表面にあるほうが空気を取り込んで泡が立ちやすいが、あまり激しく波立つと大きな泡になって、均一になりにくい。適度に上下させて調整するとよい。

Advice 手入れも大切

スチームノズルはきちんと手入れをしないと、管内部にミルクが詰まってしまう。一度スチーミングしたら、そのつど空ぶかしして中のミルクを噴き出させ、外側もぬれぶきんなどできれいに拭き取ること。
熱でミルクが焦げ付いた場合は、湯を入れたピッチャーなどに浸し、焦げをゆるめてから空ぶかしや拭き取りをするとよい。そのほかの手入れ方法は機種によって異なるので、説明書を見ながら定期的にメンテナンスしよう。ていねいな手入れも、美しく美味しいカプチーノを作る大切なポイントだ。

ミルクのスチーミング

1

スチームノズルの先にぬれぶきんなどを当て、ノブを全開にして空ぶかしする。※空ぶかしをするのは、ノズル内部に溜まった湯を抜くため。

2

ミルクを入れたピッチャーにノズルの先を深めに差し込み、ノブを全開にする。動き出したらノズルの先を浅めにして、空気を巻き込ませる。

3

再びノズルを深めにし、キメを整える。※家庭用のマシンは力が弱いので、ノズルをピッチャーの縁近くに当てると、対流が起こって泡立ちやすい。

4

ピッチャーが持てなくなるくらいに熱くなったら、ノブを閉めてからノズルからはずす。ぬれぶきんを当て、空ぶかしして中のミルクを出す。

5

ピッチャーの底を台に軽く打ち付け、大きな泡を潰す。

6

ピッチャーを軽く回して、全体を均一にする。※すぐに泡が分離してくるので、できるだけ早くエスプレッソに注ぐこと。

基本の丸を描く

エスプレッソに注いだミルクフォームがどのような動きをするのか、
まずは練習を兼ねて基本の丸を描いてみましょう。

1

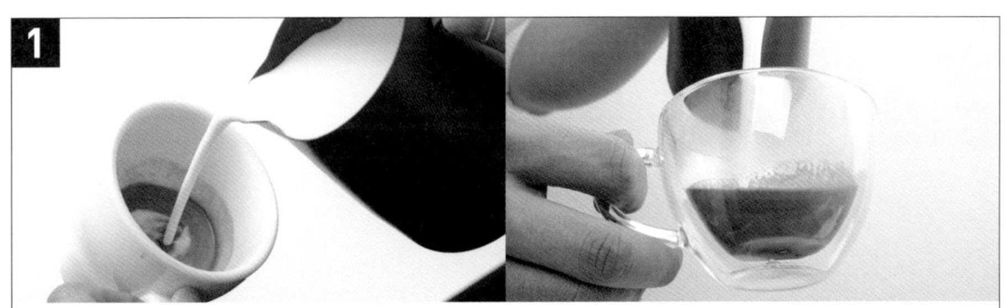

カップを手前に傾け、
少し高めの位置から
ミルクフォームを注ぐ。

高い位置から注ぐと、
勢いがついてエスプレッソの
底のほうに潜り込む。

2

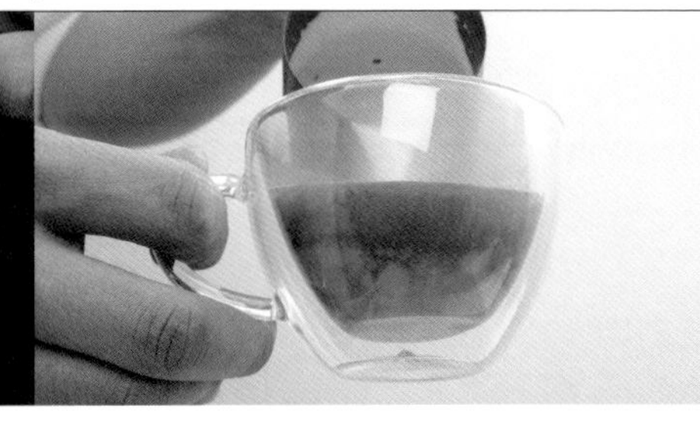

量が増えて液面が上がってきたら、
カップを少しずつ起こしながら
注ぎ口を液面に近付ける。

底のほうで対流が起こり、ミルクが混ざっている。
注ぎ口を液面に近付けると勢いがなくなり、
ミルクが浮かぶ。

3

Finish!

カップを起こしながら、
液面に泡をのせるような気持ちで、
縁いっぱいになるまで注ぐ。

ピックにクレマを付け、
ミルク部分に好きな文字や絵を描けば、
デザインカプチーノの出来上がり。

ラテアート❶

ハート

基本の丸が描けたら
中央を縦断させるだけでハートの完成

Point!

最後に縦断させるタイミングは
焦らずに！

Process

1

カップを手前に傾け、
ミルクを注ぎ始める。

2

ミルクが底に潜り込むよう、
少しピッチャーの位置を高くして
勢いをつける。

3

液面が上がってきたら、
ピッチャーをカップに近付け、
液面に当たる場所を手前に寄せる。

4

ミルクが浮かび上がってきたら、
カップを起こしつつピッチャーを
軽く左右に振り、丸を広げる。

5

液面が充分上がってきたら、
中央を切るように手前から
奥へ向かって縦方向に動かす。

6

ピッチャーを斜めに上げながら、
ハートの角を出すようにスッと離す。

ラテアート❷

リーフ

「ロゼッタ」とも呼ばれる
ラテアートの定番

Point!
左右に振るときは
細かくリズミカルに

Process

1

カップを手前に傾け、
ミルクを注ぎ始める。

2

ミルクが底に潜り込むよう、
少しピッチャーの位置を高くして
勢いをつける。

3

半分くらいまで注いだら、注ぎ口を近付け、
液面の中央より少し奥あたりに
移動させる。

4

ミルクが表面に浮き上がってきたら、
ピッチャーを左右にゆっくり振る。

5

外側の柄が縁に沿って広がってきたら、
振り幅を小さくしながら
手前に後退させる。

6

液面がカップの縁まで上がる直前に、
手前から奥に向かって切るように進め、
スッと上げる。

ラテアート❸

チューリップ

春の訪れを思わせる
ぽつんと咲いた可憐な花

Point!
1つめと2つめの丸の間を
しっかり空ける

Process

1

カップを手前に傾け、
ミルクを注ぎ始める。

2

ミルクが底に潜り込むよう、
少しピッチャーの位置を高くして
勢いをつける。

3

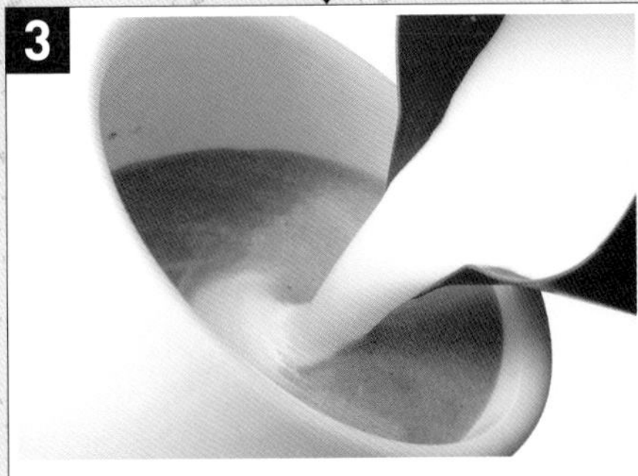

ミルクが浮かび上がってきたら
注ぎ口を近付け、
軽く左右に振って丸を作る。

4

中くらいの丸ができたら、
少し奥に押すようにして引き上げる。

5

1つめの丸の手前に
小さな丸を浮かべるように注ぐ。

6

Finish!

2つめの丸の手前から1つめの丸を貫くように、
ピッチャーを前進させてスッと上げる。

デザインカプチーノ ①

うさぎ

チャームポイントの耳を
しっかり描いて可愛らしく！

Point！

耳を描いてから
顔を丸く広げる

Process

基本の丸の要領で、
少し手前に小さな丸を作る。

注ぎ口を手前からゆっくり縦に動かし、
途中で止める。

止めた場所で奥側に丸を作る。

輪郭の完成。

カップを逆向きに置き、
ピックで表面のクレマを取って、
耳、目、鼻、口を描く。

両頬から外側に向かって
ヒゲを描いたら出来上がり。

デザインカプチーノ ②

くま

思わず心が和む
ほんわか丸顔のくまさん

Point!
口元の丸を
しっかり押し込むように描く

Process

基本の丸の要領で、
大きめの丸を作る。

奥に少し押すイメージで、
いったんピッチャーを上げる。

大きな丸のすぐ手前に小さな丸を描き、
中に押し込むようにしながら注ぐ。

カップを起こしながら、
縁いっぱいになるまで注いだら、
輪郭の完成。

カップを置き、ピッチャーに残った泡を
スプーンで取って浮かべ、耳を作る。

ピックでクレマを取り、
耳、目、鼻、口を描けば出来上がり。

デザインカプチーノ ③

スノーマン

帽子と手袋がポイント！
寒い季節の人気者

Point！

注ぎ終わりを手前に引いて
角を出す

Process

1

基本の丸の要領で、
大きめの丸を作る。

2

奥に少し押すイメージで
いったんピッチャーを上げたら、
手前に小さな丸を作る。

3

カップを起こしながら、
大きな丸に小さな丸を
押し込むようにして注ぐ。

4

縁いっぱいになるまで注いだら、
最後は手前に引いて角を出す。

5

カップを逆向きに置き、
ピックでクレマを取って帽子を描く。

6

Finish!

さらに目、鼻、口、ボタン、手袋を描けば、
スノーマンの出来上がり。

ラテアートのバリエーション

Triple Tulip

3連チューリップ

チューリップを作ったら、さらに手前に小さな丸を作って縦に貫くように線を引けばOK。

Quadruple Tulip

4連チューリップ

トリプルにもうひとつ花を足して。押し込みすぎて、花の中に次の花が入り込まないように注意。

Heart in Heart

ハート・イン・ハート

くまやスノーマンで作ったような小さな丸を、大きな丸の中央まで押し込んでから縦に線を引く。

Heart in Heart (Triple)

ハート・イン・ハート（3重）

ハート・イン・ハートの中に、さらに小さい丸を押し込んで。押し込むときに、外側が奥に逃げないように。

Leaf and Little Heart

リーフとミニハート

リーフの傍らに小さなハートが飛ぶ、可愛らしいデザイン。2つの図柄を描くときは、位置に注意。

Tulip and Double Leaf

チューリップとダブルリーフ

複数の図柄は、位置、ミルクを注ぐ量、描くタイミングの配分を計算。難易度が高いプロの技だ。

手軽にアレンジ！ フレーバーラテ

カフェラテやカプチーノが作れれば、シロップを加えるだけで、さまざまなフレーバーラテが楽しめます。シロップの量は好みですが、ここでは150ccのカップに5ccのシロップを使用。あらかじめシロップを入れたカップにエスプレッソを抽出すると、全体に混ざりやすくなります。シロップによっては、柑橘系やイチゴなど酸味の強いものを使うと、ミルクが凝固する場合があるので注意しましょう。

Rose

ローズフレーバー
バラの香りが口中に広がる、華やかなフレーバーラテ。優雅に過ごしたいティータイムにぴったり。

Vanilla

バニラフレーバー
コーヒーの香味をしっかりと残しつつ、甘い香りがふわっと立ち上る。万人に好まれる、王道の味わい。

Hazelnut

ヘーゼルナッツフレーバー
香ばしいコクのなかに、ほんのりとした苦味が心地よい。ナッツ系のフレーバーを持つコーヒーで作ってもおもしろい。

Caramel

キャラメルフレーバー

コーヒーの苦味を損なわずに、さらに香ばしい苦味がプラス。キャラメル好きにはたまらないラテ。

Coconut

ココナツフレーバー

甘いココナツの香りが、まさにトロピカルな雰囲気にしてくれるラテ。味より香りを楽しみたいときに最適。

Chai Tea

チャイフレーバー

後味が烏龍茶に変わる、オリエンタルで不思議な味わい。意外なマッチングの、個性派フレーバーラテ。

Chocolate Cookie

チョコレートクッキーフレーバー

クッキーの甘さとバターの香り、チョコレートのビターな味わい。複雑ながら一体感のある仕上がり。

エスプレッソの
定番&個性派
アレンジ
Arranged Espresso

アイス・アメリカーノ Iced Americano

Ingredients 材料（1杯分）

エスプレッソ（中深煎り）……1ショット（約30cc）
水（ミネラルウォーター）……90cc
氷……約60g

How to make 作り方

❶ グラスに氷を入れる。
❷ エスプレッソをワンショット抽出する。
❸ ❷を氷に当てながら❶に入れる。
❹ ❸に水を注ぎ入れる。

エスプレッソにお湯を入れるスタイルを「アメリカーノ」といいます。飲みやすいのに深みのある、アイスコーヒーとはまた違った味わいです。

Memo

アイスラテ Iced Caffè Latte

Ingredients 材料（1杯分）

エスプレッソ（中深煎り） 1ショット（約30cc）
牛乳 …… 80cc
氷 …… 約60g

How to make 作り方

❶ グラスに氷を入れる。
❷ エスプレッソをワンショット抽出する。
❸ ❷を氷に当てながら❶に入れる。
❹ ❸に牛乳を注ぎ入れる。

ミルキーな口あたりながらも、さっぱりとした後味が魅力です。ガムシロップを入れれば、お子さまでも飲みやすいコールドドリンクになります。

Memo

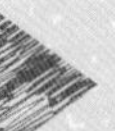

シェケラート
Shakerato

Ingredients 材料（1杯分）

エスプレッソ（中～深煎り）……2ショット（約60cc）

カソナード（ブラウンシュガー）……8g

氷（キューブ）……6個程度

How to make 作り方

❶ エスプレッソをダブルショット抽出する。

❷ シェイカーにエスプレッソ、カソナード、氷を入れてシェイクする。

❸ フルートグラスなどに注ぐ。

ふわりとした泡の口あたりを感じたあと、ビターな味わいのなかに、カソナードの素朴で優しい甘味が追いかけます。グラスは、泡がきれいに見えるフルートグラスがおすすめです。

Memo

マロッキーノ Marocchino

Ingredients 材料（1杯分）

エスプレッソ（深煎り）…… 1ショット（約30cc）
牛乳 …… 150cc
チョコレートシロップ …… 20g
カカオパウダー …… 2g
飾り用カカオパウダー …… 適量

How to make 作り方

❶ 容器にチョコレートシロップとカカオパウダー 2gを入れ、よく混ぜる。

❷ エスプレッソを抽出し、❶に加えてよく混ぜる。

❸ 牛乳をスチーミングし、❷のカップに注ぐ。

❹ 飾り用のカカオパウダーを茶こしで振る。

Memo

「マロッキーノ」とは、“モロッコ風の”“モロッコ人”という意味。名前の由来ははっきりしませんが、イタリア・ミラノで人気のドリンクです。表面のカカオパウダーが苦味のアクセントに。

エスプレッソ トニック

Espresso Tonic

Ingredients 材料（1杯分）

エスプレッソ（深煎り）……2ショット（約60cc）

トニックウォーター……160cc

氷……適量

How to make 作り方

❶ エスプレッソをダブルショット抽出する。

❷ グラスに、氷、トニックウォーターを入れたら、抽出したエスプレッソを層になるように注ぐ。

※氷に当てながら注ぐと層になりやすい

トニックウォーターのピリッとした刺激と、深煎りエスプレッソの苦味が重なり合った、シャープな味わい。後味もすっきりしており、食中のドリンクとしてもぴったりです。

Memo

カフェ・モカ Caffè Mocha

Ingredients 材料（1杯分）

エスプレッソ（深煎り）…… 1ショット（約30cc）

牛乳 …… 150cc

チョコレートシロップ …… 20g

How to make 作り方

❶エスプレッソを抽出する。

❷カップにチョコレートシロップを入れ、抽出したエスプレッソを注いでよく混ぜる。

❸牛乳をスチーミングして、❷に注ぐ。

シアトル系のお店などでおなじみの定番メニュー。チョコレートとコーヒーのハーモニーをまろやかなミルクが包み込み、大人にも子どもにも好かれる味わいです。

Memo

アフォガート　Affogato

Ingredients　材料（1杯分）

エスプレッソ（深煎り）…… 1ショット（約30cc）

バニラアイスクリーム …… 100g

How to make　作り方

❶ エスプレッソを抽出する。

❷ 器にバニラアイスクリームを盛り、食べる直前にエスプレッソをかける。

Memo

ストロベリー味のアイスクリームに、ストロベリーフレーバーを持つコーヒーを合わせるなど、ペアリングのようにアイスとコーヒーの組み合わせを考えるのも楽しいです。

エスプレッソ・バナナシェイク
Espresso Banana Shake

Ingredients 材料（1杯分）

エスプレッソ（深煎り）……1ショット（約30cc）
バナナ……1本
牛乳……60cc
バニラアイスクリーム……60g
グラニュー糖……6g
氷（キューブ）……5個

How to make 作り方

❶ エスプレッソを抽出する。

❷ ブレンダーに抽出したエスプレッソ、バナナ、牛乳、バニラアイスクリーム、グラニュー糖、氷を入れる。

❸ なめらかになるまで攪拌したら、グラスに注ぐ。

比較的さらりとした、飲みやすい仕上がりのシェイクです。バナナの風味にエスプレッソのほろ苦さがほんのりと加わり、甘すぎない大人の味わいが魅力です。

Memo

トリプル・マロン・ラテ　Triple Marrons Caffè Latte

Ingredients　材料（1杯分）

エスプレッソ（中煎り）……1ショット（約30cc）
マロンクリーム……10g
栗のはちみつ……1g
カソナード（ブラウンシュガー）……3g
牛乳……100cc
栗（甘露煮）……1g

3種類の栗の加工品を使ったホットドリンクで、ほっこりとした味わいが秋を感じさせます。表面にのせた栗のみじん切りは、食感のアクセントにもなります。

Memo

How to make　作り方

❶ エスプレッソを抽出し、カップに入れる。

❷ ピッチャーにマロンクリーム、栗のはちみつ、カソナード、牛乳を入れ、しっかり混ぜ合わせる。

❸ ❷をスチーミングして、❶のカップに注ぐ。

❹ 栗をみじん切りにして、表面にそっとのせる。

エスプレッソ・マティーニ
Espresso Martini

Ingredients 材料（1杯分）

エスプレッソ（深煎り）……2ショット（約60cc）

ウォッカ……20cc

ホワイトカカオリキュール……10cc

はちみつ……5g

氷（キューブ）……6個

How to make 作り方

❶ エスプレッソを抽出する。

❷ シェイカーに、エスプレッソ、ウォッカ、ホワイトカカオリキュール、はちみつを入れ、はちみつが溶けるまでバースプーンなどで混ぜる。

❸ ❷のシェイカーに氷を入れてシェイクし、グラスに注ぐ。

苦味と甘味のバランスが絶妙で、はちみつとカカオの風味がアクセントに。ふわりとした口あたりも心地よく、つい飲みすぎてしまいそうなカクテルです。

Memo

Kentaro's Column

コーヒーと出会って コーヒーに魅せられて

vol.2

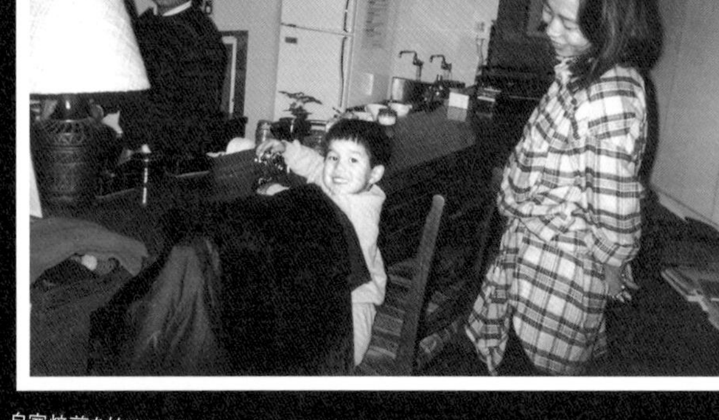

自家焙煎を始めた頃。カウンター越しにお客様と談笑

ひとつの出会いが自家焙煎の世界へ

喫茶店を始めたものの、何か違和感を感じていた頃。コーヒーカップを購入した縁で知り合った器専門店店主に、自家焙煎をすすめられました。彼はコーヒー愛好家でもあったのです。ものは試しと、東京の自家焙煎コーヒー店をいくつか訪れることにしました。

実際に行ってみると、それぞれの店がそれぞれの方法でコーヒーと真剣に向き合い、コーヒーのみで勝負している。その職人魂を目の当たりにしたとき、これは一生の仕事としてやりがいのある世界だと思いました。

家に戻り、早速手網の焙煎器を購入して焙煎してみました。もちろん上手にできるはずはなく、それはひどいものでした。以後しばらく、私の家族はテスト焙煎のまずいコーヒーを飲まされることになります。

焙煎三昧のなかに次なる疑問を発見

小型の焙煎機を購入し、コーヒーの自家焙煎店を始めてからは、毎日が焙煎のためにありました。試行錯誤のうえに出来上がった焙煎豆を持って上京し、師匠に飲んでもらう。往路で自信たっぷりだった気持ちは、帰りにはすっかり揺らいでいる。〝最高の焙煎〟を探るため、右へ行き、左に傾き、ときには元に戻ってみたり……。

そんな生活を9年ほど過ごすうちに、次第に別の疑問が湧いてきました。「焙煎さえよければいいのか？」

確かに、焙煎を失敗したら美味しいコーヒーにはなりません。もちろん、抽出の巧拙も味を左右します。では、「コーヒー豆」という素材はどうなのか？

折しも、日本の喫茶店が、世界のコーヒーシーンが、変化し始めていた時期でした。

Chapter 4

コーヒー上級者を目指そう！

美味しいコーヒーが淹れられるようになったら
次の段階へと進んでみませんか？
マイブレンドを作ったり
自家焙煎に挑戦してみたり
コーヒーの世界はまだまだ広がっています。

Section 1 フードペアリング

「フードペアリング」とは食材の組み合わせのこと。
近年コーヒーにおいても盛んに行われており、
深煎り、カプチーノといったタイプだけでなく
「豆」にこだわったペアリングも楽しまれています。

美味しさを増幅させる幸せな関係

近年、「フードペアリング」という言葉をよく耳にするようになりましたが、これはいわゆる〝食材の組み合わせ〟のこと。コーヒーにおいても例外ではなく、セミナーなどが開かれることも多くなっています。

コーヒーのお供といえば、まずお菓子が思い浮かぶでしょう。ひと昔前は〝コーヒーの苦味で甘くなった口をさっぱりさせる〟という考え方が主流でした。もちろんそれもよいのですが、最近のフードペアリングでは、〝打ち消す〟のではなく、〝増幅させる〟という考え方が主流です。

ペアリングにおけるセオリーは、コーヒーと食べ物の味わいの方向を揃えること。たとえば、深煎りコーヒーにミルクを入れるカフェオレは、香ばしくクリーミーなキャラメル系のケーキや、バターを練り込んで焼き上げるクロワッサンがよく合います。濃厚な苦味のあるエスプレッソなら、甘味と苦味を楽しむチョコレート系と好相性です。このように、正反対のものより、同じ風味や質感のものを合わせると、美味しさが倍増するというわけです。

酸味を合わせることで意外な楽しみも発見

コーヒーのフードペアリングにおいておすすめしたいのが、〝酸味を合わせる〟こと。スペシャルティコーヒーの登場以来、酸味は避けるべき嫌なものではなく、コーヒーのキャラクターを表す好ましいものという認識が定着してきました。〝酸味〟といっても、柑橘系のさわやかな酸味だったり、熟した甘味をともなうトロピカルフルーツのような酸味だったりと、産地や生産処理方法によって種類は多彩です。食材と合わせる際にこの酸味の種類に注目すると、一

コーヒータイプ別ペアリングの例

タイプ	相性の傾向	お菓子の例
浅〜中煎り	酸味が際立つので、フルーツを使ったケーキやあっさりとしたお菓子が合う	フルーツタルト 軽めの焼き菓子　など
深煎り	しっかりとした苦味を感じる深煎りには、こってりしたお菓子が合う	クリームを多く使ったケーキ どっしりとした焼き菓子　など
カフェオレ・カフェラテ	ミルクをたっぷり使ったドリンクは、同じく乳製品を使ったお菓子やパンが合う	キャラメル系のケーキ クロワッサン　など
エスプレッソ（深煎り）	苦味が強いので、深煎りと同様にこってりしたケーキや、苦味のあるお菓子が合う	ナッツ系、チョコレート系 クリームを多く使ったケーキ　など

コーヒー産地別ペアリングの例

地域	フレーバーの傾向	合わせるお菓子の例
中米 **（パナマ、コスタリカなど）**	さわやかな酸とさまざまなフルーツ、チョコレート系	柑橘系フルーツを使ったケーキ
南米・高地 **（コロンビア、エクアドルなど）**	チョコレート系、 しっかりとした酸	チョコレートや チョコレート味のお菓子
南米・低地（ブラジルなど）	ナッツ系	ナッツやナッツ系のお菓子
アジア（インドネシアなど）	スパイシーな風味、ボディ感	スパイスを使ったお菓子
東アフリカ **（ケニア、エチオピアなど）**	フローラルで、 はっきりとした酸	ベリー系のフルーツを使ったケーキ

歩進んだペアリングが可能に。柑橘系の酸味を持つコーヒーならレモン味のケーキを、ベリー系の酸味を持つコーヒーならいちごやブルーベリーのタルトとともに、といった具合です。また逆に、コーヒーだけではわかりにくいフレーバーが、同じ風味の食べ物と合わせると、味が重なってフレーバーがとりやすくなるという場合もあります。

上の表では、おおまかな分け方でコーヒーと食べ物の相性を紹介しています。ただし、国だけでなく地域や生産処理でもコーヒーのフレーバーは異なってくるので、本書のコーヒー豆カタログ（P160〜）や、ビーンズショップなどで販売されている豆のフレーバーコメントなどを参考にするとよいでしょう。

次のページからは、コーヒーと相性のよいパンをはじめ、和菓子やチーズなど少し意外なものまで、フードペアリングの具体例をご紹介します。

トースト

カリッと焼いたトーストは、コーヒーとの相性抜群。さまざまな種類のコーヒーと合わせやすい。

食パンのバタートースト

相性のよいコーヒー
クリーンなグアテマラの中煎り

グアテマラ豆のコクとパンの甘さが調和し、さらにバターの風味が加わることで後味に香りが広がる。また、バターとコーヒーオイルが調和して旨味を感じるので、オイルがしっかりと抽出されるフレンチプレスがおすすめ。

食パンのジャムトースト（マーマレード）

相性のよいコーヒー
グアテマラの深煎り

パンやバターとの相性はバタートーストと同様だが、マーマレードを加えた場合は深煎りのほうがおすすめ。マーマレードに入っているピール（皮）の酸味をともなった苦味に、コーヒーの酸味と苦味が調和し、さらにジャムの甘味が全体のバランスを整える。

イギリスパンのシナモントースト

相性のよいコーヒー
コロンビアの深煎り

甘い香りとスパイシーな味が特徴のシナモントースト。コロンビア豆が持つボディとイギリスパンのコクのある風味をバターが包み込み、味に広がりと深みを感じさせる。シナモンのスパイシー感と深煎り豆のドライな苦味が調和した、ほのかな刺激が心地よい。

イギリスパンのハニートースト

相性のよいコーヒー
グアテマラの深煎り、ボリビアの中煎り

深煎りでもさわやかな酸のあるグアテマラと、フローラルな印象のあるボリビアの中煎り豆は、花のような風味を持つはちみつと相性がよく、合わせると香りがさらに華やかに広がる。また、バターのオイル感が旨味へと変わり、調和と深みが生まれる。

デニッシュ

バターが練り込まれたデニッシュは、同じオイル感のあるフレンチプレスで淹れたコーヒーがおすすめ。

パン・オ・ショコラ

相性のよいコーヒー
アーモンドやカカオのフレーバーを持つ豆の中煎り

チョコレートが入ったデニッシュは、グアテマラの高地産でクリーンな味わいのコーヒーと合わせると、カカオのフレーバーが強調される。ナチュラルで生産処理された豆も相性がよく、ブラジルの高地産の豆などは、カカオのあとに甘さや香ばしさが広がる。

ショソン・オ・ポム

相性のよいコーヒー
りんご系のフレーバーを持つ豆の中煎り

「ショソン・オ・ポム」とはスリッパの形をしたアップルパイのことで、コーヒーもりんご系の風味のある豆が合う。なかでもコスタリカの高地産の豆は、バターがたっぷりと折り込まれた生地と調和しながら、中のりんごの風味を際立たせる。

ダークチェリーのデニッシュ

相性のよいコーヒー
チェリーやベリーのフレーバーを持つ豆の中煎り

ショソン・オ・ポムと同様に、使われているフルーツに似たフレーバーを持つコーヒーと合わせるとよい。チェリーの風味を感じるコーヒーと合わせると、デニッシュにのったダークチェリーの風味が増幅される。

カスタードクリームのデニッシュ

相性のよいコーヒー
コスタリカの中煎り

カスタードクリームはイエローハニーのコスタリカ豆との相性がよい。また、カスタードクリームが持つバニラ風味やミルキーな味わいは、ナチュラルで生産処理されたブラジル豆の中煎りとも好適。口いっぱいにバニラのフレーバーの広がりを感じる。

ハード系パン

生地自体にしっかりとした味のあるハード系パンは、生地の風味に負けない深煎りのコーヒーがおすすめ。

ルヴァン（カンパーニュ）

相性のよいコーヒー

ケニアの深煎りをフレンチプレスで抽出

ルヴァン種（天然酵母）を使ったパンのやわらかな酸味は、深煎りにしてもフルーツのような酸味があるケニア豆と合わさると、不思議な甘さとなって広がる。フレンチプレスによるオイル感は、パンの塩けを深みのある旨味に変え、ふくらみのある味わいに。

フルーツブレッド

相性のよいコーヒー

標高の高い場所で栽培された豆の深煎り

ドライフルーツは、中煎りのコーヒーと合わせることでフレーバーが共鳴し明確な味わいになるが、ハード系パンの生地は深煎りと相性がよい。双方のよさを生かすために、深煎りにしても質のよい酸味が残る標高の高い地域の豆がおすすめ。

ドイツの黒パン

相性のよいコーヒー

インドネシア・マンデリンの深煎り

サワー酵母やライ麦を使う黒パンは、独特な酸味が特徴。マンデリンの深煎りと合わせると、パンの酸味がマイルドになって全体が調和し、後味に黒糖のような甘味を感じる。また、食感がやや固めなので、フレンチプレスで淹れるとオイル感が口あたりをよくしてくれる。

プレッツェル

相性のよいコーヒー

グアテマラやケニアの中煎り、
コロンビアやマンデリンの深煎り

独特な固めの食感が魅力のプレッツェルは、素朴な味わいだけにコーヒーとの相性が幅広い。中煎りでは、高地産のクリーンなグアテマラやケニアがおすすめ。深煎りで合わせたいときは、同じく高地産のグアテマラ、コロンビア、クリーンなタイプのマンデリンなど。

惣菜パン

オイル感のある液体と惣菜の具が調和するため、オイルがしっかりと抽出されるフレンチプレスがおすすめ。

カレーパン（ベイクドタイプ）

相性のよいコーヒー
スパイス系フレーバーを持つ豆

スパイスがきいたカレーパンは、スパイス系の風味を持つコーヒーと相性がよい。焙煎度はあまり関係ないが、淹れ方はフレンチプレスが好適。華やかな香りのパカマラ種やクリーンなエチオピアのナチュラル豆と合わせると、多彩なスパイシー感が楽しめる。

ソーセージパン

相性のよいコーヒー
ケニアの中煎り、マンデリンの深煎り

ケニア豆の持つ赤いフルーツを思わせる華やかな酸味が、ソーセージの味とうまく調和する。パン生地がハード系のベイクドタイプならば、マンデリンの深煎りとも相性がよい。ハーブソーセージのような味わいになり、香りが口の中に広がる。

焼きそばパン

相性のよいコーヒー
ケニアの深煎り

一見、不似合いに思える焼きそばパンとコーヒーだが、意外にも酸味のあるコーヒーと相性がよい。特に、ベリー系や柑橘系など複雑な酸味を持つケニアの深煎りがおすすめ。焼きそばソースとよく合い、さらに焼きそばの油感をすっきりとさせる。

キッシュ・ロレーヌ

相性のよいコーヒー
ボディのある豆の深煎り

グアテマラやコロンビア、インドネシアなどの、ボディのある深煎りコーヒーと相性がよい。ホワイトソースのミルキーな味と深煎り豆のコクが調和する。生地と具材の油分の切れもよく、後味をすっきりとさせる。さらに、インドネシア豆と合わせると、キッシュの具の玉ねぎと豆の持つハーブのような風味がよく合う。

和菓子

油分の少ない和菓子は、フレンチプレスで抽出したコーヒーと合わせることで、味に潤いが出てバランスがよくなる。

草団子（こしあん）

相性のよいコーヒー
フルーティなコロンビアの深煎り

こしあんの草団子にフルーティな風味を持つコロンビアの深煎りを合わせると、こしあんの甘さに黒糖のような深みが出るうえ、草団子のハーブ感とも調和する。こしあんは、ケニア、グアテマラ、ブラジルとも相性がよく、合わせると甘さに深みと奥行きが加わる。

みたらし団子

相性のよいコーヒー
コスタリカのイエローハニープロセスの豆

イエローハニープロセスで生産処理されたコスタリカ豆の丸みのある甘さとさわやかさが、みたらし団子の甘辛い醤油のたれと重なり、奥行きのある味わいに。イエローハニープロセスとは、パルプトナチュラルの一種で、名前の通り甘さがあるのが特徴。

道明寺

相性のよいコーヒー
ナチュラルで生産処理された豆

もっちりとした食感と、あんの甘味にほのかな塩け、桜の香りが魅力の道明寺。餅を包む桜の葉の塩漬けは、発酵に由来する甘さと塩けがあるため、同様に発酵感を持つナチュラルで生産処理されたコーヒーと好相性。双方の調和が、甘さや味に広がりをもたらす。

いちご大福（白あん）

相性のよいコーヒー
ナチュラルで生産処理された
クリーンなタイプの豆

すっきりとした甘さの白あんと、甘酸っぱいいちごがまるごと入ったいちご大福には、ナチュラル処理のクリーンなタイプのコーヒーがおすすめ。コーヒーの酸味がいちごの甘さを強調し、白あんともほどよく調和し香りが広がる。

チーズ

油脂分のあるチーズは、コーヒーオイルを吸着してクリアな味わいにするペーパードリップと相性がよい。

スモークチーズ

相性のよいコーヒー
ウォッシュトで生産処理されたボディのある豆

ウォッシュトのボディのあるコーヒーとスモークチーズを合わせると、心地よいクリーミーな舌ざわりになり、チーズのスモーキーな香りを増幅させる。なかでも酸味の素晴らしいケニアやグアテマラは、香りを広げて印象深い味わいにする。

ミモレット

相性のよいコーヒー
ナチュラルで生産処理された豆
ブラジル高地産豆の中煎り

ブラジル高地産の、クリーンなタイプのナチュラル豆の中煎りが好適。なかでもオレンジのような風味を持つコーヒーなら、チーズの塩けと合わさることで奥行きが出る。クリーンなグアテマラやケニアなど、オレンジのような酸とボディのある豆の中煎りも合う。

シェーブル

相性のよいコーヒー
中米の高地産豆の中煎り

山羊乳で作られ独特な酸味を持つシェーブルは、中米の高地で栽培された豆の中煎りが好相性。コーヒーのさわやかな酸味とチーズの酸味が重なり調和する。また、酸味のフレッシュさとコクのバランスもよい。抽出はフレンチプレスがおすすめ。

ゴルゴンゾーラ

相性のよいコーヒー
ケニアやエチオピアの中煎り

青カビタイプのゴルゴンゾーラは、ケニアやエチオピアといった、きれいな酸味・香りを持つ東アフリカ産の豆の中煎りがおすすめ。合わせると青カビチーズの独特なフレーバーが明確になる一方、調和のとれた味わいになりなめらかに広がる。

ドライフルーツ

濃厚な甘さを持つドライフルーツは、フレンチプレスで抽出したコーヒーと相性がよい。

ドライアプリコット

相性のよいコーヒー
アーモンドのフレーバーを持つ豆の中煎り

ほのかな酸味を残すドライアプリコットは、アーモンドの風味のあるコーヒーと相性がよい。比較的銘柄を選ばないが、標高の高い産地のものが合いやすい。コーヒーの銘柄により、干し柿のようなフレーバーを感じたり、紅茶を思わせる風味になったりする。

レーズン

相性のよいコーヒー
ぶどうやチェリーのフレーバーを持つ豆の中煎り

素材と同じぶどうやチェリーの風味を持つ中煎り豆が好適。ドライフルーツは、素材と同じフレーバーを持つコーヒーと合わせることで、香味が重なり鮮明になる。また、干すことで濃縮した甘さが、コーヒーと調和し広がる。

ドライマンゴー

相性のよいコーヒー
トロピカルフルーツ系やフローラルなフレーバーを持つ豆の中煎り

マンゴーと同じトロピカルフルーツ系の風味や、花を思わせるフレーバーを持つ、中煎りの豆と相性がよい。フレーバーが明確になり、充足感のある甘味が生まれる。合わせるコーヒーの銘柄により、バナナなど同じトロピカル系フルーツの風味も感じられる。

ドライフィグ（いちじく）

相性のよいコーヒー
花のようなフレーバーを持つ豆

いちじくは果実ではなく花の部分であるためか、フローラルな風味を持つコーヒーとの相性がよい。ブラジル高地産の豆を合わせると、銘柄によってはフレッシュないちじくを感じさせる。ほかにも、いちごジャムのような風味を感じさせる場合もある。

フレッシュフルーツ

フレンチプレスを使ったアイスコーヒーが好適。冷やすことで、コーヒーの甘さのある酸味とフルーツが共鳴する。

いちご

相性のよいコーヒー
クリーンなナチュラル豆の中煎り（アイス）

完熟したフルーツは、完熟チェリーから作られるコーヒーと相性がよく、コーヒーは果実の種だと感じさせてくれる。クリーンなタイプのナチュラル処理・中煎りのアイスコーヒーは、フルーティな甘さを持ち、いちごの風味と重なり合って調和する。

マンゴー

相性のよいコーヒー
トロピカルフルーツ系のフレーバーを持つ豆の中煎り（アイス）

マンゴーと同じ、トロピカルフルーツ系のフレーバーを持つ、しっかりと甘味を感じる豆で淹れたアイスコーヒーとの相性がよい。合わせることで、マンゴーの熟成されたような甘さと混じり合い、バターのようなリッチな甘さと香りが際立ってくる。

バナナ

相性のよいコーヒー
トロピカルフルーツ系や花のようなフレーバーを持つ豆の中煎り（アイス）

濃厚な甘味を持つバナナは、トロピカルフルーツ系のフレーバーを持つ豆や、フローラルな香味を感じる豆で淹れたアイスコーヒーがおすすめ。合わせるコーヒーの銘柄により、カカオやオレンジ、メロンといったフレーバーが現れることがある。

キウイ

相性のよいコーヒー
花のようなフレーバー、甘味のある豆の中煎り（アイス）

フローラルな香味としっかりと甘味を感じるアイスコーヒーが好相性。また、キウイとコーヒーを合わせると、炭酸入りのコーヒーといった味わいに。合わせるコーヒーの銘柄により、すいかやハーブ、チェリー、ぶどうなどのフレーバーを感じることがある。

個性と個性が融合 究極のペアリング

フードとコーヒーのおおまかな合わせ方がつかめてきたら、コーヒーの銘柄まで踏み込んでみましょう。個性的な風味を持つスペシャルティコーヒーなら、より細やかなペアリングが楽しめます。ここでは、丸山珈琲のスタッフが見つけた究極の組み合わせを紹介します。

Coffee
ブラジル
アグア・リンパ・ナチュラル ｜ 中煎り

Food
ざるそば

ペアリングポイント

アグア・リンパ・ナチュラルは、なめらかな口あたりで、オレンジとプルーンのフレーバーを持つさわやかなコーヒー。りんごのような甘さもあり、そばと合わさることで口の中の甘さが増すような感覚が現れる。また、コーヒーのさわやかさとそばの芳ばしさがあいまって、きれいな印象の後味で終わる。

Coffee
ボリビア
ラス・アラシータス・ゲイシャ・ウォッシュト ｜ 中煎り

Food
コーヒーどら焼き

ペアリングポイント

コーヒーを練り込んだ生地に栗あんを挟んだどら焼きと、ジャスミン、ベルガモット、ラズベリー、はちみつの風味、甘い余韻と華やかな味わいを持つコーヒーとの組み合わせ。コーヒーの花の香りと栗あんのまったりとして穏やかな甘さ、ほんのりビターな生地が合わさり、うっとりするほど複雑な余韻に浸れる。フルーティで華やかなペアリングだ。

Coffee
ケニア
キニャリ・ピーベリー | 中煎り

Food
ミートソース・スパゲッティ

ペアリングポイント

ケニアのコーヒーは赤肉と相性がよく、トマトのような風味もある。また、ピーベリーは小粒で凝縮感があるので、ミートソースと相性抜群。カシス、オレンジ、黒糖の風味のあるキニャリ・ピーベリーとミートソース・スパゲッティのペアリングは、深みを感じながらも後味がさわやかで、思わず箸が進む。

そのほかに合うフード

◆白桃のドライフルーツ
白桃の甘い香りとコーヒーの凝縮した酸味が合わさり、ネクタリンのような甘酸っぱい風味が楽しめる。

◆小布施堂の栗鹿ノ子
栗鹿ノ子の甘さに、コーヒーの酸味とコクが合わさり、奥行きや深みが出て美味しい後味が持続する。

Coffee
コロンビア
ロス・ノガレス | 深煎り

Food
スパイシーチキン（コンビニチキン）

ペアリングポイント

クリーンでりんごのようなさわやかな酸味が特徴のロス・ノガレスの豆を深煎りにすると、ダークチョコレートやダークチェリーの風味に変わり、心地よいスパイシーさとコクが増幅する。スパイシーチキンと合わせると、スパイスの風味が複雑になり、チキンの美味しさが増す。また、油もすっきりと心地よく感じられるので、より食べやすくなる。

そのほかに合うフード

◆塩豆大福
焼き大福のような香ばしさが加わり、あんの味わいも深みやコクが出て美味しさがふくらむ。

◆抹茶のマフィン
抹茶の風味が引き立つペアリング。プレスで抽出すれば、バターの風味が心地よい甘さになって広がる。

Section 2

カッピング

「カッピング」とは、コーヒーのテイスティングのこと。コーヒーの品質を確かめたり、味わいを評価したりとさまざまなシーンで行われます。カッピングの意義と活用法を理解しましょう。

コーヒー業界における必須スキル、カッピング

ワインにおけるテイスティングや日本酒の利き酒のように、実際に味を確かめることをコーヒーの世界では「カッピング」といいます。コーヒーを扱うプロの世界では、このカッピングはさまざまな場面で行われます。

たとえば生産国では、豆を出荷する前にカッピングを行い、異質な香味がないか、規定内の品質かなどを検査します。ブラジルなどは、このカップ評価もグレーディング項目のひとつとなっています（→P23）。

一方、消費国における商社や問屋では、買い付けや品質のチェックなどでカッピングを行います。ロースターは焙煎チェックのために、販売店では商品説明のためになどと、実に多くのシーンと目的で活用。コーヒーのプロならば、身に付けておくべきスキルなのです。

欠点チェックから特徴の比較・評価へ

もともとカッピングは、欠点を見付ける〝ネガティブチェック〟という意味合いが高いものでした。しかし近年では、風味特性を評価する手段との考えが広がっています。これにはスペシャルティコーヒーの登場が大きく関係しています。

コマーシャルコーヒーと呼ばれる最も流通量の多い汎用コーヒーは、欠点豆の混入率が高いため、品質が高いか低いかを選別するためにカッピングします。一方のスペシャルティコーヒーは、欠点豆が少なく高品質であることが前提なので、風味の特徴を見出して評価する〝ポジティブチェック〟になります。従来が生産者の品質管理のためのカッピングだとすると、新しいカッピングは、消費者側による美味しさの評価といえるのです。

スペシャルティコーヒー協会

品質管理のためのカッピング

出荷前のカッピング風景

生産大国では欠点チェックを重視

国内のさまざまな地域や農園の豆を集めて出荷するコマーシャルコーヒーは、異臭や不快な味の原因となる欠点豆の混入率が高い。こうした欠点の多寡をチェックし、輸出基準をクリアしているかどうかを判断するのが従来のカッピングである。生産量の多いブラジルやコロンビアでは、この欠点チェックのカッピングを最重視している。

美味しさを評価するためのカッピング

COEでのカッピング審査風景

「SCA方式」と「COE方式」が主流

美味しさを評価するカッピングは、スペシャルティコーヒー協会の定める「SCA方式」と、カップ・オブ・エクセレンスで採用されている「COE方式」がある。それぞれ用意するカップの数や採点方法などが異なるが、風味特性を重視する姿勢は同じ。なお、日本スペシャルティコーヒー協会では「COE方式」を採用している。

による定義や、国際的品評会であるカップ・オブ・エクセレンス（COE、→P158）では、カッピングのみで品質を評価します。近年ではカッピング競技会なども開催され、スペシャルティコーヒーのカッピング方式は、急速に広がりを見せています。

カッピングを活用して好みの豆を見付ける

品質管理ではなく〝風味を探して比較する〟という点に着目すると、スペシャルティコーヒーのカッピングは、趣味として楽しめる作業でもあるといえるでしょう。

品評会や競技会では、焙煎度や手順などが細かく規定されていますが、個人的に楽しむのであれば、さほど気にする必要はありません。カッピングが上達すれば、自分の本当の好みの豆に出合える確率も高まります。次ページ以降を参考に、気軽に始めてみましょう。

カッピングの評価ポイント

8項目を手がかりにコーヒーの風味を探る

カッピングの方法は国によってさまざまで、評価項目も異なります。ここでは日本スペシャルティコーヒー協会(SCAJ)が採用している「COE方式」に則ってご紹介します。

下の画像はSCAJで使用されている「カッピングフォーム」。いわゆる採点シートです。カッピングする人のことを「カッパー」といいますが、複数のカッパーが同じフォームで採点し、集計・平均したものがそのコーヒーの評価になるのです。

一番左は「サンプル名」を記入する欄で、続いて「焙煎度」「アロマ(香り)」を記入しますが、これは参考情報で、採点対象にはなりません。次の「欠点・瑕疵」とは、欠点豆の混入などによる嫌な風味のこと。これがあるとマイナス点になりますが、スペシャルティコーヒーの場合はほとんどが0点です。

それ以降の8つが採点項目となり、各評価ポイントは次ページの通り。そのうち、「フレーバー」「カップのきれいさ」「甘さ」「総合評価」は比較的感じやすい項目なので、まずはこの4項目を捉えることから始めるとよいでしょう。「酸の質」「口に含んだ質感」の下にあるゲージは「強さ」を記入。その他の余白には、「華やか」「レモン」「まろやかな」などと、感じたことを言葉で書き込みます。

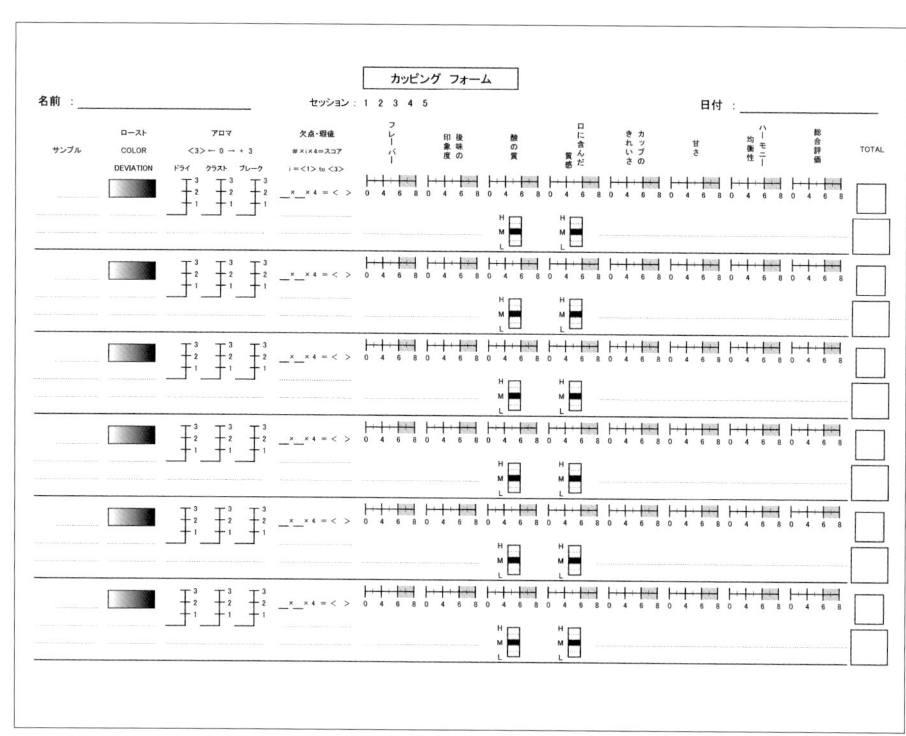

カッピング フォーム

名前 :

セッション : 1 2 3 4 5

日付 :

サンプル	ロースト COLOR DEVIATION	アロマ <3> ← 0 → + 3 ドライ クラスト ブレーク	欠点・瑕疵 # × i × 4 = スコア i = <1> to <3>	フレーバー	後味の印象度	酸の質	口に含んだ質感	カップのきれいさ	甘さ	ハーモニー均衡性	総合評価	TOTAL
		3 2 1 / 3 2 1 / 3 2 1	_×_×4 = < >	0 4 6 8	0 4 6 8	0 4 6 8 H M L	0 4 6 8 H M L	0 4 6 8	0 4 6 8	0 4 6 8	0 4 6 8	
		3 2 1 / 3 2 1 / 3 2 1	_×_×4 = < >	0 4 6 8	0 4 6 8	0 4 6 8 H M L	0 4 6 8 H M L	0 4 6 8	0 4 6 8	0 4 6 8	0 4 6 8	
		3 2 1 / 3 2 1 / 3 2 1	_×_×4 = < >	0 4 6 8	0 4 6 8	0 4 6 8 H M L	0 4 6 8 H M L	0 4 6 8	0 4 6 8	0 4 6 8	0 4 6 8	
		3 2 1 / 3 2 1 / 3 2 1	_×_×4 = < >	0 4 6 8	0 4 6 8	0 4 6 8 H M L	0 4 6 8 H M L	0 4 6 8	0 4 6 8	0 4 6 8	0 4 6 8	
		3 2 1 / 3 2 1 / 3 2 1	_×_×4 = < >	0 4 6 8	0 4 6 8	0 4 6 8 H M L	0 4 6 8 H M L	0 4 6 8	0 4 6 8	0 4 6 8	0 4 6 8	
		3 2 1 / 3 2 1 / 3 2 1	_×_×4 = < >	0 4 6 8	0 4 6 8	0 4 6 8 H M L	0 4 6 8 H M L	0 4 6 8	0 4 6 8	0 4 6 8	0 4 6 8	

評価項目とポイント

1 フレーバー

味覚と嗅覚を組み合わせた印象。「花のような」「ベリーを思わせる」といった、植物やフルーツにたとえることが多い（→P240）。複雑なフレーバーを感じるものほど高評価。

2 後味の印象度

飲み込んだあとに持続する風味。アフターテイストのこと。口に残るコーヒー感が、“甘さの感覚で消えていく”か、“刺激的な嫌な風味が残る”かを判定する。

3 酸の質

“明るいさわやかさ”や“繊細な酸味”“複雑な酸味”などがどれほどかといった、酸の「質」を評価する。カッピングフォームに「強さ」の欄があるが、参考のみで評価対象にはしない。

4 口に含んだ質感

口に含んだときに感じる触感。マウスフィール。オイル感、粘り、密度、重さ、なめらかさ、収斂性などをみる。酸の質と同様、フォームに「強さ」の欄はあるが評価対象にしない。

5 カップのきれいさ

生産地域による風味特性を感じるためには、味わいに透明感があることが必須。コーヒーに雑味や欠点味がなく、きれいな味わいかどうかを評価する。

6 甘さ

コーヒー豆が、よい環境で育ち、よい熟度で収穫され、適切な生産処理を施されることによって生まれる甘さのこと。甘さの量と質を評価。

7 ハーモニー・均衡性

風味のなかで何か突出しているものはないか、逆に欠けているものはないかなど、全体の調和を評価する。心地よいハーモニーや均衡性が感じられると評価が高い。

8 総合評価

風味に複雑さや立体感があるか、複雑ではないが心地よいコーヒーかなど、全体的なイメージを評価する。カッパーの個人的な好みを色濃く反映してもよい項目。

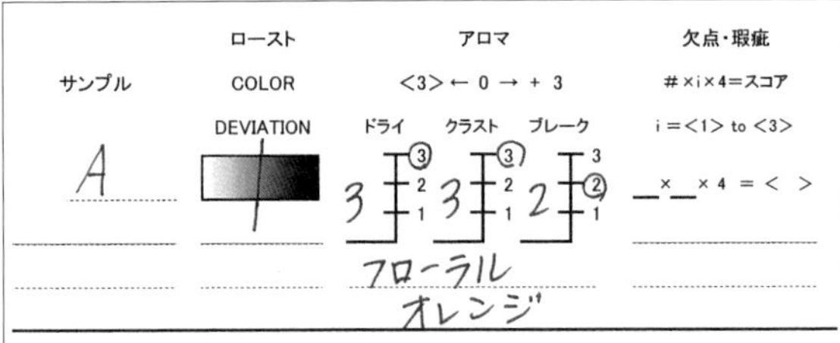

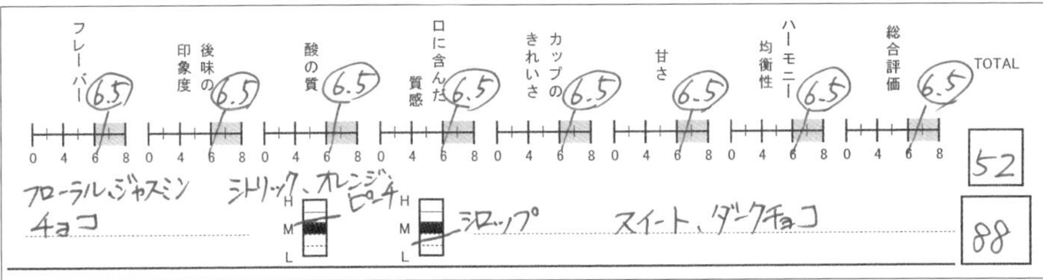

カッピングフォームの記入例

下の写真部分が評価項目となり、目盛りにチェックを入れながら数値も記入し、「TOTAL」の上の四角に合計点を書き込む。下の四角には、合計点に定数36点を足し、「欠点・瑕疵」のスコアを引いた数値を記入する。

カッピングに挑戦！

用意します。サンプルのコーヒー豆の焙煎度、メッシュ、分量、注ぐお湯の温度と量も、すべて同一にすることが肝要です。

スプーンでコーヒー液をすするときは、「ズズーッ」と音を立てて口の中に霧が広がるようにします。なかには「チューッ」と高い音が出る人もいます。最初は上手くできませんが、何度も行っていればコツがつかめてくるでしょう。

カッピングをしたら、必ず評価やイメージを記入します。カッピングフォームでなく、ノートなどに書き込み、記録を残しておくのもおすすめ。漫然と味見をするのでなく、点数を考えること、言葉で表現することが、何よりも大切なのです。

作業条件の統一が大切なポイント

グレーディングや品評会で行われるカッピングには細かい規定がありますが、自宅でのカッピングはその通りにする必要はありません。ただし、やり方が毎回バラバラだと風味の比較ができないので、いくつかのポイントは自分なりに基準を決めておくとよいでしょう。

サンプルのコーヒーを入れるカッピングボウルは、SCA方式では5つ、COE方式では4つ使いますが、これは何kgもあるロットにバラつきがないかを見るため。個人でしたら、2つ程度でよいでしょう。条件を揃えるため、2つとも同じものを

用意する道具

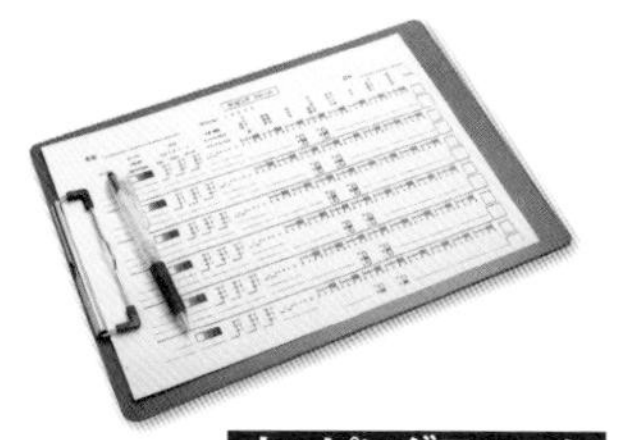

カッピングフォーム
専用のフォームでなく、ノートなどもおすすめ。

すすぎ用カップ
ぬるま湯を入れ、スプーンをすすぐために使用。スプーンは、使ったらそのつどすすぐこと。

カッピングボウル
均一性を見るため2つ用意する。グラスなどの器でもよいが、同じものを揃えること。

はかり
サンプル豆は、必ずはかりで重さを量ること。0.1g単位で量れるデジタルタイプがベスト。

タイマー
コーヒーが抽出される時間を計る。

吐き出し用カップ
数多くカッピングする場合は、満腹にならないよう口に含んだコーヒーを吐き出すとよい。透明でないものがおすすめ。

スプーン
先が丸いものがすすりやすい。専用のスプーンも販売されているが、スープ用などでもよい。

カッピングの手順

豆を11gずつ量って中挽き〜中細挽きにし、それぞれカッピングボウルに入れる。粉の状態でアロマ（香り）を確認する。これを「ドライ」という。

190 〜 200ccの熱湯を注ぐ。

熱湯を注いだあと、再びアロマを確認する。これを「クラスト」という。そのまま4分待つ。

4分経過したら、スプーンで上に浮かんでいる粉を壊すように3 〜 4回かき混ぜ、鼻を近づけてアロマを確認する。これを「ブレイク」という。※かき混ぜる回数は全カップ統一する。

ブレイクしたらすぐ、カップの表面に浮いたアクやカスをすくい取る。※写真のように、2つのスプーンを使うと手早く取り除ける。

スプーンでコーヒー液をすくい、口中で霧状になるよう勢いよくすする。香りが喉の奥から鼻に抜けるようにするのがポイント。

フレーバーの分類と表現

フレーバーは段階的に捉えるのがコツ

カッピングの評価項目のひとつでもある「フレーバー」とは、口に含んだときに広がる味と鼻腔から抜ける香りの総合的な印象のこと。コーヒーに限りませんが、食べ物の印象を決定付けるのは、このフレーバーによるところが大きいといえます。

スペシャルティコーヒーは、このフレーバーにキャラクター性があります。とはいえ、コーヒーのフレーバーは繊細なので、的確に捉えて表現するには経験が必要です。その際に道しるべとなるのが、左のようなフレーバー表です。

「このコーヒーのイメージは何？」といきなり聞かれてもわかりにくいですが、表の一番左の欄のように、「ナッツを思わせるか、フルーツを思わせるか」と二択にすると答えやすくなります。どちらかが捉えられたら、次の段階に進みます。たとえば、フルーツを思わせると思ったら、それは柑橘系なのか、ベリー系なのか。柑橘系だと思ったら、レモンかグレープフルーツか、オレンジなのか……。このように、段階的に細分化していけば、より具体的な表現が可能になるというわけです。

はじめはチョコレートを感じても、あとからレモンが現れるなどと、複数のフレーバーを持つコーヒーもあります。また、表の下の欄のように、フローラル系のフレーバーが感じられるものもたくさんあります。

日頃からフレーバーを意識することが大切

フレーバーを表現するといっても、もともとの食品の香りや味を知らないと捉えることはできません。普段からさまざまな食品を口にし、香味を意識することが肝心です。多くのフレーバーを覚えるコツとして、まずは「〇〇の香り」などといった、洗剤や化粧品を嗅ぐといいでしょう。こうしたものに使われる香料は、万人にわかりやすく人工的に作られたものだからです。その次には、覚えたい食品を使ったケーキやアイスクリームなどを食べます。特に果物の場合、生のものをそのまま食べるより、加工品にしたほうが、香味がわかりやすいのです。乳製品と合わせるだけでもわかりやすくなるので、ヨーグルトに混ぜるのもおすすめです。

果物をそのまま食べるより、ヨーグルトなどと混ぜたほうが、フレーバーがはっきりと捉えやすい

フレーバー分類表

下はフレーバーをコーヒーで感じやすいものに絞って簡略化し、段階別に分類した表。第1段階として、「ナッツを思わせる風味」「フルーツを思わせる風味」のどちらに分類されるかを感じ取る。
次に第2段階に進み、さらに第3段階で具体的な食品をイメージする。また、フローラル系を強く感じ取れる場合もある。

段階 1	段階 2	段階 3
ナッツを思わせる風味	チョコレート系	ビターチョコレート
		チョコレート
		ミルクチョコレート
	ナッツ系	アーモンド
		ヘーゼルナッツ
		ピーナッツ
	スパイス系	甘いスパイス
		辛いスパイス
フルーツを思わせる風味	柑橘系	レモン
		グレープフルーツ
		オレンジ
	ベリー系	ラズベリー
		ブルーベリー
		ブラックベリー
	トロピカルフルーツ系	キウイ
		マンゴー
		バナナ
		パッションフルーツ
		パイナップル
		パパイヤ
	りんご系	りんご
		青りんご
	ぶどう系	マスカット
		グレープ
その他の風味	フローラル系	ジャスミン
		バラ
		スミレ

世界の共通言語 フレーバーホイール

カップ・オブ・エクセレンスなどの品評会や、コーヒー競技の世界大会において評価をする際、フレーバーを世界の共通言語で表現する必要があります。そこで生まれたのが、左ページの「SCAコーヒー・テイスターズ・フレーバー・ホイール」です。

単に「フレーバー・ホイール」とも呼ばれるこのチャートは、スペシャルティコーヒー協会（SCA）と、※ワールド・コーヒー・リサーチ（WCR）が共同で開発・公開しているもの。241ページの分類表と同様、内側から外側に向かってより具体的になっています。これを見ながらテイスティングすれば、複雑なフレーバーを具体的な物質にたとえることで整理され、このホイールを通すことで、言語の異なる人同士でもフレーバーの共有がしやすくなります。

個人の感覚をすり合わせる センサリー・レキシカン

近年、WCRが公開したもうひとつのコーヒー評価ツールが、「センサリー・レキシカン」です。直訳すれば「感覚語彙集」、つまり香りや味などの感覚を表現する辞書のようなものです。

たとえば、あるコーヒーにAさんはオレンジを感じたが、Bさんはレモンを感じたなどと、人によって違うフレーバーを感じることはよくあります。それは、人によってオレンジに対する感覚にズレがあるからです。この感覚のズレの修正に役立つのが、センサリー・レキシカンです。内容を見ると（下記の例を参照）属性名「オレンジ」に対し、「シトリック（クエン酸）、スイート（甘い）、フローラル（花）」といったフレーバーの特徴が定義されています。コーヒーを飲んで感じたフレーバーを言葉にし、この定義に当てはめることで属性名「オレンジ」という表現にたどり着きます。つまり、「柑橘、甘い、花の香り」と感じたら、それは「オレンジ」のフレーバーだと客観的な表現ができ、ほかの人と共有できるというわけです。

こうしたツールを活用することで、より多くの人とコーヒーについてのコミュニケーションを取ることができるのです。

2017年版「センサリー・レキシカン」の表紙。日本語版も公開されており、WCRのウェブサイトからダウンロードできる。

例 **Orange**
The citric, sweet, floral, slightly sour aromatic associated with oranges, which may include bitter, peely, and astringent notes.

※コーヒーの未来と生産者への支援を目的に、2012年に設立された国際的研究機関。アメリカのテキサスに本部がある。
https://worldcoffeeresearch.org/

SCA Coffee Taster's Flavor Wheel

SCA

コーヒーの鑑定のフレーバー ホイール:

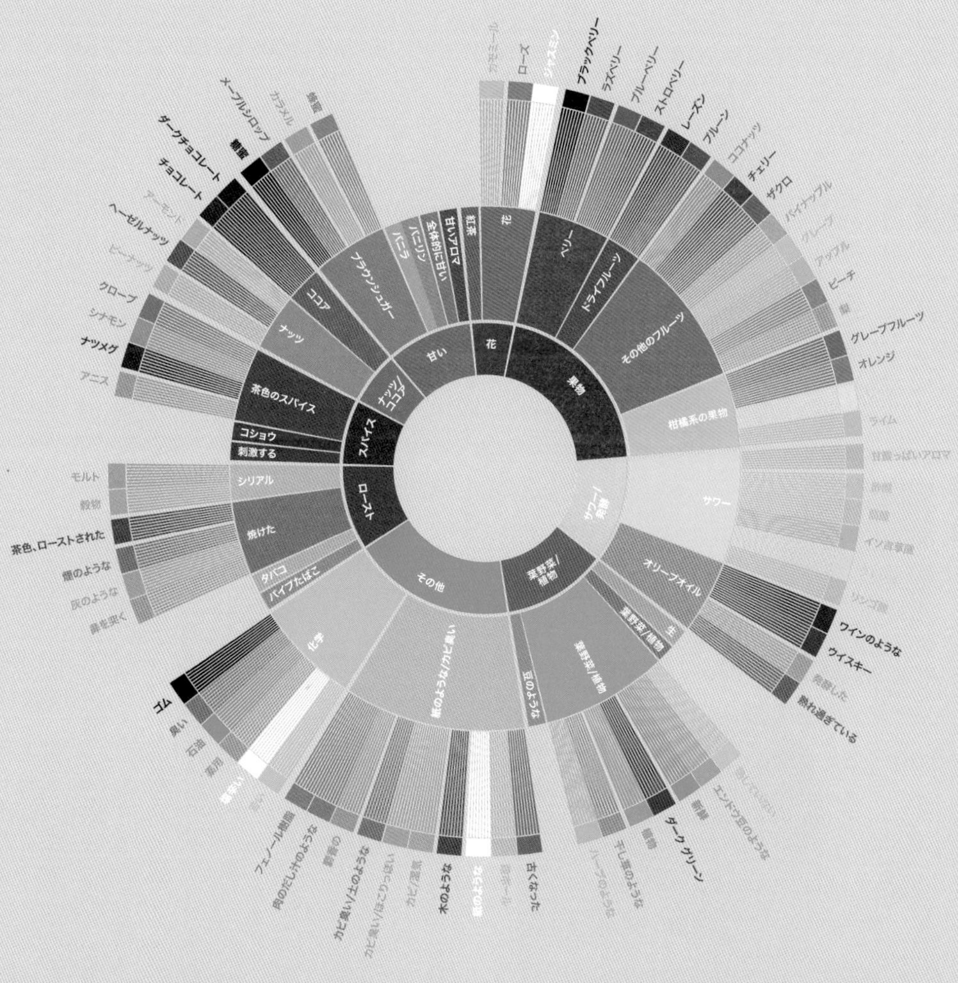

果物
花
甘い
ナッツ/ココア
スパイス
ロースト
その他
葉野菜/植物
サワー/発酵

ベリー
ドライフルーツ
その他のフルーツ
柑橘系の果物
サワー
オリーブオイル
生
葉野菜/植物
豆のような
紙のような/カビ臭い
化学
タバコ
パイプたばこ
焼けた
シリアル
刺激する
コショウ
茶色のスパイス
ナッツ
ココア
ブラウンシュガー
バニラ
バニリン
全体的に甘い
甘いアロマ
紅茶

カモミール
ローズ
ジャスミン
ブラックベリー
ラズベリー
ブルーベリー
ストロベリー
レーズン
プルーン
ココナッツ
チェリー
ザクロ
パイナップル
グレープ
アップル
ピーチ
梨
グレープフルーツ
オレンジ
ライム
甘酸っぱいアロマ
ワインのような
ウイスキー
発酵した
熟れ過ぎている
エンドウ豆のような
新鮮
ダーク グリーン
植物
干し草のような
ハーブのような
古くなった
木のような
カビ/湿気
カビ臭い/ほこりっぽい
カビ臭い/土のような
動物の
肉のだし汁のような
フェノール樹脂
薬用
石油
臭い
ゴム
煙のような
灰のような
茶色、ローストされた
穀物
モルト
アニス
ナツメグ
シナモン
クローブ
ピーナッツ
ヘーゼルナッツ
アーモンド
チョコレート
ダークチョコレート
糖蜜
メープルシロップ
カラメル
蜂蜜

コーヒー鑑定のフレーバーホイールは世界のコーヒー研究によって開発された感覚の辞書を使用して作成されました

免責事項：このフレーバーホイールは英語から翻訳されており、日本語になると多少意味合いが異なる場合があります。WORLD COFFEE RESEARCH SENSORY LEXICON（世界コーヒー研究感覚用語集）の元のテキストの説明を参照してください。

カッピング上達法

体系的な飲み比べで香味を覚える

カッピングを上達させるには数をこなすのが一番ですが、やみくもにカッピングしても香味を覚えられるものではありません。そこでおすすめなのが、豆を左ページのように分類し、体系的に飲み比べることです。

たとえば、生産エリア別で豆を比べてみましょう。産地の標高によっても異なりますし、例外もありますが、おおよその傾向はつかめます。生産処理別では、特にカップ（コーヒー液のこと）のクリーンさを比べることができます。豆の品種別に見ても、それぞれ香味の傾向が認められます。

こうした飲み比べをする場合、豆はスペシャルティコーヒーを選ぶことが必要です。コマーシャルコーヒーはさまざまな地域や農園の豆が混ぜられて出荷されるので、特徴や個性が出にくく、生産処理や品種なども明確ではないからです。

生産処理や品種は、豆にこだわる専門店なら商品プロフィールに記載されていることも多いですが、ない場合はスタッフに尋ねてみましょう。

恥ずかしがらずに感じたことを言葉で表現

もうひとつの上達法は、多くの人とカッピングをすること。カッピングは客観的に評価をすることが目的なので、コーヒーから感じとったことを、人に伝えなければそれが的を射ているかどうか判断がつきません。恥をかくことなど恐れず、自分が思ったことを言葉で人に伝え、人が感じたことを聞きましょう。

何人かで豆を持ち寄ってカッピング会をすれば、一人で行うよりも多くの豆を試すこともできます。コーヒーショップやメーカーが主催するカッピング教室なども増えているので、こうした催事に参加するのもおすすめです。また、ビーンズショップのスタッフと親しくなり、意見交換するのもいいでしょう。前回購入した豆に対し、「自分はこんな風味を感じた」などと伝えれば、話が弾んで勉強にもなるはずです。

そして、カッピングの結果を書き留めることも重要です。記録が数多く溜まれば、体系的な分析も可能。あとで見返し、自身の進歩を実感するのも楽しいものです。

飲み比べパターン❶ 生産エリア別

生産エリアについての詳細は118ページを参照

中南米エリア

〈香味の傾向〉
柑橘系の酸と、カカオやチョコレート系の苦味のバランスがよい。

アジアエリア

〈香味の傾向〉
スパイスを思わせる独特な風味。酸味よりも、コクやボディを感じる。

東アフリカエリア

〈香味の傾向〉
複雑な酸を持つものが多い。印象的な花のような香りも。

飲み比べパターン❷ 生産処理別

生産処理についての詳細は117ページを参照

ナチュラル

〈香味の傾向〉
甘さとコクのあるコーヒー。わずかに発酵臭がある場合があるので、好き嫌いが分かれる。

ウォッシュト

〈香味の傾向〉
透明度が高くクリーンなカップで、きれいな酸が楽しめる。

パルプトナチュラル

〈香味の傾向〉
ナチュラルとウォッシュトの中間。ほどよいコクと、ほのかな酸を感じる。

飲み比べパターン❸ 品種別

品種についての詳細は112ページを参照

ティピカ種

〈香味の傾向〉
クリーミーな質感で、質のよい酸をともなった甘さがある。

ブルボン種

〈香味の傾向〉
コクや酸のバランスのよさに、甘さが加わる。

パカマラ種

〈香味の傾向〉
花のような香りを持ち、重量感のあるボディを感じる。

ゲイシャ種

〈香味の傾向〉
はっきりとした柑橘系の香りや、花や香水を思わせる香りがある。

Section 3

ブレンド

**コーヒーは、単一銘柄をストレートで飲む以外に
ブレンドという楽しみ方もあります。
出来上がりの味わいを想像しながら
自分だけの新しい味わいを創造してみませんか？**

専門店のブレンドにはさまざまな目的がある

コーヒー専門のカフェやビーンズショップでは、必ずといっていいほど、店独自の「ブレンド」を作っています。あるものは店名を冠して、あるものは季節やイベントをイメージした限定商品として……。数多くのストレート銘柄があるのに、なぜわざわざブレンドを用意するのでしょうか？　それにはさまざまな理由があります。

ひとつは、万人に好かれる味を用意しておくこと。コーヒーにはそれぞれ個性があり、好き嫌いがはっきりと分かれる場合があります。バランスがよく、多くの人が美味しいと感じるブレンドがあれば、購入する側もすすめる店も重宝するでしょう。

次は店の「顔」を作ること。コーヒーショップでは、種類豊富な銘柄が揃っている一方で、訪れたら必ず飲める味も求められるものです。単一銘柄を「顔」にすると、その豆が手に入らなくなったときに困ります。

また、高価な豆に安価な豆を混ぜ、原価調整をするといった経営的な理由もあります。安価な豆をブレンドで調整して一定の味わいに仕上げれば、手頃な商品を安定供給できるのです。

店のブレンドは「常に同じ味」も大切

店の定番ブレンドは、いつでも同じ味わいであってこそ「顔」になります。しかし、コーヒー豆は農作物ですから、使用する豆が常に仕入れられるとは限りません。そのようなときでも、似た味の豆を使ったり、配合率を変えたりして、同じ味を再現することが肝心なのです。

加えて、「美味しく」なければ客も購入しません。常に美味しい味を再現し続けなくてはならないプロのブレンドは、高いスキルが必要な作業なのです。

ショップブレンドの目的

1 万人が好む味を作る

店がブレンドを作る際は、誰もが飲みやすい味に整えることが多い。突出したものを和らげたり、足りないものを補ったりするためには、豆の味を熟知している必要がある。

2 店の「顔」を作る

その店に行けば必ず味わえるという、看板商品を作る。同じ豆が入らないときでも、常に一定の味を再現しなくてはならない。また、「顔」である以上、美味しさも必須条件。

3 価格を安定させる

一定基準の商品を安定的に供給するため、価格に幅のある豆を組み合わせて原価調整をする。特に、大手ロースターや汎用コーヒーにおいては重要な目的のひとつ。

ホームブレンドの楽しみ

1 好みの味わいを追求

プライベートで行うブレンドは、存分に好みを追求できる楽しい作業。出来上がりの味を想像しながら豆を組み合わせ、思い通りのブレンドができたら周囲の人に披露しよう。

2 偶然の出合いに期待

試行錯誤しているうちに、意外な組み合わせが美味しく仕上がる場合もある。ひいては、自分の新たな好みの方向性が開けることも。自由な偶然性も楽しみたい。

3 コーヒーに対する知識が深まる

ブレンドを行うにはある程度の知識が必要だが、ブレンドを経験することで、さらに知識が深まっていく。知的な遊びという側面も、ブレンドの楽しみのひとつだ。

オリジナルブレンドで究極の一杯を作る！

　プライベートでブレンドを行うなら、前述のような「店」としての目的を気にする必要はありません。ひたすら自分好みの味わいを追求すればいいのです。

　コーヒー豆を混ぜるだけなので、作業自体は簡単。特別な道具も必要ありません。ただし、適当に混ぜても美味しいブレンドができるわけではないので、コーヒーに対する知識は必須です。まずは、前のセクションで紹介したカッピングなどを活用し、素材となるストレートコーヒーの香味を覚えましょう。

　ブレンドの魅力は、好みの追求だけではありません。試行錯誤しているうちに、思わぬ傑作が生まれる可能性もあります。究極の「マイブレンド」ができたら、家族や友人に振る舞うことも、大きな楽しみのひとつになるはずです。

ブレンドに挑戦！

カクテルのように味作りを楽しむ

　ブレンドを行う際は、最初にベースにする豆を決めます。ベースには、ブラジル、コロンビア、エチオピアの豆がよく使われます。なかでもビギナーにおすすめなのは、苦味、酸味などのバランスがよいブラジル豆。中性的な味わいなので、さまざまな豆と相性がよく、味の方向性もとりやすいのです。まずは好みのブラジル豆を見付け（チョコレート系のフレーバーを持つ上質なものがよい）、自分がブレンドをする際の、基本の豆とするとよいでしょう。

　ベースを決めたら、次は合わせる豆を選びます。選ぶコツは、どんな味わいを足したいかを考えること。たとえば、華やかな酸を加えたいならケニアを、さわやかな香りをプラスしたいと思ったらグアテマラを、といった具合です。

　最初はベースを少し多めに合わせ、様子を見るほうがよいでしょう。ブラジルとケニアだったら、「ブラジル6：ケニア4」にしてみます。飲んでみて、ちょっと違うなと思ったら、割合を逆に（図中❶）。そして後者のほうが好みだと思ったら、今度は「ブラジル2：ケニア8」にして変化をみましょう（図中❷）。

　次のステップでは、もう1つ豆を増やしてみます。このとき、ゼロから3つの割合を考えるのではなく、すでに好みだと思った2種類のブレンドを1つのベース豆とし、そこに新たな豆をプラスする、という考え方で進めます。具体的な例でいうと、前述の「ブラジル2：ケニア8」を〈ベース豆A〉とし、ここにグアテマラを加えるとすると、「〈ベース豆A〉6：グアテマラ4」となります（図中❸）。

　そして次は、ブラジルをコロンビアやエチオピアに置き換え、同じ手順で試してみます。それだけで、充分ブレンドのおもしろさが実感できるはずです。

　豆を合わせる割合は、4：6などの偶数で始めたほうが、豆の種類が増えてきたときに計算がしやすいのでおすすめです。また、出来上がりの総量は、1回抽出分の20g程度で試作するとよいでしょう。次ページを参考に、ホームブレンドに挑戦してみてください。

ブレンドの流れの例

1	ブラジル 4（8g）	＋ ケニア 6（12g）	総量20g
2	ブラジル 2（4g）	＋ ケニア 8（16g）	総量20g
3	ブラジル 2 ＋ ケニア 8 ベース豆 A 6（12g）	＋ グアテマラ 4（8g）	総量20g

ホームブレンドの基本

ベースとなる豆を決める

ベースにする豆は、ブラジル（特に、ミナス・ジェライス州産）、コロンビア、エチオピアがおすすめ。バランスのとれた中性的な味わいなので、初心者でも扱いやすい。

ブラジル、コロンビア、エチオピアは、プロの世界でもベースにすることが多い

ブレンドする豆は２種類から始める

最初はベースの豆と好みの豆の2種類を混ぜることから始め、慣れてきたら種類を増やしていくとよい。ただし、あまり多くの種類を混ぜると味わいがぼやけてくるので、多くても5種類程度までにとどめる。

焙煎豆の状態で混ぜる

ブレンドする際は豆の状態で混ぜるのが基本。挽いて粉にしてから混ぜ合わせると、均一に混ざりにくいうえ、香りも飛んでしまう。

0.1g単位で量れるデジタルスケールが便利

焙煎度の近いもの同士を合わせる

最初は焙煎度の近いもの同士をブレンドしたほうが失敗しにくい。上級になれば、同じ豆を焙煎度のみ変えて合わせる、といった試みもおもしろいだろう。

コーヒー豆ははかりで重さを量る

コーヒー豆のブレンドは、合計10になるよう、4:6、2:8といった割合で合わせるのが基本。メジャースプーンなどの容積ではかるより、はかりで重さを量ったほうがブレが出にくい。

フレンチプレスは手順が簡単なので、抽出時の味のブレが出にくい

抽出による味のブレに注意する

ブレンドしたコーヒーを試飲するときは、淹れ方が一定しないと正確な比較ができない。抽出結果が一定になりやすい、フレンチプレスの使用がおすすめ。

① マイルドな味わいで飲みやすい **中煎りブレンド**を作る

ベース豆：ブラジル
（中煎り）

親しみやすく飲みやすい豆。

＋コスタリカ

透明感とさわやかさが加わり、
軽やかな中煎りブレンドに。

＋

ブラジル（中煎り）　コスタリカ（中煎り）

6：4

＋グアテマラ

丸みのあるボディと華やかさが加わり、
しっかりとした中煎りブレンドに。

＋

ブラジル（中煎り）　グアテマラ（中煎り）

6：4

＋ホンジュラス

酸味の角を和らげて、心地よい質感をプラス。
マイルドな中煎りブレンドに。

＋

＋

ブラジル（中煎り）　コスタリカ（中煎り）　ホンジュラス（中煎り）

3：3：4

＋エチオピア

さらに華やかさと明るい余韻をプラス。
華やかな中煎りブレンドに。

＋

＋

ブラジル（中煎り）　グアテマラ（中煎り）　エチオピア（中煎り）

2：4：4

② 奥深い味わいで飲み応えのある深煎りブレンドを作る

ベース豆：グアテマラ（深煎り）

苦味、甘味、酸味のバランスがよく、飲み応えのある豆。

＋マンデリン

やわらかさと長い余韻が生まれ、ゆったりとした深煎りブレンドに。

グアテマラ（深煎り）＋マンデリン（深煎り）

9：1

＋コロンビア

ボディの立体感と重さが加わり、どっしりとした深煎りブレンドに。

グアテマラ（深煎り）＋マンデリン（深煎り）＋コロンビア（深煎り）

6：1：3

＋ケニア

華やかさと明るさがプラスされ、キレのある深煎りブレンドに。

グアテマラ（深煎り）＋ケニア（深煎り）

8：2

＋エルサルバドル

やわらかな甘さが生まれ、上品な深煎りブレンドに。

グアテマラ（深煎り）＋ケニア（深煎り）＋エルサルバドル（深煎り）

6：2：2

③ 季節の変化を感じる四季のブレンドを作る

春のブレンド

寒い冬が終わって日に日に暖かくなり、水が温み花が咲く……。そんな、春の訪れをイメージした華やかなブレンド。

エチオピア（中煎り）		ボリビア（中煎り）
7	：	3

夏のブレンド

夏の避暑地の木立をイメージ。重量感がありつつも、木々の緑のようなさわやかさを感じるブレンド。アイスコーヒーにもおすすめ。

エルサルバドル（深煎り）		コスタリカ（深煎り）		グアテマラ（深煎り）		ボリビア（深煎り）
4	：	3	：	2	：	1

秋のブレンド

山を彩る紅葉をイメージしたブレンド。赤や黄色、茶色など、口の中で錦繍の美しさが広がるような味わい。

コスタリカ（中煎り）		ブラジル（中煎り）		ブラジル（中深煎り）
7	：	2	：	1

冬のブレンド

雪の中で佇んでいるような、凛と澄んだ空気と、音のない静かな時間をイメージ。透明感と爽快感のあるブレンド。

グアテマラ（深煎り）		ホンジュラス（深煎り）		ボリビア（深煎り）
4	：	4	：	2

Topics

さらなるコーヒー上級者を目指すならコーヒー教室へ行こう！

目的や好みで選べる豊富なレッスン内容

コーヒーをさらに極めたいと思ったら、コーヒー教室やセミナーに参加するのもよい手段です。コーヒーの淹れ方はもちろん、生産地情報や歴史といった基礎知識、カッピング、フードペアリングなど、レッスン内容も豊富です。

本書でもさまざまなコーヒーの淹れ方を紹介していますが、プロの手技を目の前で見れば、また違った発見もあるでしょう。実際にやってみて、疑問に思ったことをすぐに聞けるのも実技レッスンならでは。一度体験しただけでも、格段の進歩が期待できます。

特におすすめなのが、カッピングセミナーです。カッピングを上達させるには、多くの人たちと意見交換することがなによりの早道なので、不特定の人たちが集まるセミナーは、まさにうってつけ。迷ったときには、先生が手助けしてくれます。慣れないうちは、飲んで感じた印象を口に出すのは照れくさいものですが、恥を恐れていては、カッピングはうまくなりません。現在、世界的なカッパーとして活躍している先達も、たくさん恥をかいてきたのです。

また、個人でたくさんの豆をカッピングするのはなかなか難しいものですが、セミナーならバラエティに富んだ多くの種類を試せるのも嬉しいところです。

近年では、大手メーカーやコーヒーのチェーン店、個人経営のカフェなど、さまざまな主催者によるコーヒー教室やセミナーが開かれています。気軽な体験教室から、プロを目指すための本格的なセミナーまで、カリキュラムも多種多様。オンライン教室やリモートセミナーも増えました。一度、参加してみてはいかがですか？

丸山珈琲の抽出セミナー風景

Section 4 焙煎

焙煎は、生豆が持つポテンシャルを引き出し、コーヒーの味わいを左右する重要な工程。プロによる焙煎作業の流れを理解したら、ホームローストにも挑戦してみましょう。

加熱による化学変化で味と香りが生まれる

生豆は焙煎することで、はじめてコーヒーらしい茶褐色と香味が生まれます。「焙煎」によって、豆にどんな変化が起きているのでしょうか。

植物性の食品に熱を加えると、一般的な傾向として、青臭さや酸味が弱まって甘味などが増し、焦がすと苦味が生じます。これは食品に含まれる成分の増減や化学変化によるもの。コーヒーの焙煎でも同様のことが起こっているため、基本的には焙煎が浅いと酸味が強く、焙煎が進むと苦味が強くなります。また、焙煎が進むにつれ、さまざまな香りが現れ、変化していきます。コーヒーは苦味が特徴的ですが、酸味や甘さ、香りも楽しみたいもの。それらのバランスを考え、適正な度合いまで加熱するのが、焙煎のポイントです。

また、単純に酸味・苦味の好みで焙煎度を選ぶわけではありません。ある豆は深い焙煎により心地よい苦味が楽しめ、あるものは浅煎りのほうが魅力を発揮します。このように、豆それぞれの個性に合った焙煎度を見極める必要もあるのです。

焙煎したての豆は味が軽くなる

焙煎したてが一番美味しいかというと、そうでもありません。コーヒーを淹れるとき、お湯を注ぐと粉がふくらみますが、これは焙煎によって生じた炭酸ガスが出てくるため。炭酸ガスは時間経過とともに抜けていくので、膨張しない豆は鮮度が落ちていることの目安でもあります。しかし、焙煎したては炭酸ガスが大量に発生し、成分抽出を阻害して気の抜けた味になってしまいます。豆や煎り具合にもよりますが、焙煎後7～10日ほどおいたほうが、炭酸ガスが落ち着いて美味しく淹れられます。

焙煎では何が起こっているのか

生豆は緑がかったベージュ色をしており、焙煎が進むと茶褐色に変化するが、それとともに内部でもさまざまな変化が起きている。
豆に熱が入ってくると、内部組織がやわらかくなって水分が蒸発し、白っぽい肌色になる（①）。
水分が充分に抜けると豆全体が収縮し、表面にシワがよる（②）。
やがて内部に気泡ができて圧力が上昇し、膨張して「1ハゼ」と呼ばれる1度目の破裂音がする。この辺りが浅煎りの状態（③）。
2ハゼが起きる頃には内部の空洞化が進み、膨張により表面のシワが伸びる。ここで煎り止めると中煎り程度（④）。
さらに進めて深煎りになると、油脂分が表面ににじみ出し、ツヤが出てくる（⑤）。
なお焙煎後は、生豆時より水分が10%ぐらい減少し、重さも20%前後軽くなる。

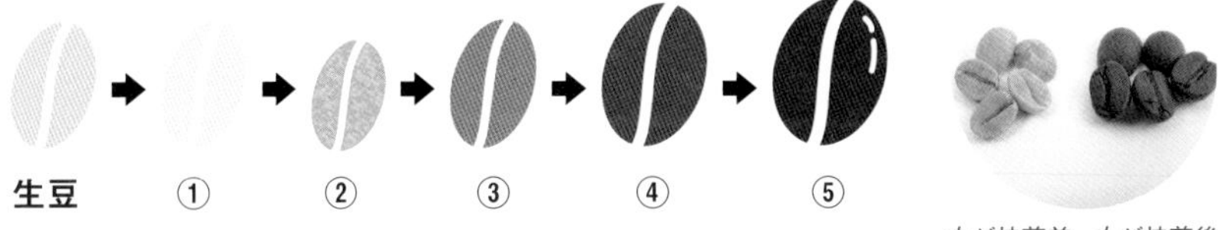

左が焙煎前、右が焙煎後

時間経過と現象・焙煎度の関係

焙煎開始からしばらくは「水抜き」などと呼ばれる、豆の水分をとばす段階。強い火力で行うとまわりばかりが焦げて中が生焼けになる恐れがあり、逆に弱い火力で時間をかけすぎると、味や香りが薄い仕上がりになってしまう。豆の大きさや含有する水分量によって異なるが、およそ4〜6分である。
そのあとのハゼが始まると1〜2分ごとに焙煎度合いが進んでいくので、目的の焙煎度を逃さないよう、細心の注意が必要となる。
焙煎度は、浅煎りの「ライト」「シナモン」、中煎りの「ミディアム」「ハイ」、中深煎りの「シティ」「フルシティ」、深煎りの「フレンチ」「イタリアン」の8段階で表されるのが一般的（詳細は26ページを参照）。温度や時間だけでなく、ハゼ、色、香りなど、さまざまな要素から焙煎度を判断する。

焙煎経過と焙煎度のイメージ図

焙煎開始

（水分が蒸発し収縮）

プロの焙煎現場

焙煎機の種類と原理

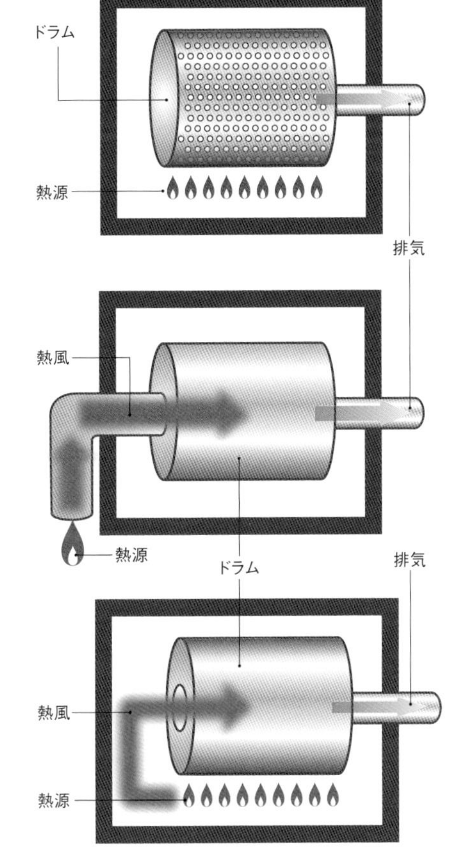

直火式

網状に穴の開いたドラムに豆を入れ、直下にある熱源で加熱する。網目を通して火が豆を直接煎る基本構造は、手網焙煎（→P264）と同じ。ドラム内の温度が一定になりにくいため、焼きムラが出やすく、時間もかかる。一度に大量の豆を焙煎するのには不向き。

熱風式

穴のない鉄板ドラムの中に、隔絶された熱源から起こした熱風を送り込んで加熱する。ドラム内の温度が均一に保ちやすく、温度調整も正確に行えるため、煎りムラが少ない。効率的に大量焙煎が可能なので、大手メーカーで使用する大型焙煎機は熱風式がほとんど。なお、機種によっては、穴の開いたドラムが使われている場合もある。

半熱風式

文字通り、直火式と熱風式、両方の要素を持つ構造。穴のないドラムを直下の熱源で熱し、同時に熱風も送り込んで焙煎する。豆に火は直接当たらないが、熱されたドラムが鉄鍋のような役割になる。自家焙煎のカフェなどでもよく使われているタイプ。

焙煎機の構造は大別すると3種類

プロのロースターが使用する焙煎機は、50g用程度の小型機から30kg用の中型機、大手メーカーなどで使われる500kg用の大型機まで、さまざまな大きさのものがあります。メーカーによってそれぞれ構造も異なりますが、おおよそ「直火式」「熱風式」「半熱風式」の3つに分けることができます。

「直火式」は、網状のドラム（豆を入れる釜）に入った豆を、下から直火で炙るイメージ。最も基本的な構造といえます。「熱風式」は、穴のないドラム（穴の開いた機種もある）の中に入れた豆を熱風によって加熱。「半熱風式」は両方を合わせた構造で、穴のないドラムを熱すると同時に、熱風も送り込みます。

それぞれ特徴があり、自家焙煎店やメーカーでは店の規模や目的に合わせて選んでいます。

焙煎機の構造

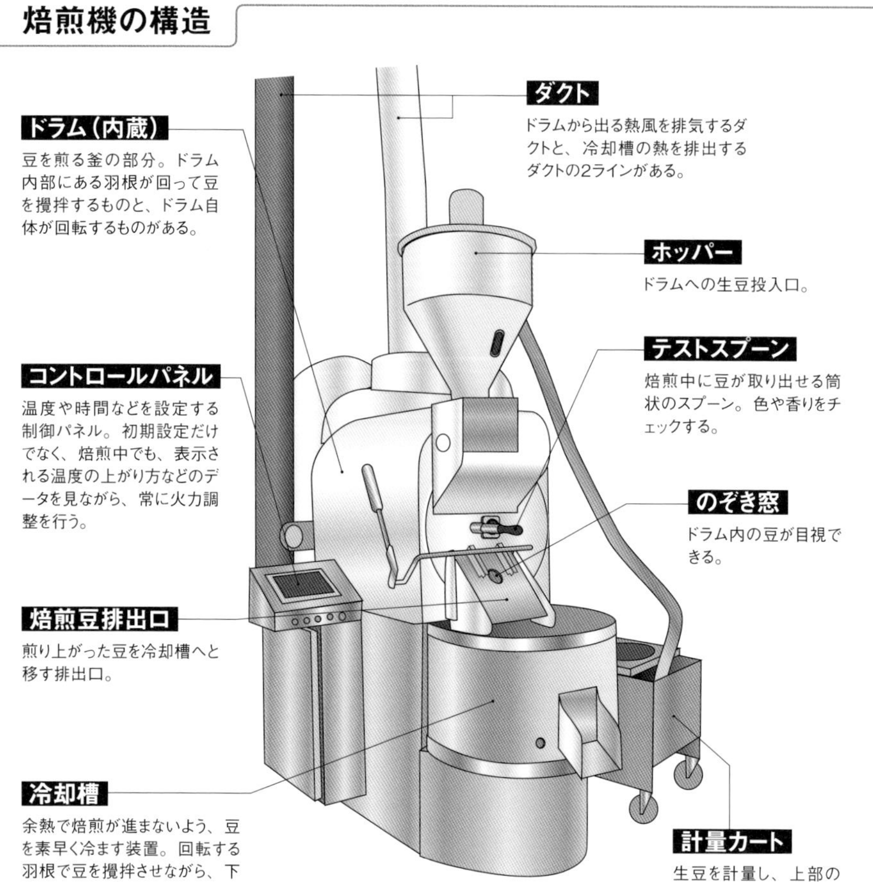

経験からでしか学べない煎り止めタイミング

どんな構造の焙煎機でも、焙煎の流れはほぼ同じです。「ドラム」や「チャンバー」と呼ばれる釜の中に豆を入れて加熱し、煎り上がったら冷却槽に移して、焙煎が進まないよう素早く冷まします。

近年では、コンピュータ制御の焙煎機が増えており、温度や時間を設定すれば全自動で行うこともできますが、何℃で何分といった火入れ具合を判断するのは人間です。また、全自動だからといって、生豆を投入したのち、機械任せにすることはできません。途中で窓をのぞいたり、スプーンで取り出したりして、色や形状、香りなどを確かめます。

豆の個性を生かすための微妙な調整や、適正な煎り止めの判断などは、職人の経験や知識が必要不可欠なのです。

焙煎の手順

焙煎機を起動・着火したら、計量カートに生豆を投入。計量カートからホッパーへと送られる。

目的の焙煎度に合わせ、温度や時間などの設定を行う。焙煎中も常にパネルを見ながら調整を施す。

焙煎中はのぞき窓からドラム内部の豆を見たり、テストスプーンで取り出したりしてチェックする。

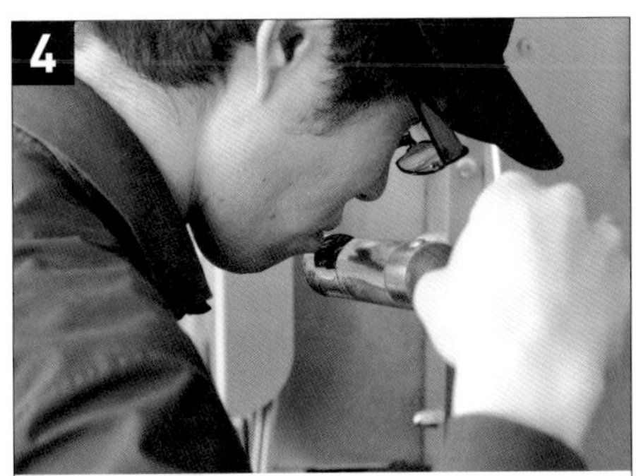

煎り止め近くなると短時間で焙煎が進むので、香りや色を何度もチェックする。

目的の焙煎度に達したら排出口から冷却槽へ移し、これ以上焙煎が進まないよう、素早く冷却する。

冷却が終了したら、冷却槽から袋や容器に取り出す。

ホームローストに挑戦！

用意する道具

手網

さまざまなサイズや形がある。ここでは直径22㎝の丸形を使用。

カセットコンロ

台所のガスコンロでもよいが、チャフが飛び散り、煙やにおいも出るので、場所が選べるカセットコンロがおすすめ。

クリップ

焙煎中に豆が飛び出さないよう、手網のふたを留めておくために使用する。

タイマー

焙煎は時間を計りながら行う。焙煎の様子と時間の記録をとっておき、検証および次回の参考に。

意外に敷居が低い自宅での焙煎

初期の焙煎は、素焼きの土器か石の器を火にかざして煎ったといわれています。のちに、フライパンのような鉄鍋が使われるようになり、現在でもエチオピアの「カリオモン」と呼ばれるコーヒーセレモニーは、鉄鍋で豆を煎るところから始めます。現代の日本でも、身近な道具を使ったホームローストが楽しまれており、なかでもよく使用されているのが手網です。

鍋で豆を煎る様子

生豆の準備

今回使用した豆

ブラジル豆
150 ～ 200g

初心者は小粒の豆を選ぼう

豆の種類は好みでよいが、肉厚で大粒のものは中まで火が通りにくいため、ビギナーは小粒で肉薄なものを選ぶとよい。また、火の通り方にバラつきが出ないよう、できるだけ粒が揃ったものを用意したい。ここでは、比較的簡単なブラジル豆を使用。

分量は手網の大きさに合わせて

生豆の量は手網の大きさにもよるが、直径22cmなら150 ～ 200gくらいがおすすめ。少ないと焦げやすく、多いと均一に加熱できずに煎りムラができる。加えて、重いと腕に負担がかかり、振り続けるのが難しくなってしまう。

金ざる

焙煎した豆を冷却するために使用。底が平らで大きいほうが、豆が重ならずに手早く冷ませる。

ドライヤー

豆を冷却する送風機として使用。少量なら、うちわなどであおいでもよい。

軍手

やけど防止のために、軍手を使用するとよい。

焙煎を行うときは換気が容易な場所で

手網の利点は、軽くて振りやすく、手入れも簡単なところ。火の上で10分から20分ほど振り続けるので、軽量であることは大切なポイントです。コーヒー豆専用の手網もありますが、ギンナンを煎る網でも大丈夫。金物店やインターネット販売などで購入できます。

焙煎中は、「チャフ」と呼ばれる豆に付着している薄皮が大量に飛び散ります。煙やにおいも出ますので、持ち運び可能なカセットコンロなどを用い、換気がしやすく汚れても差し支えない場所を選びましょう。

道具を揃えたら、生豆を用意します。ビーンズショップなどでも手に入れられますが、最近はインターネット販売も充実しています。なかには、豆と道具がセットになった、スターターキットもあります。

おもな欠点豆

虫食いや発酵など、状態の悪いコーヒー豆を「欠点豆」という。また、穀類など、豆とは違う夾雑物が混じっていることもある。

石

精製時の天日干しの際、石や小枝などが混じることがある。石が混入したままミルで挽くと、刃を傷める原因にも。

ハンドピックを行う

使用する豆全部を一度に見ようとせず、少しずつ数度に分けて行うとよい。トレイに豆が重ならないように広げたら、指でいくつかに区切り、ブロックごとに見ていくと集中力が高まる。

豆を広げるトレイは、白いもの（写真右）より黒いもの（写真左）のほうが、豆の状態が判別しやすい。ただし、黒でもツヤのあるトレイは、光が反射し、かえって見にくくなるので、マットな素材を選ぼう。ツヤのない黒い紙を敷くのもおすすめ。

風味を濁らせる異物や欠点豆を除く

コーヒーの生豆には、生産処理中に入り込んだ石や穀類などの夾雑物（きょうざつぶつ）、虫食い豆といった欠点豆が混じっています。これらを手で取り除くことを「ハンドピック」といいます。

しっかりと選別されたスペシャルティコーヒーにはあまり見られませんが、コマーシャルコーヒーのグレードの低いものには、こうした欠点豆が多く含まれています。特にナチュラルで生産処理されたものに顕著で、ときには混入率が40％に及ぶことも。このまま焙煎して淹れると、異臭のする不快なコーヒーになってしまいますので、焙煎前にはハンドピックを行いましょう。

ハンドピックの方法は、トレイなどに豆を広げ、目で確認しながら欠点豆を見付けていきます。このとき、ツヤのない黒い

ヴェルジ（未熟豆）

実が未成熟のまま収穫・生産処理された豆。この豆があると、青臭さや渋味が出て、風味を著しく損ねる。

黒豆

地表に落下して長く土に触れていたり、完全に発酵したりして黒くなった豆。液質の濁り、腐敗臭の原因となる。

発酵豆

ウォッシュトの発酵槽で発酵した豆。収穫後すぐに生産処理を行わなかった場合や、保管・輸送中に起こることもある。

死豆

正常に結実せず、香味に欠けた豆。煎ると色付きが悪いため、焙煎後のほうが見分けやすい。写真は焙煎後。

カビ豆

乾燥が不完全だったり、保管・輸送中に湿気を帯びたりして、カビが生えた豆。焙煎してもカビ臭さはとれない。

パーチメント

パーチメントとは内果皮のことで、脱殻時に取り切れずに残っている豆をさす。渋味やえぐ味の原因となる。

コッコ

脱殻不良などで果肉が残ってしまったもの。ヨード香などの異臭を放つ。

貝殻豆・割れ豆

生育不良などで貝殻状に変形した豆を「貝殻豆」、輸送中などに欠けてしまった豆を「割れ豆」と呼ぶ。ともに煎りムラの原因に。

虫食い豆

コーヒーを食べる害虫（ベリーボーラー）などにより、小さな穴が開いた豆。液質の濁りや、悪臭の元となる。

トレイを使用すると、豆の欠点が見えやすくなります。黒い紙などを敷いてもよいでしょう。

ハンドピックは焙煎後にも行おう

欠点豆のなかには、死豆など焙煎したあとのほうがわかりやすいものもあるので、焙煎後もハンドピックを行います。このとき、焦げすぎた豆や色付きが足りない豆なども、一緒に取り除くとよいでしょう。味のバラつきを防ぎ、より美味しく仕上がります。

焦げすぎた豆も雑味の原因になるので取り除く。

手網に生豆を入れ、ふたを閉じる。写真は撮影のためにふたを開けているが、実際に行うときは豆が飛び出さないよう、クリップで留める。

コンロの火を中火にし、手網を炎から15～20cmほど上になるように持って、水平に振る。右の写真のように傾けると、豆が偏って均一に煎りにくい。

10分ほど経過。チャフが出終わり、きつね色になってくる。11分半ほどで1ハゼが始まり、パチパチと音がしてくる。1ハゼ直前で煎り止めるとライトロースト、最中でシナモン、直後でミディアム程度。

14分後くらいに、2ハゼが始まる。2ハゼ直前で煎り止めるとハイロースト程度。写真はハイロースト。

3

3分ほど経つと、チャフが飛び散りだす（右写真）。豆の水分が抜けてきて白っぽくなり、薄く色付き始める。

4

豆の煎り具合にバラつきがあるようなら、炎から遠ざけ、熱風で煎るような感覚で、色が揃うように調整する。※焦げに気を付ければ、あまり振り方や高さを気にしなくてもよい。

7

2ハゼが始まると同時に、シティ、フルシティ、フレンチと進み、完全に終わるとイタリアンロースト。この間2～3分でいっきに進むので注意する。写真は16分で煎り止めしたフルシティロースト。

8

目的の焙煎度になったら金ざるにあける。余熱でも焙煎が進むので、ドライヤーなどで冷風を送り、素早く冷却する。素手で触れるようになればOK。

Kentaro's Column

コーヒーと出会って コーヒーに魅せられて vol.3

仲間とともに初のブラジル訪問。サマンバイア農園のピッカーの女性と

スペシャルティコーヒーとの出会いと転機

1982年、アメリカスペシャルティコーヒー協会（SCAA）が設立されましたが、「スペシャルティコーヒー」という言葉が世界的に広まるのは、それから20年近く待たねばなりません。私がスペシャルティコーヒーに出会ったのも、その頃でした。

ひとりのコーヒーマニアの青年に、パソコンで情報交換をしているコーヒー店グループのことを聞きました。そのグループは、のちに「珈琲の味方塾（現ジャパン ロースターズ ネットワーク）」として、ともにインターネットオークションなどの活動をするようになる仲間たちの原型です。やがて、国内だけでの勉強にもの足りなさを感じた私は、その後もたくさんの「出会い」を通して、産地に直接足を運ぶようになりました。

コーヒーとともに新しい世界へ

振り返れば、昔からコーヒーが好きだったわけではありません。むしろ、美味しくないとさえ思っていました。コーヒー専門店を始めたときは、「丸山がコーヒー？」と驚く友人もいたくらいです。もしかしたら、〝コーヒー嫌いの自分が美味しいと思うコーヒー〟を求め続けているのかもしれません。

入り口は、クラフトマンシップに対する敬意や、やりがいのある仕事としての期待感でした。この仕事を始めて30年以上、さまざまな人に出会い、そのたびに新しい世界が広がりました。もともとコーヒーに思い入れがなかった反面、新しいことに対する抵抗感もなかった。「もっと美味しいコーヒーを、たくさんの人に楽しんでほしい」。いつでもそれが、次の世界へ踏み出す原動力です。

Chapter 5

コーヒー・ア・ラ・カルト

コーヒーノキの原産地は?
コーヒーが飲み物として
親しまれるようになったのは?
淹れ方はどんなふうに変わってきたの?
コーヒーにまつわる歴史や逸話を知れば
さらに“通”になれるはず!

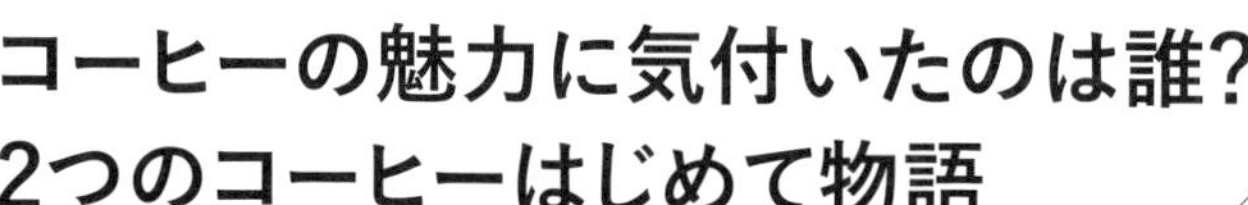

コーヒーの魅力に気付いたのは誰? 2つのコーヒーはじめて物語

1

アビシニアの山羊飼い カルディの伝説

コーヒーがいつ、どのように飲まれるようになったのかは、さまざまな説がある。そのなかでも、巷間に知られる2つの伝説を紹介しよう。

ひとつめは、アビシニア(現在のエチオピア)に住んでいた、カルディという名の山羊飼いの話。あるときカルディは、普段はおとなしい山羊たちが、飛んだり跳ねたりしていることに気付く。不思議に思って観察すると、ある木の実を食べていることが判明。自分でもその実を食べてみると、気分爽快になった。

このことを知った近くの修道僧は、夜の宗教儀式の際の眠気覚ましにこの実の汁を利用するように。やがてそこは、「眠らずの修道院」と呼ばれるようになったという。

イエメンのイスラム修道者 オマールの伝説

ふたつめは、イスラム修道者シーク・オマールの話。イエメンの町・モカで祈祷などを行っていたオマールは、領主の娘との不祥事を疑われ、町を追われることに。彼が山中の洞窟で飢餓と闘っていると、美しい鳥の導きで灌木に生る実を発見する。その実を洞窟に持ち帰り、煮出して汁を飲んでみると、たちまち空腹や疲れが癒された。

この2つの話はあくまで伝説だが、いずれもコーヒーの起源が東アフリカ・アラビア半島あたりにあることを示唆しているといえよう。そして、イスラム圏、特に聖職者の間でコーヒー飲用が始まったというのが、ほぼ定説となっている。

Café à la carte

2 「コーヒーノキ」はどこで生まれどのように栽培が広まった?

長い旅の始まりはアビシニア高原

高品質のレギュラーコーヒーとして一般的なアラビカ種のひとつティピカ(→P112)の原産地は、前ページの「カルディ伝説」と同じアビシニア(エチオピア)高原とされている。ここに自生していた原種がイエメンに移植され、イスラム世界で秘薬として栽培され始めた。

1600年頃(1695年ともいわれる)、巡礼者ババ・ブーダンによってコーヒーの種子がインドへと伝えられる。やがてヨーロッパにその存在が知られるようになると、1699年にオランダの東インド会社によって、インドからジャワ島へ。これが現在インドネシアで栽培されている木の元となった。

その後、ジャワ島からオランダ、さらにフランスを経由し、1720年頃に西インド諸島のマルティニーク島へ到着。ここから中南米諸国へと広まっていった。

別ルートで伝わったもうひとつの代表品種

ティピカがヨーロッパに渡った頃、東インド会社の手によりイエメンからマダガスカル島東方のブルボン島(現在のレユニオン島)に運ばれたものもあった。そこから東アフリカやブラジルなどに伝播するのだが、のちにティピカとは別種と判明。島の名前をとって「ブルボン」と名付けられた。

この2つは「2大栽培品種」と呼ばれ、突然変異や交配により数々の品種を生み出した。

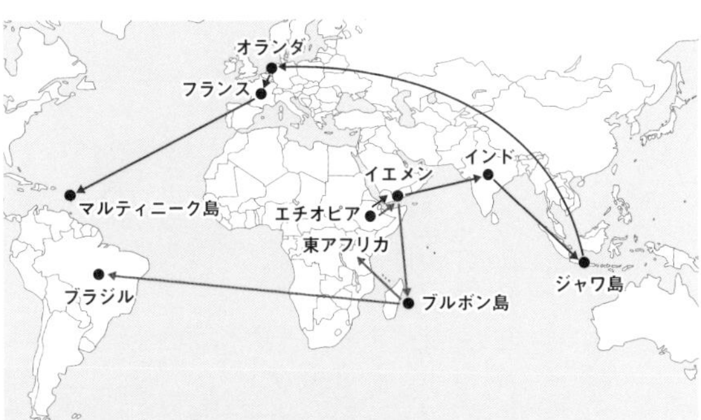

←― ティピカ
エチオピア～イエメン～インド～ジャワ島～オランダ～フランス～マルティニーク島～中南米諸国

←― ブルボン
エチオピア～イエメン～ブルボン島～東アフリカ、ブラジル等

3

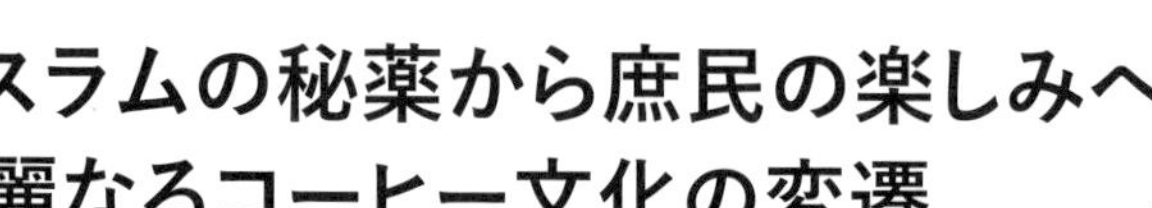

イスラムの秘薬から庶民の楽しみへ 華麗なるコーヒー文化の変遷

イスラム修道者から一般市民にそしてヨーロッパへ

コーヒーが飲用されるようになったのは、15世紀前後だと考えられている。最初はイスラム修道者が秘薬として用いていたが、アラビア半島のメッカやメディナといった都市部に伝わるうちに、一般の人々の間にも広がっていった。

16世紀半ば、トルコのコンスタンティノープル（現在のイスタンブール）に、多くのコーヒーハウスが誕生する。絨毯や調度品に彩られた豪奢な場所で人気を博したが、一方では堕落の温床という理由で、指導者から弾圧されることもあった。

やがてヨーロッパ圏にもコーヒーの存在が知られるようになり、1616年には東インド会社がオランダにはじめてコーヒー豆を輸送する。商業輸入が開始されると、1645年にベネチアで、1650年にはイギリスでそれぞれコーヒーハウスが開店。次第にヨーロッパ世界に浸透していく。そして1668年頃、北アメリカに伝播した。

栽培地域の拡大とともにコーヒー文化が開花

17世紀末、オランダがジャワ島にコーヒーの苗木を持ち込むなど、それまでイスラム世界が独占していたコーヒー生産が、東南アジアや中南米でも始まった。一方、フランスやイタリアでカフェ文化が開花し、ドイツではコーヒー騒動を風刺したバッハの名曲「コーヒー・カンタータ」が発表された。

また、独立前夜のアメリカでは、茶葉を海に投げ捨てる市民暴動「ボストン茶会事件」が勃発。これがきっかけとなり、紅茶の代わりにコーヒーが常用飲料の座に。やがて世界最大のコーヒー消費国となったのだ。

4 はじめてコーヒーを飲んだ日本人は? 日本のコーヒー文化史

鎖国時代にすでに渡来 薬として紹介されたコーヒー

日本にコーヒーがもたらされたのは、鎖国政策をとっていた江戸時代、唯一海外との貿易が認められていた長崎の出島だというのが通説。はじめてコーヒーを飲んだ日本人は、出島のオランダ商館に出入りしていた、商人や通詞（通訳）たちあたりだと考えられている。

18世紀後半から19世紀前半には、蘭学者や蘭学医によってコーヒーの効能などが紹介された。長崎に鳴滝塾を開いたことで有名なシーボルトも、そのひとりである。興味深いのは、狂歌師としても知られる幕臣・大田南畝（蜀山人）が、コーヒーを飲んだ記録を残したこと。いわく、「焦げ臭くて飲めたものではない」という感想だった。

文明開化とともに「薬」から「嗜好品」へ

明治に入ってコーヒーの輸入は本格化し、上流階級の間でハイカラな飲み物としてもてはやされた。明治21（1888）年、東京・下谷で日本初のカフェ「可否茶館」が開店。この店は4年で閉店するが、明治末になると銀座にカフェが次々と誕生する。大正期には、ミルクホールの流行にも後押しされ、コーヒー消費量が飛躍的に伸長。第二次世界大戦中に輸入が完全ストップするなど暗黒時代もあったが、やがてコーヒーは、日本文化に浸透していった。

5 コーヒーの味わいは進化し続ける!? 淹れ方と道具の変遷史

煮出すトルコ式からこすヨーロッパ式へ

コーヒーの実は、そもそも食べ物として摂取していたといわれている。9世紀頃、アラビア人医師ラーゼスが著した医学書に、「ブンチュム」と呼ばれる植物の煮出し汁についての記述があり、これがコーヒーのことではないかという説があるが、はっきりとした確証はない。

生豆を煎ってから煮出すようになったのは、13世紀頃と考えられている。イスラム世界で飲み物として広がると、柄杓のような形をした「イブリック」と呼ばれる抽出器具が登場する。これは、イブリックの中にコーヒー粉と水を入れて煮出し、カップに注いで上澄みを飲むという方法。現在の「トルコ式コーヒー」も同様の飲み方だ。

17世紀にコーヒーがヨーロッパ世界に伝播すると、やがて沈殿するカスをこし取る方法が考えられ始める。1760年頃、まずはネル製の袋にコーヒー粉を入れ、熱湯で浸漬する方法が考案される。1800年頃になると、金属フィルターが付いた上段に粉を入れ、熱湯を注いで下段に抽出液を落とす「ドリップポット」がフランスで発明された。これが現代のドリップ式の原点とされている。

現在の抽出器具は、「浸漬式」と「透過式」の2つに大別できるが、この時点で「トルコ式＝浸漬式」「ドリップ式＝透過式」が出揃ったわけである。

あくなき探求心が多様な器具を生み出した！

1820年頃にフランスで考案された「パーコレーター」は、

メリタ式コーヒーフィルター　パーコレーター　イブリック

エスプレッソマシン

マキネッタ

ポットの中のバスケットに粉を入れ、本体に水を入れて火にかけるもの。丈夫さと簡便さがうけて西部開拓時代のアメリカで普及し、現在でもアウトドアでよく使われている。

1840年頃、イギリスの造船技師がサイフォンの原型ともいえる気圧差を利用した抽出器を発明。ただし、この頃のものは形が異なり、現在のように上下に連結された器具は1942年にフランスで生まれた。

一方、イギリスでは、ドリップポットの金属フィルターをネル袋に変えたものが普及していた。そして20世紀に入ると、ドイツのメリタ・ベンツ夫人により、紙のフィルターを使う「ペーパードリップ」が開発された。

エスプレッソマシンの登場 そして、進化は続く

イタリア語の「エスプレッソ」は、「急行」の意味を持つ。その名の通り、気圧を利用して抽出速度を上げる淹れ方は、19世紀半ば頃から模索されていたという。20世紀に入ってすぐに、イタリアで実用化に成功。やがて、「マキネッタ」のような直火式だけでなく、電気タイプ、全自動タイプ、そして現代の「エスプレッソマシン」へと発展していった。

コーヒーの好みがバラエティに富むようになった現代、加速度的にニュータイプの抽出器具が登場する。水を一滴一滴垂らし、数時間かけてアイスコーヒーを作る「ウォータードリッパー」。注射器のように、手動で圧力をかけて抽出する「エアロプレス」……。コーヒー愛好家にとって、味わいの追求に終着点はないようだ。

抽出器具の開発略史

16世紀	18世紀	19世紀			20世紀	
イスラム世界で「イブリック」が誕生	**1760年頃** ネル製の袋で粉をこすことが考案される	**1800年頃** フランスで「ドリップポット」が誕生	**1820年頃** フランスで「パーコレーター」が考案される	**1840年頃** イギリスで「サイフォン」の原型が登場	**1900年頃** イタリアで「エスプレッソマシン」が実用化	ドイツのメリタ・ベンツ夫人が「ペーパードリップ」を開発

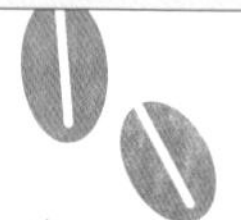

発明大国日本はコーヒーの世界でも活躍！

6

インスタントコーヒーを作ったシカゴ在住の日本人

カップに粉を入れ、湯を注ぐだけで出来上がるインスタントコーヒー。発明したのは、シカゴに在住していた日本人科学者、加藤サトリ（サトル、サルトリとも）博士だといわれている。加藤博士は、1901年にニューヨーク州バッファローで開催された「パンアメリカン博覧会」で、「ソリュブル（溶ける）コーヒー」として発表。しかし製品として軌道にはのらなかった。数年後、実際に商品として大量生産を果たしたのはジョージ・C・L・ワシントンという人物だった。なお、加藤博士の詳細な経歴はわかっていない。

インスタントコーヒーは当初、その手軽さゆえ、おもにアメリカの軍事用品として製造された。1938年、スイスのネスレ社が「ネスカフェ」を発売し、第二次世界大戦が終わると一般に広まった。

缶コーヒー誕生のきっかけは列車の発車ベル？

日本独特のコーヒー文化として挙げられるのは、どこでも手軽にコーヒーを楽しめる缶コーヒーだろう。この缶コーヒーを考案したのは、UCCの創業者、上島忠雄氏である。ある日上島氏が駅の売店で瓶入りのコーヒー牛乳を飲んでいたところ、発車ベルが鳴った。飲みきれないままに瓶を返すとき、瓶を缶にすればどこでも飲めるようになる、とひらめいた。こうして、1969年に、世界初の缶コーヒーが誕生したのだ。

ちなみに、ホットとコールドの機能が付いた自動販売機を開発したのも、やはり日本の飲料会社、ポッカである。こうした販路環境の多様化も手伝って、缶コーヒーは毎年数多くの新製品が出るほど、日本人になじみ深いものになったのだ。

発売当時の缶コーヒーは、プルタブ式ではなく、缶切りで穴を開けて飲むタイプだった

Café à la carte

7

コーヒーに含まれる多彩な成分 コーヒーとカラダの関係は?

コーヒーより玉露のほうがカフェインが多い!?

コーヒーの成分でまず思い浮かぶのは、「カフェイン」であろう。カフェインとは医薬品にも使われる有機化合物で、中枢神経興奮や胃液分泌促進、利尿などの作用がある。そのため、カフェインを含むコーヒーは、眠気覚ましや、消化促進などに効果があるとされているのだ。

文部科学省が公表している「日本食品標準成分表2020年版（八訂）」によれば、レギュラーコーヒー100㎖中のカフェインの量は60㎎である。同じくカフェインを含む茶類を見ると、玉露が160㎎、紅茶が30㎎、煎茶や烏龍茶が20㎎だ。玉露はコーヒーの2・5倍以上も多く含んでいるのに、コーヒーよりもカフェインの効果について言及されることが少ない。いったい、なぜだろうか?

それは、茶類に含まれるアミノ酸の一種「テアニン」が、カフェインの興奮作用を抑制するから。特に玉露に多く含まれているため、カフェインの効果を打ち消す率も高いというわけだ。

最近注目の「クロロゲン酸」って何?

コーヒーの苦味に関係する成分に、ポリフェノールの一種である「クロロゲン酸」がある。近年、コーヒーに含まれるクロロゲン酸類が注目を浴びている。

生活習慣に起因する糖尿病を「2型糖尿病」というが、コーヒーがこの2型糖尿病予防に効果ありとの報告が相次いで発表された。また、コーヒーを飲む人は飲まない人に比べ、肝ガンや子宮体ガンの発症率が低いという報告もある。これらの効果に、コーヒー中のクロロゲン酸類が関係しているのではないかといわれているのだ。

一方、クロロゲン酸は、ミネラルやビタミンB_1・B_2の吸収を阻害するともいわれている。いずれにせよ、「過ぎたるは及ばざるがごとし」。コーヒーは適度に楽しむのが一番だろう。

覚えておくと役に立つ!? コーヒートリビア集 8

野生動物が精製を手伝う!? 幻のコーヒー「コピ・ルアク」

赤く色付いたコーヒーチェリーは、見るからに美味しそうな木の実である。インドネシアの農園では、この熟した実を野生のルアク（現地の言葉でマレージャコウネコの意）が食べるのだが、種子部分は消化できずに排泄する。その種子を集めて作られるのが「コピ・ルアク」だ。

排泄物から豆を集めて洗浄したあとは、パーチメント（内果皮）を脱殻するのみ。果肉は消化されているので、ルアクは〝生きたパルパー（果肉除去機）〟と考えられなくもない。一説では、体の中の消化酵素や細菌の影響により、独特な風味が生まれるともいわれている。

そのほか、タイでは象の排泄物から、ペルーではハナグマ、台湾では猿の吐き戻したものから作られるコーヒーが存在する。

これらは生産量が少ないために、市場では高値で取引されている。ネット販売などで入手できるものもあるので、一度味わってみるのはいかがだろう。

幻のコーヒーを生み出す、マレージャコウネコ

コーヒー豆の形の記念碑が建てられた理由とは？

北海道稚内市・宗谷公園内に、巨大なコーヒー豆の形をした記念碑があることをご存じだろうか。「なぜここにコーヒー豆？」と思われるが、そこには意外な歴史が関わっている。

文化4（1807）年、ロシアの南下政策に対抗するため、江戸幕府は北方警護に津軽藩士を派遣する（翌年には会津藩士も派遣）。しかし、寒さと野菜不足が原因とされる水腫病により、多数の犠牲者が出た。いったん派兵は打ち切られたが、安政2（1855）年に再開。そのときには、暖房具などとともに、水腫病の予防薬としてコーヒー豆が配給されたのだという。

1992年、コーヒーが飲めずに逝った藩士と、薬として大事に飲んだ先人に想いを馳せ、コーヒー豆をかたどった「津軽藩兵詰合の記念碑」が建てられた。

戦時中の苦肉の策が現代では健康飲料に！

「代用コーヒー」という言葉

タンポポの根を煎じて、コーヒーの代用としていた

をご存じだろうか。読んで字のごとく、コーヒーの代わりに用いられた食品のことだ。

日本をはじめ、コーヒーを生産していない地域では、コーヒー豆は100%輸入に頼っている。したがって、戦争などで輸入が困難な時代には、ほかの植物の種子や根などを煎って粉末にし、コーヒーの代わりに飲用していた。有名なのが、チコリやタンポポの根、サツマイモ、大豆、ドングリなど。単体で使用されるだけではなく、コーヒー豆に混ぜる、いわゆる「かさ増し」としても利用されていたという。

現在、これらのなかには、コーヒーの代用品ではなく、健康食品として利用されているものもある。「タンポポコーヒー」や「チコリコーヒー」などと呼ばれるものがそれ。カフェインを含まないので、カフェイン摂取を気にする妊婦などの間で人気があるそうだ。

灯火親しむ時期に温かいコーヒーはいかが？

10月1日は「コーヒーの日」。これは、10月1日から翌9月30日が国際協定によって定められたコーヒーの会計年度であることに加え、日本では秋冬の時期にコーヒーの需要が高まることから、社団法人全日本コーヒー協会によって定められた。では、なぜ10月が年度はじめなのかというと、生産大国ブラジルでの収穫が、9月にほぼ終了することに由来する。

農作物である生豆は、収穫された年によって呼び名が変わる。そこに関わってくるのが、前述の「年度」だ。年度内に収穫された豆を「ニュークロップ」といい、前年度のものは「パストクロップ」という。ただし、ニュークロップであっても、次の収穫時期にほど近い端境期のものは、「カレントクロップ」という。2年以上経つと、「オールドクロップ」と呼ばれる。

また、コーヒーの収穫は、一般的に乾期に行われるが、コーヒーのおもな生産地は赤道を挟んで北緯25度から南緯25度と広いため、収穫時期はさまざまである。おおまかにいうと、ブラジルなどの南半球では5月～9月、中米やエチオピアなどの北半球では10月～翌3月が収穫時期である。そしてインドネシアなどの赤道直下では、年に2回収穫するという。

専門のビーンズショップなどに行けばこうした情報も聞けるので、ときには収穫年度や時期にもこだわって選んでみるのもいいだろう。

珈琲用語事典

Coffee Glossary

あ行

アフリカンベッド
生産処理の際、パーチメントコーヒーなどを乾燥させる高床式の棚のこと。

アラビカ種
コーヒーの品種のひとつ。ティピカ、ブルボンなど、多くの栽培品種がある。

イブリック
トルコ式コーヒーを作る、柄杓のような形をしたコーヒー抽出器。「ジャズベ」とも呼ばれる。

インスタントコーヒー
湯や水に溶かすだけで飲めるコーヒーのこと。日本人科学者の加藤博士が発明したといわれる。

ウォッシュト
生産処理のひとつ、もしくはこの方法で生産処理された豆のことをさす。コーヒーチェリーを水に浸け、夾雑物を取り除いてから果肉を除去し、ミュシレージを発酵槽で分解・除去して乾燥させる。ミュシレージを機械で除去する場合もあるため、発酵槽を使って取り除いた場合を特に「フーリーウォッシュト（fully-washed）」と呼ぶこともある。

ウォッシングステーション
ブルンディやルワンダ、エチオピアなどにある、共同の生産処理場のこと。アフリカの生産者は小規模農園が多いため、こうした共同処理場にチェリーを持ち込んで生産処理することがほとんど。ケニアなどでは「ファクトリー」とも呼ばれる。

エアロプレス
注射器のピストンを押すように、圧力でコーヒーを抽出する器具。

エスプレッソ
高圧・短時間で抽出する、濃厚なコーヒー。

エスプレッソマシン
エスプレッソを淹れるための専用器具。ミルクフォームが作れる、スチーマーが付いていることが多い。

オーガニックコーヒー
有機栽培により作られたコーヒー。日本ではJAS（日本農林規格）が定めた規格を満たしたものでないと、「オーガニック」や「有機」と表記できない。

か行

カッパー
カッピングをする人。品質の評価をする人。

カッピング
コーヒーの品質評価や味覚審査のための、テイスティングのこと。カップテストともいう。

カップ・オブ・エクセレンス（COE）
生産国ごとに行われる、その年に生産されたコーヒー豆の国際品評会。審査されるのは農園全体ではなくロットごとになり、上位に入賞したロットはインターネットオークションで販売される。

カップクオリティ
抽出されたカップの中のコーヒーの品質。おもにカッピングにおいて使用される言葉。

カネフォラ種
コーヒーの品種のひとつ。

カフェイン
コーヒーや茶葉、カカオなどに含まれるアルカロイドの一種。覚醒、興奮、利尿、基礎代謝促進といった作用がある。

金属フィルター
こす部分が金属でできたコーヒードリッパー。ペーパーフィルターを使用せず、直接コーヒー粉を入れる。純金コーティングされたものは「ゴールドフィルター」とも呼ばれる。

グラインダー
焙煎したコーヒー豆を粉に挽く道具。ミルともいう。手動、電動、刃の形、調整方法などの違いにより、さまざまなタイプのものがある。

グラインド
焙煎したコーヒー豆を粉に挽くこと。

グリーンコーヒー
コーヒーチェリーを生産処理したあとの生豆のこと。緑色を帯びていることが多いため、こう呼ばれる。

グレーディング
コーヒー生産国が出荷の際に行う、豆の格付けのこと。おもに粒の大きさ、栽培地の標高度、欠点豆の混入数などで決められるが、国によって規定が異なる。

グレード
グレーディングによって選別された品質のこと。等級ともいう。

クレマ
エスプレッソを抽出したときにできる、表面の茶色い泡のこと。クレマがきれいにできることが、うまく抽出されたことの目安になる。

クロップ
収穫年度。収穫後の時間経過により呼び方が変わり、当年度にできた豆を「ニュークロップ」、端境期のものを「カレントクロップ」、前年度のものを「パストクロップ」、それ以前のものを「オールドクロップ」と呼ぶ。

クロロゲン酸
コーヒーに含まれる、ポリフェノールの一種。近年、健康効果が注目されている。

欠点豆（けってんまめ）
コーヒー豆に混入されている、外観や風味を損なう豆のこと。発酵豆、黒豆、カビ豆などがある。

コーヒーサーバー
ドリップ式抽出の際に使われる、コーヒー液を受ける容器のこと。

コーヒーチェリー
コーヒーの果実のこと。赤いサクランボに似ているためこの名が付いたが、黄色などに熟するものもある。「レッドチェリー」や「チェリー」とも呼ばれる。

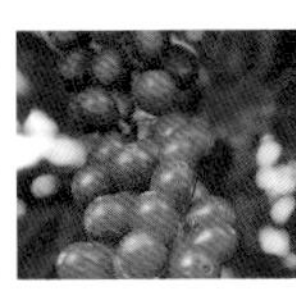

コーヒーノキ
アカネ科コフィア属の常緑樹。この木に実るコーヒーチェリーの種が、コーヒー豆になる。

コーヒーベルト
コーヒー栽培に適しているとされる、赤道を挟んだ北緯25度から南緯25度の地域。「コーヒーゾーン」とも呼ばれる。

コマーシャルコーヒー
一般的に多く流通しているコーヒー。「コモディティコーヒー」「メインストリームコーヒー」とも呼ばれる。

さ行

サイフォン
フラスコとロートを組み合わせて使用する抽出器具。フラスコの底部を熱することで生じる気圧差を利用し、コーヒーを抽出する。

サスティナブルコーヒー
サスティナビリティ（持続可能性）に配慮したコーヒーのこと。オーガニック、フェアトレードなど、さまざまなアプローチによる認証機関がある。

サビ病
「コーヒーサビ病菌」というカビによる、植物伝染病。発症すると葉の裏側に赤サビのような斑点が現れ、やがて木全体が枯れ落ちる。コーヒーの病気のなかで最も恐ろしい病気とされ、サビ病により絶滅した品種もある。また、セイロン（スリランカ）では早くからコーヒーが栽培されていたが、サビ病のために壊滅し、茶栽培に切り替えられた。

シェードツリー

コーヒーの木を過剰な直射日光から守るために植えられる樹木のこと。バナナなどの収入源になる植物を植えることも多い。また、渡り鳥の保護をはじめとする環境保全につながり、サスティナビリティ活動の一環ともなる。

シルバースキン

コーヒー豆の外側に付いた薄皮。「銀皮（ぎんぴ）」とも呼ぶ。

スクリーン

生豆を粒の大きさで分類する際に使用するふるい。これで計測された豆の大きさを「スクリーンサイズ」といい、国によっては豆のグレードの基準となる。

スチーミング

牛乳を蒸気によって温めたり泡立てたりすること。エスプレッソマシンに付いている、スチーマーを利用する。

スチームドミルク

スチーミングで温めた牛乳のこと。カフェラテやカプチーノなどに使用する。

ストレートコーヒー

複数種の豆を混ぜ合わせたブレンドコーヒーに対し、1種類の豆のみのコーヒーのことをさしてこう呼ぶ。

スペシャルティコーヒー

カッピングと呼ばれる官能検査によって、80点以上に評価されたコーヒー。種子からカップまですべての段階において、一貫した体制・工程・品質管理が徹底し、生産履歴が明確かつ、味わいの中に生産地の特徴的な素晴らしい風味特性が表現されたコーヒー。

スマトラ式

マンデリンで有名なインドネシア・スマトラ島で行われる、この土地独特の生産処理。コーヒーチェリーの果肉を除去・洗浄したあと、通常は水分量が11～13％程度になるまで乾燥させてから脱穀するところを、40～50％程度で脱穀する。

生産処理（せいさんしょり）

コーヒーチェリーの外皮と果肉、パーチメント、シルバースキンを取り除き、生豆の状態にすること。精製、精製処理ともいう。おもに「ナチュラル」「ウォッシュト」「パルプトナチュラル」に大別される。

精製（せいせい）

コーヒーチェリーからコーヒー豆を取り出すこと。生産処理。

た行

脱穀（だっかく）

乾燥させたコーヒーチェリーやパーチメント豆からグリーンビーンズを取り離すこと。

ダッチコーヒー

長時間かけて抽出する水出しコーヒー。「ウォータードリップ」ともいう。オランダ領時代のインドネシアで考案されたため、「ダッチ（オランダ人）」の名が付いたとされる。

チャフ

豆のセンターカット部分や表面に残ったシルバースキンが、焙煎中にはがれ落ちたもの。

抽出（ちゅうしゅつ）

焙煎した豆を粉にして、湯や水と接触させてコーヒー液にすること。さまざまな方法がある。

ディカフェ

カフェインを抜いたコーヒー。カフェインレスコーヒー。

デザインカプチーノ

カプチーノの表面に模様や絵を描くこと、または描いたもの。ミルクフォームを注ぐだけで描く場合は「ラテアート」、さらにピックや楊枝を使い、クレマなどで絵を描く場合を「デザインカプチーノ」ということが多い。ココアやチョコレートシロップを使うこともある。

テロワール
「土地」を意味するフランス語から派生した言葉で、コーヒー栽培地の風土性のこと。スペシャルティコーヒーの香味は、土壌や気象環境と密接に関係している。

等級（とうきゅう）
生産国ごとに設定された格付けのこと。グレード。

ドリッパー
ドリップ式抽出の際、粉を入れて湯を注ぐ器具。「コーヒーフィルター」とも呼ぶ。

ドリップ
ペーパードリップやネルドリップなど、粉に湯を透過させながら抽出する方法。

ドリップポット
ドリップ式抽出で使う湯を注ぐポット。注ぎ口が細く長いほうが、注湯コントロールがしやすい。

トルコ式コーヒー
イブリックに湯とコーヒー粉を入れ、煮出したあとに上澄みを飲むコーヒー。イスラム圏での伝統的な淹れ方。

トレーサビリティ
“追跡可能性”の意。コーヒーの生産地、農園、精製方法といった生産履歴の追跡が可能な状態。

な行

ナチュラル
生産処理のひとつ、またはナチュラル処理した豆のこと。収穫したコーヒーチェリーを乾燥させたあと、果肉とパーチメントを一度に脱殻する方法で、最も伝統的な処理法。「ナチュラル（natural）」は自然乾燥式とも訳されるが、天日乾燥の場合と機械乾燥の場合がある。そのほか、「乾式（dry）」「非水洗式（unwashed）」とも呼ばれる。

生豆（なままめ・きまめ）
焙煎する前の豆。グリーンビーンズともいう。

認証コーヒー
サスティナビリティを推進するNGO団体やNPO法人などから承認を得たコーヒー。認証の種類には「レインフォレスト・アライアンス」「フェアトレード」「バードフレンドリー」などがある。

ネルドリップ
フランネル生地を袋状にしたドリッパーで抽出する方法。

は行

パーコレーター
ポットの中のバスケット部分に粉を、本体に水を入れて、直接火にかける循環式の抽出器具。考案されたのはフランスだが、西部開拓時代のアメリカで普及した。

パーチメント
コーヒーチェリーの果肉とシルバースキンの間にある内果皮。パーチメントが付いた状態の豆は「パーチメントコーヒー」という。ウォッシュト処理の場合はパーチメントの状態で乾燥させてから脱殻するが、パーチメントのままのほうが保存性が高いため、そのまま取引して輸出直前に脱殻することもある。

焙煎（ばいせん）
生豆を加熱して香味を引き出すこと。ローストともいう。焙煎の度合いによって香味が変わる。

ハゼ
焙煎中に豆の中で二酸化炭素などのガスが発生して豆が膨張し、弾けて音がすること。通常2回のハゼが起こるため、ハゼ音が焙煎度合いを判断する基準になる。

パティオ
コーヒーチェリーやパーチメントコーヒーを、コンクリートやレンガの床に広げて天日乾燥させる乾燥場。

ハニープロセス
生産処理のひとつ。「ハニー製法」ともいう。パルプトナチュラルの一種で、パルパーで果肉を除去したあとに、ミュシレージを一定量除去してから乾燥させる。ミュシ

レージを残す量も数段階あり、残す量の少ないほうから「イエローハニー」「レッドハニー」「ブラックハニー」と呼ばれる。なお、ミュシレージのことを中南米では「ミエル（はちみつ）」と呼ぶため、「ハニー」という通称が付いた。

バリスタ

バーテンダーという意味のイタリア語。近年では、エスプレッソを中心としたコーヒーを提供する仕事を行う人、コーヒーのスペシャリストをさすことが多い。

パルパー

果肉（パルプ）を除去する機械。

パルプトナチュラル

ナチュラルとウォッシュトの中間に位置付けられる生産処理方法、またはその方法で処理された豆のこと。収穫したコーヒーチェリーをパルパーにかけて果肉を除去し、ミュシレージを残したままのパーチメントコーヒーを乾燥させて脱殻する。また、乾燥の前にミュシレージを機械で取り除く場合もあり、地域によっては全部取り除いたものを「エコウォッシュト」、さまざまな割合で残したものを「ハニープロセス」などとも呼ぶ。「半水洗式（semi-washed）」「半乾式（semi-dry）」という言い方をすることもある。

ハンドドリップ

手動で行うドリップ式抽出のこと。ペーパードリップ、ネルドリップ、金属フィルターなどがある。

ハンドピック

手で豆を選別すること。生豆から欠点豆を除去したり、焙煎後の豆から焼きムラのあるものを取り除いたりする。また、収穫の際に手摘みすることをさす場合もある。

ピーベリー

コーヒーチェリーの中には、通常2粒の種子（豆）が入っているが、発育不全等のために1粒しか入っていない場合があり、これをピーベリーと呼ぶ。丸い形をしているため「丸豆」とも呼ばれる。

微粉（びふん）

豆を挽いたときに出る、ごく細かい粉。カップの濁りや、過抽出の原因となる場合がある。

フェアトレード

〝公正取引〟〝公平貿易〟の意。発展途上国の原料や製品を適正な価格で取引することで、生産者の生活改善と自立を目的とする運動。認証機関に認定されると「フェアトレード認証コーヒー」と称することができる。

フォームドミルク

おもに蒸気で泡立てた牛乳のこと。カプチーノやマキアートなどに使用する。ミルクフォームともいう。

ブラックコーヒー

ミルクなどを加えていないコーヒー。日本では砂糖も入れないものをさすことが多いが、本来は砂糖の有無は問わない。

フラットビーン

通常のコーヒー豆のこと。丸い形のピーベリーに対し、向かい合った面が平たいことからこう呼ばれる。「平豆」ともいう。

フリーポア

ピッチャーでミルクを注ぐことのみで図柄を描く技術のこと。ラテアート。

プレミアムコーヒー

産地や品種が指定されているなどといった、背景に物語のあるコーヒー。

フレンチプレス

コーヒー抽出器具のひとつ。ポット部分にコーヒー粉と湯を入れ、ふたのフィルターを押し下げて粉と抽出液を分離する。「カフェプレス」「コーヒープレス」ともいう。

ブレンドコーヒー

2種類以上の豆を混ぜ合わせたコーヒー。味の創造、看板商品作り、価格調整など、さまざまな目的で作られる。

ペーパードリップ

ドリップ式抽出のなかでも、ペー

パーフィルターを使用する方法。

ペーパーフィルター

ペーパードリップで使用する、紙製のフィルター。

ま行

マイクロクライメイト

区画ごとの微妙な気候の違いのこと。「局所気候」「微小気象」などと訳され、コーヒーの地域特性や香味に影響を与える要因のひとつとされる。「テロワール」と同義で使われることもある。

マイクロミル

農園単体、もしくはいくつかの農園からなる共同体が所有する小型の生産処理場のこと。近年、マイクロミルでていねいに処理することで、付加価値のついた個性的なコーヒーを生産する地域も増えている。

マキネッタ

直火にかけて使用する、小型のエスプレッソメーカー。イタリアの家庭では一般的に使われている抽出器具。

水出しコーヒー

湯ではなく、水で抽出するコーヒーのこと。

ミュシレージ

コーヒー豆を覆うパーチメントの周囲に付着している粘液質のこと。「ムシレージ」「ムスラージ」「ミューシレージ」などとも表記される。

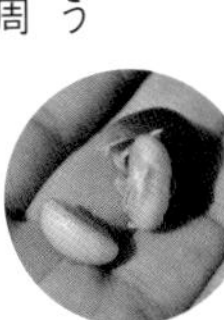

ミル

焙煎豆を粉に挽く器具。グラインダー。

ミルクピッチャー

コーヒーを提供する際に添える、ミルクやクリームを入れる容器。または、カフェラテやカプチーノに加えるミルクをスチーミングするときに使う専用容器のこと。

ミルクフォーマー

蒸気以外でミルクを泡立てる用具。「フローサー」「クリーマー」と呼ばれる製品もあり、手動式と電動式がある。

メッシュ

挽いたコーヒー粉の粒度のこと。粗挽きから細挽き、エスプレッソマシンなどに使う極細挽きなどがある。

ら行

ラテアート

エスプレッソにミルクフォームを注いで図柄を描くこと。特に定義はないが、ミルクの注ぎ方で絵を描くことを「ラテアート」、さらにつまようじやピックを使い、絵を描き入れることを「デザインカプチーノ」と呼ぶことが多い。

リブ

ドリッパーの内側にある凹凸のこと。ペーパーが密着するのを防ぎ、リブの部分からコーヒー液が抽出される。メーカーによってリブの高さや形状にこだわりがある。

リベリカ種

コーヒーの品種のひとつ。現在は西アフリカの一部で栽培されているが、日本にはほとんど出回らない。

レギュラーコーヒー

挽いたコーヒー豆から淹れる、通常のコーヒーのこと。インスタントコーヒーに対する言葉として使われるようになった。

ローグレードコーヒー

安価なレギュラーコーヒーや、インスタントコーヒーなど工業用に使用されるコーヒーのこと。

ロースター

焙煎機、または焙煎する人、焙煎業者のこと。

ロット

生産・製造の段階で発生する、製造単位のこと。

ロブスタ

コーヒー3原種であるカネフォラ種のなかの、栽培品種のひとつ。他の栽培品種はほとんど出回っていないため、「カネフォラ種」と「ロブスタ種」はほぼ同義で使われている。

おわりに

２０１４年に『珈琲完全バイブル』を発行してから、世界は大きく変化しました。〝今〟この文章を書いているのは２０２１年の3月です。

世界では何が起きているかというと……。

アメリカでは、一期続いたトランプ政権からバイデン新大統領に移行しました。イギリスはＥＵから正式に離脱しました。２０２０年から始まったコロナ禍はまだ終息していません。２０２０年に開催予定だった東京オリンピックは一年の延期が決定されましたが、2月の時点でまだ開催されるかはっきりしていません。ワクチンの接種は始まりましたが、接種希望者全員が受けられるまでまだまだ時間がかかりそうです。長引くコロナ禍の影響で、コーヒー店に限らずたくさんの飲食店が存続の危機に瀕しています。

みなさんがこの本を手にされている〝今〟、世界はどうなっているでしょうか？

コーヒーの世界での変化も見てみましょう。

２０２０年には、エチオピアで初めてのカップ・オブ・エクセレンス品評会が開催されました。中南米を中心に続いていた、発見・発掘プロセスがいよいよ本丸のエチオピアで始まりました。このプロセスはケニアにも飛び火しそうです。

人気の高級豆・ゲイシャ種は、世界各国で植え付けが広がっています。価格と供

給量のバランスが崩れつつあり、価格はこなれたものに移行していくでしょう。
また、アナエロビック（嫌気性）発酵、酵母を使った発酵などの生産処理方法は、今までにないフレーバーを体験させてくれることで人気が出始めています。
バリスタやロースターの競技会も、コロナ禍前までは活発で日本からも世界チャンピオンが出ています。日本ではマイクロロースター（小規模焙煎店）やコーヒーショップ、スタンドが増え続けています。
日本スペシャルティコーヒー協会による市場調査では、日本国内でのスペシャルティコーヒー市場は12％になり、今や市場の一角を占めているといえます。
２０１４年頃から続いた日本でのコーヒーブームは一段落したように思えます。が、ブームにとどまらない本物のコーヒーファンが増えたと、私は感じています。

あなたはどのような動機でこの本を手に取られたのでしょうか？　コーヒーに興味を持ち始めたばかり、もう少し上手にコーヒーが淹れられるようになりたい、焙煎に興味がある、将来コーヒーに関わる仕事がしてみたい……。いろいろな〝今〟があるのだと思います。
今回の改訂では、産地情報の一部、抽出器具情報など、最新情報を織り込んだものになっています。アマチュアからプロの方まで参考にしていただけるように、わかりやすさを心がけた一冊になっています。この本が、みなさんの〝今〟を豊かにしてくれるコーヒーライフの助けになれば幸いです。

丸山健太郎

協力・参考文献

取材・撮影協力

株式会社丸山珈琲

軽井沢本店

ADDRESS 長野県北佐久郡軽井沢町
軽井沢 1154-10
TEL 0267-42-7655

軽井沢本店

小諸店・焙煎工場

ADDRESS 長野県小諸市平原 1152-1
TEL 0267-31-0075
URL https://www.maruyamacoffee.com/

小諸店・焙煎工場

その他の取材・画像協力一覧

株式会社カリタ

TEL 045-440-6444
URL https://www.kalita.co.jp/

iDrip Japan 株式会社

TEL 0120-926-343
URL https://www.idrip.coffee/jp

一般社団法人 日本スペシャルティコーヒー協会

TEL 03-5400-5506
URL http://scaj.org/

珈琲サイフオン株式會社

TEL 03-3946-5481
URL https://coffee-syphon.co.jp/

HARIO 株式会社

TEL 0120-398-207
URL https://www.hario.com/

nendo

URL http://www.nendo.jp/

パナソニック株式会社

TEL 0120-872-313
（パナソニック The Roast カスタマーセンター）
URL https://panasonic.jp/roast/

BATHTUB COFFEE

TEL 048-606-3045
URL https://www.bathtubcoffee.com/

ボダムジャパン株式会社

TEL 03-5775-0681
URL https://www.bodum.com/jp/ja/

Franklin Inc.
(Flair Espresso Japan)

TEL 050-7117-4214
URL https://flairespresso.jp

株式会社ミツバ

TEL 03-3834-1021
URL www.mituba.com

メリタジャパン株式会社

TEL 0570-550267（お客様相談室）
URL https://www.melitta.co.jp/

主な参考文献

『新しいバリスタのかたち』
阪本義治 著（旭屋出版）

『エスプレッソ パーフェクト バイブル』
丸山珈琲 監修（ナツメ社）

『ALL ABOUT COFFEE コーヒーのすべて』
ウイリアム・H・ユーカーズ 著／
山内秀文 訳・解説（KADOKAWA）

『コーヒーおいしさの方程式』
田口護＋旦部幸博 著（NHK 出版）

『珈琲のすべてがわかる事典』
堀口俊英 監修（ナツメ社）

『珈琲の大事典』
成美堂出版編集部 編（成美堂出版）

『コーヒーの扉をひらこう』
丸山健太郎 著（第一企画）

『田口護の珈琲大全』
田口護 著（NHK 出版）

『田口護のスペシャルティコーヒー大全』
田口護 著（NHK 出版）

『丸山珈琲のスペシャルティコーヒーと、
コーヒーショップの仕事』
柴田書店 編（柴田書店）

監修　丸山健太郎（まるやま けんたろう）

1968年埼玉県生まれ、神奈川県育ち。株式会社丸山珈琲 代表取締役社長。COE（カップ・オブ・エクセレンス）国際審査員、ACE（Alliance for Coffee Excellence Inc.）名誉理事。
1991年に軽井沢にて丸山珈琲創業。2001年からは、バイヤーとして生産地訪問を開始し、現在でも、年間150日は産地を訪れる。また、数々のコーヒー豆品評会・審査会における、国際的カッパー（テイスター）としても活躍。「世界で最も多くの審査会に出席するカッパー」と呼ばれている。著書に、『コーヒーの扉をひらこう』（第一企画）がある。

監修協力／渡辺美代子、上山薫、中村友香（株式会社丸山珈琲）
編集協力／石川瑞子（株式会社アーク・コミュニケーションズ）
写真撮影／清水亮一、田村裕未
本文デザイン／川尻裕美（有限会社エルグ）
スタイリング／すずき尋己
イラスト／たむらかずみ
校正／株式会社円水社
編集担当／横山美穂（ナツメ出版企画株式会社）

本書に関するお問い合わせは、書名・発行日・該当ページを明記の上、下記のいずれかの方法にてお送りください。電話でのお問い合わせはお受けしておりません。
- ナツメ社webサイトの問い合わせフォーム
  https://www.natsume.co.jp/contact
- FAX（03-3291-1305）
- 郵送（下記、ナツメ出版企画株式会社宛て）

なお、回答までに日にちをいただく場合があります。正誤のお問い合わせ以外の書籍内容に関する解説・個別の相談は行っておりません。あらかじめご了承ください。

最新版　珈琲完全バイブル
2021年6月2日　初版発行
2023年4月20日　第4刷発行

監修者　丸山健太郎　　Maruyama Kentaro, 2021
発行者　田村正隆
発行所　株式会社ナツメ社
東京都千代田区神田神保町1-52 ナツメ社ビル1F（〒101-0051）
電話：03-3291-1257（代表）　FAX：03-3291-5761
振替：00130-1-58661
制　作　ナツメ出版企画株式会社
東京都千代田区神田神保町1-52 ナツメ社ビル3F（〒101-0051）
電話：03-3295-3921（代表）
印刷所　ラン印刷社

ISBN978-4-8163-7017-5　　Printed in Japan
〈定価はカバーに表示してあります〉
〈乱丁・落丁本はお取り替えします〉